14.80

GEORG RUDOLF LIND

WELTSPRACHE PORTUGIESISCH

GEORG RUDOLF LIND

WELTSPRACHE PORTUGIESISCH

MAX HUEBER VERLAG

6. Auflage

3 2 1 | Die letzten Ziffern
1982 81 80 79 78 | bezeichnen Zahl und Jahr des Druckes.
Alle Drucke dieser Auflage können nebeneinander benutzt werden.

Satz: Gebr. Parcus, München
Druck: Esta-Druck, München · Printed in Germany
ISBN 3-19-00.5006-6

Josefina gewidmet

INHALTSVERZEICHNIS

DAS PORTUGIESISCHE ALPHABET

O alfabeto português

Das portugiesische Alphabet hat 23 Buchstaben. Ihr Geschlecht ist männlich (o a, o b usw.).

a	(a)	b	(be)	c	(se)	d	(de)	e	(ɛ)
f	('ɛfə)	g	(ʒe)	h	(ɐ'ɣa)	i	(i)	j	('ʒɔtɐ)
l	(ɛł)	m	('ɛmə)	n	('ɛnə)	o	(ɔ)	p	(pe)
q	(ke)	r	('ɛʀə)	s	('ɛsə)	t	(te)	u	(u)
v	(ve)	x	(ʃiʃ)	z	(ze)				

Die Buchstaben k ('kapɐ), w (veðu'βɾaðu) und y (i'ɣɾeɣu) erscheinen nur in bestimmten Abkürzungen und Wörtern gelehrten Ursprungs: km = quilómetro, Kaiser, W = Oeste, darwinismo u. ä.

VOKALE

Das portugiesische Vokalsystem ist überaus reich an Abstufungen. Um dem Anfänger die Übersicht zu erleichtern, sind im folgenden nur die wichtigsten Grundzüge dargestellt, zahlreiche unbedeutende Einzelheiten hingegen beiseite gelassen worden.

Betonte Vokale	**unbetonte Vokale**
ziemlich lang und deutlich	kurz und weniger deutlich, bei schnellem Sprechen fast ganz verschwindend (bis auf a)

Betontes und unbetontes i und u unterscheiden sich nur durch diese Merkmale, betontes und unbetontes a unterscheiden sich außerdem in der Klangfarbe:

casa (Haus) ['kazɐ] wie in Habe	das unbetonte a wird zum abgedämpften ä, das zum ö hinüberklingt
das betonte a vor m, n, nh wird wie unbetontes a, aber deutlicher und etwas länger gesprochen: cama (Bett) ['kɐmɐ], banho (Bad) ['bɐɲu]	

Betontes und unbetontes e und o unterscheiden sich gleichfalls in der Klangfarbe, wobei betontes e und o jeweils zwei verschiedene Aussprachemöglichkeiten haben:

pena (Feder) ['penɐ]
geschlossenes e wie in Schn**ee**
pé (Fuß) [pɛ]
esta (diese hier) ['ɛʃtɐ]
offenes e wie in später

perigo (Gefahr) [pə'ɾiɣu]
dumpfes e wie in Kitt**e**l

avô (Großvater) [ɐ'vo]
geschlossenes o wie in **O**per
pó (Staub) [pɔ]
offenes o wie in Wonne

positivo (positiv) [puzi'tivu]
wie schwaches **u**

Merken Sie: der acento agudo (ˊ) öffnet e und o (pé, pó),
der acento circunflexo schließt e und o (lê, avô)

Besonderheiten der einzelnen Vokale

A

viele einsilbige Wörter haben unbetontes a

a (Art.) (die) [ɐ]
da (der) (Genitiv des weibl. Art.) [dɐ]
mas (aber) [mɐʃ]

offen ist das a, das aus zwei unbetonten a zusammengezogen wird

àquele (dem dort) [a'kelə], entstanden aus a aquele
da Alemanha (aus Deutschland) [dalə'mɐɲɐ]

das unbetonte a vor den Gruppen cç, cc, pç, pc, pt, ct hat die gleiche Aussprache wie das betonte a

tracção (Zugkraft) [tra'sɐ̃u]
baptismo (Taufe) [ba'tiʒmu]

offen ist das unbetonte a vor r am Wortende

açúcar (Zucker) [ɐ'sukar]

E

e mit acento circunflexo (ê) ist immer geschlossen, e mit acento agudo (é) immer offen

unbetontes e hat vor den Gruppen cc, cç, ct, gm, pc, pç, pt, x (ks) und silbenschließendem l die Aussprache des betonten offenen e

director [diɾɛ'toɾ]
sensível (empfindlich) [sẽ'sivɛɫ]

Im Anlaut und vor folgendem Vokal klingt unbetontes e zum i hin.

estar (sein) [ɨʃ'tar]
veado (Hirsch) [vi'aðu]

in der Vorsilbe ex+Konsonant wird das e häufig zum [ei]

excitação (Erregung) [eiʃsitɐ'sɐ̃u]

die Infinitive der 2. Konjugation haben geschlossenes e

ver (sehen) [ver]
beber (trinken) [bə'βeɾ]

auslautendes e und e vor auslautendem s in einsilbigen Wörtern ohne Akzent werden als unbetontes e gesprochen:

se (wenn) [sə]
lhes (ihnen) [ʎəʃ]

In manchen Fremdwörtern aus dem Lateinischen und Griechischen hat unbetontes e die Aussprache des betonten offenen e:

tuberculose (Tuberkulose) [tuβɛrku'lɔzə]
retroversão (Übersetzung) [ʀɛtrɔvər'sɐ̃u]

I

das geschlossene i klingt wie das deutsche i in Vieh.

O

o mit acento circunflexo (ô) ist immer geschlossen, o mit acento agudo (ó) immer offen

vor silbenschließendem l wird das o immer offen und im Hintergaumen gesprochen

sol (Sonne) [sɔɫ]

auslautendes o und o vor auslautendem s in einsilbigen Wörtern ohne Akzent werden wie unbetontes o gesprochen:

mo (mir es) [mu]
nos (uns) [nuʃ]

unbetontes o vor den Gruppen ct, pc, pç, pt und x wird wie betontes offenes o gesprochen

optimismo [ɔti'miʒmu]

die Verbindung ou wird häufig als geschlossenes o gesprochen

ouro (Gold) ['oɾu]

in manchen Landesteilen tritt sie auch als [ou] auf

In manchen Fremdwörtern aus dem Griechischen und Lateinischen hat unbetontes o die Aussprache des betonten offenen o:

retroversão (Übersetzung) [ʀɛtrɔvər'sɐ̃u]
microfilme (Mikrofilm) [mikrɔ'fiɫmə]

U

in den Gruppen que, qui, gue, gui ist das u stumm

quente (heiß) ['kẽtə]
quinta (Landgut) ['kĩntɐ]

nach g zeigt das u nur an, daß nicht [ʒ], sondern [g] zu sprechen ist

sangue (Blut) ['sɐ̃ŋgə]

Ausnahmen: frequente (häufig) [-kw-]; tranquilo (ruhig) [-kw-]; aguentar (aushalten [-gw-]

in den Gruppen quo, qua, guo, gua wird das u immer gesprochen

quadro (Gemälde) (Tafel) ['kwaðru]
quota (Beitrag) ['kwɔtɐ]

Nasalvokale

Das Portugiesische hat wie das Französische Nasalvokale. Es sind folgende 5: **ã** [ɐ̃], nicht wie frz. restaurant, sondern mehr wie frz. vin; **ẽ** [ẽ], geschlossener als frz. vin; **im** [ĩ] (nasal gesprochenes i); **om** [õ] wie im frz. bon und **um** [ũ] (nasaliertes um).

Alle Nasalvokale sind geschlossen. Das beachte man vor allem bei den Nasallauten ã, ẽ und õ. Die Nasalierung ist im Portugiesischen schwächer als im Französischen, sie ähnelt oft der deutschen in Wörtern wie jung. Die Nasalvokale können folgende Schreibung erhalten:

a) am Wortende -ã, -im, -om, -um

órfã (die Waise) [ˈɔrfɐ̃]
assim (so) [ɐˈsĩ]
som (Ton) [sõ]
algum (irgendein) [aɫˈɣũ]

b) vor p und b, wobei das dem Nasalvokal folgende m gleichwohl einen schwachen konsonantischen Wert bewahrt: -am, -em, -im, -om, -um

camponês (Bauer) [kɐ̃mpuˈneʃ]
pomba (Taube) [ˈpõmbɐ]

c) vor jedem anderen Konsonanten -an, -en, -in, -on, -un. Das n zeigt nicht nur die Nasalierung an, es hat vor d, t, c, q und g auch schwachen konsonantischen Wert.

pente (Kamm) [ˈpẽntə]
longo (lang) [ˈlõŋgu]

Diphthonge

Die portugiesischen Diphthonge gliedern sich in reine (d. h. orale, nicht nasalierte) und nasale.

Die richtige Aussprache der oralen Diphthonge ergibt sich, wenn man deren beide Bestandteile mit ihrem eigenen Lautwert ausspricht. So klingt ei nicht wie in deutsch mein, sondern ist eine Kombination von e+i, eu nicht wie in deutsch heute, sondern wie e+u. Über diese beiden Fälle hinaus ist im übrigen nichts Besonderes anzumerken. Allerdings beachte man, daß auch bei den Diphthongen unterschieden wird zwischen geschlossenem e und o (ohne Akzent geschrieben) und offenem e und o (mit acento agudo), also:

Geschlossen:	Offen:
reis (Könige)	réis (Plural von real, alte Münzeinheit)
sois (ihr seid)	sóis (Sonnen)
seu (sein, Possessivum)	céu (Himmel)

Zum ou vergleiche den vorigen Abschnitt unter o.
Die Nasaldiphthonge sind immer geschlossen. Es handelt sich um folgende vier:

[ɐ̃u] geschrieben -ão, -am (beides nur am Wortende, ão auch vor Diminutivsuffix)

dão (sie geben) [dɐ̃u] andam (sie gehen) ['ɐ̃ndɐ̃u]
mit Diminutivsuffix:
cãozinho (Hündchen) [kɐ̃u'ziɲu]

[ɐ̃i] geschrieben -ãe, -em, -en- (alle ebenfalls nur am Wortende oder vor Diminutivsuffix; -en- nur in der Form -ens als Plural zu -em und vor dem Diminutivsuffix -zinho), in sehr seltenen Wörtern auch geschrieben ãi (nur im Wortinnern)

mãe (Mutter) [mɐ̃i] homem, homens (Mensch, Menschen, Mann, Männer) ['ɔmɐ̃i(ʃ)]
cãibra (Krampf) ['kɐ̃imbrɐ]
mit Diminutivsuffix:
mãezinha (Mütterchen) [mɐ̃i'ziɲɐ] homenzinho (Männchen) [ɔmɐ̃i'ziɲu]

[õi] geschrieben -õe (nur am Wortende oder vor Diminutivsuffix)

lições (Lektionen) [li'sõiʃ]
mit Diminutivsuffix:
liçõezinhas (kleine Lektionen) [lisõi'ziɲɐʃ]

[ũi] geschrieben ui, nur in dem Wort muito (viel) ['mũintu]

KONSONANTEN

B

Das b wird nur zu Satzbeginn, nach einer Pause oder nach allen Konsonanten außer s oder z wie im Deutschen gesprochen, sonst als stimmhafter Reibelaut, etwa wie süddeutsch Wein:

Berlim [bəʀ'lĩ]
Lisboa [liʒ'βoɐ]

C

c wird vor a, o, u und l und vor Konsonant, ohne Hauchlaut, gesprochen:

conto (Erzählung) ['kõntu]
curto (kurz) ['kurtu]

vor c, ç oder t ist das c im allgemeinen stumm:

acção (Handlung) [a'sɐ̃u]
actor (Schauspieler) [a'toɾ]

vor e und i klingt das c wie ss (Masse):

cego (blind) ['sɛɣu]
fácil (leicht) ['fasił]

die cedilha zeigt an, daß c vor a, o oder u wie ss gesprochen werden soll.

cabeça (Kopf) [kɐ'βesɐ]
poço (Brunnen) ['posu]

ch wird wie schwächeres sch gesprochen:

chave (Schlüssel) ['ʃavə]

D

Das d wird nur zu Satzbeginn, nach einer Pause oder nach allen Konsonanten, außer s oder z, wie im Deutschen gesprochen, sonst sehr weich, fast wie der engl. Reibelaut **th** in mother. Die Zunge berührt gleichzeitig die oberen und unteren Schneidezähne:

fado (Geschick) ['faðu]
Deus (Gott) ['deuʃ]

F

Das f wird wie im Deutschen gesprochen:

fama (Ruf) ['fɐmɐ]

G

Das g wird vor a, o und u wie g ausgesprochen. Gu vor e und i wird ebenfalls g ausgesprochen. Am Satzanfang, nach Pausen und nach l, n und r sowie vor m und n wird es als Verschlußlaut gesprochen, sonst als Reibelaut:

galo (Hahn) ['galu]
guizo (Glöckchen) ['gizu]
gago (Stotterer) ['gaɣu]

vor e oder i wird das g wie frz. g in régime oder j in joie gesprochen:

gigante (Riese) [ʒiˈɣẽntə]

Ausnahmen:	aguentar	[-gw-]	aushalten
	linguístico	[-gw-]	sprachlich
	und wenige andere.		

H

Das h ist immer stumm:

homem (Mensch, Mann) [ˈɔmẽi]

J

Das j wird überall wie g vor e und i gesprochen:

hoje (heute) [ˈoʒə]

L

Das l wird im allgemeinen wie im Deutschen gesprochen:

leite (Milch) [ˈleitə]

am Ende einer Silbe oder eines Wortes klingt es wie ll in englisch **hall**:

geral (allgemein) [ʒəˈɾaɫ]
balcão (Ladentisch) [baɫˈkɐ̃u]

lh wird wie italienisch figlio, also fast wie lj, gesprochen, wobei aber die Zungenspitze hinter den unteren Schneidezähnen liegen bleibt:

filho (Sohn, Kind) [ˈfiʎu]

M

Das m wird wie im Deutschen gesprochen, doch vor b und p wegen der Nasalierung nur schwach:

tampa (Deckel) [ˈtɐ̃mpɐ]

am Wortende zeigt das m nur die Nasalierung des voraufgehenden Vokals an:

ninguém (niemand) [nĩŋˈgẽi]

N

Auch das n klingt im allgemeinen wie im Deutschen. Lediglich vor d und t hat es schwachen konsonantischen Wert (dente – Zahn [ˈdẽntə]):

Das silbenschließende n zeigt allerdings zunächst nur die Nasalierung an:

lenço (Taschentuch) ['lẽsu]

vor c (mit der Aussprache [k]), q und g (mit der Aussprache [g]) muß es wie dt. **ng** in **bang** gesprochen werden:

brincar (spielen) [brĩŋ'kar]
frango (Hähnchen) ['frɐ̃ŋgu]

die Gruppe nh wird wie das spanische ñ oder frz. gn in champa**gn**e gesprochen:

sonho (Traum) ['soɲu]

P

Das p muß ohne Hauchlaut gesprochen werden:

pó (Staub) [pɔ]

vor t und ç wird das p im allgemeinen nicht gesprochen, sondern zeigt an, daß der voraufgehende Vokal offen ist:

baptizar (taufen) [bati'zar]
acepção (Bedeutung) [ɐsɛ'sɐ̃u]

Q

Das q hat immer u bei sich; qu vor e, i wird wie im Französischen als k ausgesprochen. (Ausnahmen werden im Wörterverzeichnis vermerkt); qu vor a wird [kw] ausgesprochen, nicht [kv] – es klingt dem deutschen Qualle ähnlich:

que (daß) [kə]
quase (fast) ['kwazə]

R

Das r wird im Portugiesischen im allgemeinen mit der Zunge, nicht mit dem Zäpfchen gebildet.
Am Wortanfang oder bei -rr durch mehrmalige Zungenschläge gegen den harten Gaumen (doch ist in diesen beiden Fällen auch das Zäpfchen-r üblich):

rato (Maus) ['ʀatu]
carro (Wagen) ['kaʀu]

zwischen Vokalen oder am Silbenende durch einmaligen Schlag der Zunge gegen den harten Vordergaumen:

pássaro (Vogel) ['pasɐru]
porco (Schwein) ['porku]

S

Das s kann stimmhaft oder stimmlos sein. Stimmlos (Ra**ss**e) ist es zu Wortbeginn, bei der Schreibung -ss oder nach Konsonant und Nasal:

sim (ja) [sĩ]
passeio (Spaziergang) [pɐ'seju]
tensão (Spannung) [tẽ'sɐ̃u]

stimmhaft ist das s (**S**iegfried) zwischen Vokalen, und im Auslaut vor dem Vokal des nächsten Wortes. Das s wird als schwaches sch gesprochen: 1. am Wortende vor einer Pause oder stimmlosem Konsonanten, 2. im Wortinneren vor einem stimmlosen Konsonanten:

rosa (Rose) ['ʀɔzɐ]
os ovos (die Eier) [u'zɔvuʃ]
os pais (die Eltern) [u'ʃpaiʃ]
risco (Wagnis) ['ʀiʃku]
bastar (genügen) [bɐʃ'taɾ]

vor folgendem stimmhaftem Konsonanten wird s wie frz. g in **r**é**g**ime gesprochen:

desde (seit) ['deʒðə]
Lisboa [liʒ'βoɐ]
os dias (die Tage) [uʒ 'ðiɐʃ]

T

Das t wird ohne Hauchlaut gesprochen:

tolo (Dummkopf) ['tolu]

V

Das v wird wie das deutsche w gesprochen:

povo (Volk) ['povu]

X

Das x am Wortanfang wird wie schwaches sch gesprochen:

xadrez (Schach) [ʃɐ'ðreʃ]

Für das x am Wortende gelten die gleichen Regeln wie für das auslautende s: schwaches sch vor Pause oder stimmlosem Konsonanten; wie frz. g in régime vor stimmhaftem Konsonanten; wie stimmhaftes s (Siegfried) vor Vokal.

cálix (Kelch) ['kaliʃ]
Félix também (auch Felix) ['fɛliʃ tɐ̃m'bɐ̃i]
Félix vem (Felix kommt) ['fɛliʒ 'vɐ̃i]
cálix amargo (bitterer Kelch) ['kalizɐ'maɾgu]

im Wortinneren wird x zwischen Vokalen oder nach einem Konsonanten im allgemeinen sch gesprochen:

caixa (Schachtel) ['kaiʃɐ]

in einigen gelehrten Wörtern kann es jedoch ks lauten:

crucifixo (Kruzifix) [krusi'fiksu]

in anderen Wörtern gelehrten Ursprungs, die inzwischen volkstümlich geworden sind, wie stimmloses s:

próximo (nächster) ['prɔsimu]

Z

Im Wortanfang und zwischen Vokalen wird das z wie stimmhaftes s gesprochen:

zangado (ärgerlich) [zɐ̃ŋ'gaðu]
dizer (sagen) [di'zeɾ]

Am Wortende wird das z wie das Schluß-s gesprochen, also wie schwaches sch vor Pause oder stimmlosem Konsonanten, wie g in régime vor stimmhaftem Konsonanten und wie stimmhaftes s vor Vokal.

capaz (fähig) [kɐ'paʃ]
rapaz feio (häßlicher Junge) [ʀɐ'paʃ 'feju]
voz baixa (leise Stimme) [vɔʒ 'baiʃɐ]
o rapaz é bom (der Junge ist gut) [uʀɐ'pazɛ'βõ]

WORTVERBINDUNGEN IM SATZ

Das Portugiesische ist reich an Wortverbindungen, die für den Ausländer anfänglich schwer zu erfassen sind. Einige wenige Regeln sind zu beachten:

1. Wenn das erste Wort mit einem betonten Vokal endigt, das zweite mit einem betonten oder unbetonten Vokal anfängt, tritt im allgemeinen keine Vokalverschmelzung ein:

é evidente [ɛivi'dẽntə]	es ist offenkundig
café óptimo [kɐ'fɛ 'ɔtimu]	ausgezeichneter Kaffee

2. Stoßen zwei gleiche Vokale aufeinander, so tritt Verschmelzung ein:

toda a gente [toða 'ʒẽntə]	alle Leute

3. Auslautendes unbetontes e verschwindet:

durante o curso [du'rãntu 'kursu]	während des Kurses
este inquilino ['eʃtĩŋki'linu]	dieser Mieter

4. In allen anderen Fällen bleiben beide Vokale erhalten:

bebo-a toda ['beβu-ɐ 'toðɐ]	ich trinke sie ganz

BEMERKUNGEN ZUR ORTHOGRAPHIE

1. Im Portugiesischen gibt es keine Doppelbuchstaben, außer rr als Zeichen für mehrfach gerolltes oder Zäpfchen-r und ss als Zeichen für stimmloses s zwischen Vokalen (carro, osso). Allerdings erfolgt auch dann die Verdoppelung, wenn auf eine mit Vokal endende Vorsilbe r oder s folgen: ressonância, arritmia, prerrogativa.
   Nur die Vorsilbe trans- verliert ihr s vor Wörtern, die mit s beginnen: transudar leicht schwitzen.

2. Die Gruppen mm und nn treten nur in wenigen Wörtern auf: comummente gemeinhin, connosco mit uns.
   In Brasilien werden auch diese Wörter mit *einem* m oder n geschrieben: comumente, conosco.

3. Im allgemeinen werden keine Konsonanten geschrieben, die nicht gesprochen werden.
   Eine Ausnahme bilden nur c und p bei den Gruppen cc, cç, ct, pç, pc und pt in folgenden Fällen:
   a) wenn der Konsonant die Öffnung der vorangehenden Vokale a, e und o anzeigt: adjectivo, acção, baptizar
   b) wenn die Orthographie mit verwandten Wörtern übereinstimmen soll, in denen der Konsonant gesprochen wird oder als Zeichen für die Öffnung des voraufgehenden Vokals steht: abstracto [at] wegen abstracção [s], Egipto [it] wegen egípcio [ips].

Auch h wird zwar geschrieben, aber nicht gesprochen.

Groß- und Kleinschreibung

Grundsätzlich werden alle Wörter klein geschrieben.

Groß geschrieben werden nur:

1. Das erste Wort im Satz

2. Eigennamen

   a) Vor- und Nachnamen: Maria, José, Sousa, Silva

   b) Beinamen: Henrique, o Navegador Heinrich der Seefahrer, Dom José Primeiro König Joseph I.

   c) Orts- und Ländernamen: Lisboa, o Brasil, a Alemanha, a Suíça Schweiz, Viena de Áustria Wien

   d) die Bewohner, falls die ganze Nation oder alle Bewohner gemeint sind: Alemães Deutsche, Franceses Franzosen, Lisboetas Lissaboner, Paulistas Einwohner von S. Paulo.
   Sind nur einzelne gemeint oder geht ein Zahlwort vorauf, werden sie klein geschrieben: muitos alemães viele Deutsche, dois ingleses zwei Engländer

   e) die Monate, Jahreszeiten, Feste und Epochen: Lisboa, 5 de Março de 19.., Carnaval, Natal Weihnachten, a Idade Média das Mittelalter, Verão

   f) die Himmelsrichtungen, wenn eine bestimmte Gegend gemeint ist: o Norte da Alemanha Norddeutschland, o Sul do Brasil Südbrasilien.
   Wenn nur die Himmelsrichtung gemeint ist, wird sie klein geschrieben: o vento sopra do norte der Wind bläst aus Norden.

   g) hohe staatliche oder kirchliche Ämter: o Papa der Papst, o Presidente da República der Präsident der Republik, o Ministro dos Negócios Estrangeiros der Außenminister, o Embaixador der Botschafter

   h) Institutionen: Academia das Ciências Akademie der Wissenschaften, o Liceu Camões das Camões-Gymnasium, a Universidade de Lisboa die Universität Lissabon

   i) Gott und auf religiöse Personen bezügliche Pronomen: Deus, Ele (Er)

   j) Bücher- und Zeitschriftentitel: O Século, Os Lusíadas, Guilherme Tell

   k) gesellschaftliche oder akademische Titel: Dona (D.), Dom Carlos (König Karl), Sr. Dr. Fulano, Rev. Sr. Padre Beltrano, Exmo Sr. Prof. Sicrano, Sua Majestade, Eng.^{o} (engenheiro) Pedro Cunha

   l) Wörter, die man im Brief respektvoll herausheben will: Meu caro Colega mein lieber Kollege, Meu querido Amigo mein lieber Freund.

Silbentrennung

Im allgemeinen wird nach Silben getrennt: má-xi-mo, de-sa-pa-re-cer.
Nicht getrennt werden die Konsonantengruppen: bl, br, pr, cl, cr, gl, gr, tl, tr, fl, fr, vr: bi-blio-te-ca, a-brir, a-tlé-ti-co.
Die Vorsilben auf b werden sinngemäß getrennt: so-bres-se-len-te, sub-linhar.
Auch ch, lh und nh werden nicht getrennt: fe-char, ni-nho, afi-lhado.
Das einem Konsonanten voraufgehende s im Wortinneren gehört zur voraufgehenden Silbe: ins-truir, des-cer, cons-ciência.
Gleiche Konsonanten werden getrennt, gleiche Vokale können getrennt werden oder nicht: ac-ção, pror-rogar, friís-simo oder fri-íssimo, coor-denar oder co-ordenar.
Bei Doppelwörtern mit Bindestrich wird der Bindestrich auf der nächsten Linie wiederholt: couve-//-flor Blumenkohl.

Satzzeichen

Die Interpunktionszeichen heißen im Portugiesischen:

ponto final (.)	pontos de reticência (. . .)
vírgula (,)	o travessão (Gedankenstrich) (–)
ponto e vírgula (;)	o parêntese (( ))
dois pontos (:)	aspas « »
ponto de interrogação (?)	traço de união oder hífen (-) (Bindestrich)
ponto de exclamação (!)	apóstrofo '

Vom Deutschen abweichende Verwendung der Satzzeichen

In der Kommasetzung sind folgende, vom Deutschen abweichende Regeln zu beachten:

1. Die Adverbien contudo (trotz allem), enfim (endlich), pois (also), porém (jedoch) und todavia (jedoch, immerhin) werden innerhalb des Satzes durch Kommata abgetrennt:

   O meu amigo, porém, vivia na miséria.

2. Adverbiale Ausdrücke zu Beginn oder in der Mitte eines Satzes werden im allgemeinen durch Kommata abgetrennt, wenn sie nicht notwendig zum Satz gehören:

   Tínhamos, naquela altura, muito dinheiro.

3. Kein Komma steht, wenn ein Adverbialsatz auf den Hauptsatz folgt:

   Ele prestou-me um grande serviço quando estava doente.

Die Akzente

Zwei Drittel des portugiesischen Wortschatzes werden auf der vorletzten Silbe betont. Es sind dies die Wörter, die auf a, e, o oder am, em oder as, es, os enden. Die anderen werden auf der letzten Silbe betont. Abweichungen von diesen beiden Grundregeln werden durch den acento agudo (´) oder den acento circunflexo (^) bezeichnet. Auch die Tilde (~), portugiesisch o til, die in erster Linie Nasalierung anzeigt, bedeutet gleichzeitig abweichende Betonung, es sei denn, daß diese durch einen acento agudo oder einen circunflexo für eine andere Silbe des betreffenden Wortes gefordert wird: pensão, irmã, aber: órfão, órfã).

Der acento agudo und der acento circunflexo geben außer der Betonung im Fall des e und des o gleichzeitig an, ob dieses offen (acento agudo) oder geschlossen (acento circunflexo) zu sprechen ist (vgl. oben unter «Vokale»). Auf einem a mit folgendem m oder n kann nur der acento circunflexo stehen, da das a in dieser Stellung (mit Ausnahme der Verbindung -amos, siehe weiter unten unter «acento agudo», Abschnitt 2) immer geschlossen gesprochen wird, [ɐ] bzw. [ɐ̃]: ânimo (Mut) ['ɐnimu], câmbio (Wechsel) ['kɐ̃mbiu]. Über diese Grundregeln hinaus ist noch folgendes besonders zu beachten:

Der acento agudo steht:

1. in einsilbigen Wörtern zur Bezeichnung eines haupttonigen offenen Auslautvokals oder eines haupttonigen offenen Vokals mit auslautendem s:

pá (Schaufel), Plur. pás	
pé (Fuß), Plur. pés	
só (allein), Plur. sós	
má (schlecht), Plur. más	vgl. mit unbetonter Aussprache [ɐ] ma (mir sie, Sing.), mas (mir sie, Plur., bzw. aber)
dá (er, sie gibt), dás (du gibst)	vgl. da (der, Gen. Sing. des best. weibl. Art.), das (Plural dazu) [ɐ]
sé (Kathedrale), Plur. sés	vgl. se (sich, bzw. wenn) [ə]
mó (Mühlstein), Plur. mós	vgl. mo (mir ihn), mos (mir sie) [u]
nós, vós (wir, ihr)	vgl. nos, vos (uns, euch) [u]

Zur entsprechenden Verwendung des acento circunflexo bei geschlossenem Vokal siehe unter «acento circunflexo», Abschnitt 1.

2. auf der Endung der 1. Pers. Plur. des einfachen Perfekts der Verben auf -ar zur Unterscheidung von der entsprechenden Form des Präsens:

chegámos (wir kamen an) trotz des folgenden m meist mit offener Aussprache des á [a]	vgl. chegamos (wir kommen an) mit normaler Aussprache des a vor m als [ɐ]

3. auf den betonten Diphthongen éi, éu, ói zur Unterscheidung von ei, eu, oi mit geschlossenem e bzw. o (vgl. oben unter «Diphthonge»);

4. auf betontem i bzw. u nach anderen Vokalen zur Unterscheidung von den Diphthongen ai, ei, au, eu usw.:

saí (ich ging hinaus) [sɐ'i]	vgl. sai (er, sie geht hinaus) [sai]
graúdo (groß) [grɐ'uðu]	vgl. grau (Grad) [grau]

5. auf betontem u nach g bzw. q, wenn e bzw. i folgt:

   averigúe (stellen Sie fest)
   argúis (du beschuldigst)

Der acento circunflexo steht:

1. in einsilbigen Wörtern zur Bezeichnung eines haupttonigen geschlossenen Auslautvokals oder eines haupttonigen geschlossenen Vokals mit auslautendem s:

vê (er, sie sieht), vês (du siehst)	
sê (sei)	vgl. mit unbetonter Aussprache: se (sich, bzw. wenn) [ə]
dê (er, sie möge geben)	vgl. de (von) [ə]

2. zur Unterscheidung folgender Verbformen:

têm (sie haben) ['tɐ̃jɐ̃i] oder [tɐ̃i]	tem (er, sie hat) [tɐ̃i]
vêm (sie kommen) ['vɐ̃jɐ̃i] oder [vɐ̃i]	vem (er, sie kommt) [vɐ̃i]
(vgl. aber vêem, sie sehen ['veɐ̃i]	
dêmos (wir mögen geben) [e]	demos (wir gaben) [ɛ]
pôde (er, sie konnte) [o]	pode (er, sie kann) [ɔ]

NB – Was für têm – tem, vêm – vem gilt, gilt auch für deren Komposita:

contêm (sie enthalten)	contém (er, sie enthält)

Bei diesen Komposita erhält die Form der 3. Pers. Sing. einen acento agudo, da sie auf der letzten Silbe betont wird; vgl. dagegen: contem (sie mögen zählen) ['kõntɐ̃i].

Der acento agudo (bei offenem Vokal) bzw. der acento circunflexo (bei geschlossenem Vokal) stehen schließlich auf einigen Wörtern bzw. Wortformen, die zwar keine unregelmäßige Betonung haben, die aber auf diese

Weise von bestimmten Präpositionen und deren Zusammensetzungen mit unbetonter Aussprache des betreffenden Vokals unterschieden werden:

pára (er, sie hält)	vgl. para (für)
pôr (setzen)	vgl. por (durch)
pélo (ich schäle)	vgl. pelo (durch den), pelos (Plural dazu)
péla (er, sie schält), pélas (du schälst)	vgl. pela (durch die), pelas (Plural dazu)
pêlo (Haar), Plural pêlos	

Zu ähnlichen Formenpaaren vgl. oben unter «acento agudo» bzw. «acento circunflexo», jeweils Abschnitt 1.
Man merke sich, daß im Portugiesischen, im Gegensatz zum Spanischen, die Endsilben ia, io, ie, ua, uo, ue (ohne Akzent!) auf dem i bzw. u zu betonen sind. Liegt die Betonung auf der vorhergehenden Silbe, so wird das durch Akzent angezeigt:

continua (er, sie setzt fort) [kõnti'nuɐ]	vgl. contínua (fortlaufend, fem.) [kõn'tinuɐ]

Der acento circunflexo entfällt in den Wörtern mit den Suffixen -mente, -zinho oder -zito, z. B. cortês (höflich), cortesmente; o avô (Großvater), o avozinho.

Merke: Wie der acento circunflexo entfällt der acento agudo, wenn die Suffixe -mente, -zinho oder zito hinzutreten.

fácil – facilmente só – sozinho avó – avozita

Die Tilde bleibt bei solcher Suffigierung erhalten, ist also in diesem Fall auch nur noch Zeichen für einen Nebenton:

lição – liçãozinha.

Der acento grave tritt nur noch dann auf, wenn aus zwei a mit unbetonter Aussprache ein einziges mit haupttoniger Aussprache wird (das aber ebenfalls nur nebentonig ist):

à (der, Dativ des bestimmten weiblichen Artikels, entstanden aus der Verbindung der Präposition a [ɐ] mit der Grundform des Artikels a [ɐ]): [a], Plural: às

àquele (dem da, entstanden aus der Verbindung der Präposition a mit dem Demonstrativum aquele [ɐ'kelə]): [a'kelə], Femininum: àquela, Plural: àqueles, àquelas.

Der Bindestrich

Der Bindestrich wird verwandt:

1. in dem stehenden, archaischen Ausdruck el-rei (der König)
2. in zusammengesetzten Wörtern: couve-flor (Blumenkohl), guarda-chuva (Regenschirm), Trás-os-Montes (Provinz Trás-os-Montes)
3. bei bestimmten Verbformen (periphrastisches Futur und Verb + Personalpronomen):
   hão-de saber (sie müssen wissen), hei-de escrever (ich muß schreiben), dou-te (ich gebe dir), trá-lo-ão (sie müssen ihn bringen).

Der Apostroph

Der Apostroph tritt auf:

1. in Gedichten: esp'rança statt esperança (Hoffnung), 'star statt estar (sein), minh'alma statt minha alma (meine Seele)
2. um den auslautenden Vokal von santo oder santa zu ersetzen: Sant'Ana, Sant'Iago
3. zuweilen in Zusammenziehungen: d'Ele (von Ihm), n'Aquele (in Ihm), mãe-d'água (Flußnymphe), um copo-d'água (ein kalter Imbiß).

Die Cedilha

Die cedilha gibt dem c auch vor a, o und u den Wert des stimmlosen s, den es üblicherweise vor e und i besitzt:

criança (Kind), açúcar (Zucker), paço (Palast).

DIE BRASILIANISCHE AUSSPRACHE

unterscheidet sich von der portugiesischen vor allem in folgenden Punkten:

a) die unbetonten Vokale werden klarer gesprochen. Das portugiesische [ɐ] erscheint fast nur vor den nasalen Konsonanten m und n als nasaliertes oder unnasaliertes [ɐ]. Im übrigen dominiert das reine, offene a. Der Auslaut kann [ɐ] oder [a] gesprochen werden: aba [ˈaβɐ] oder [ˈaβa]. Tonloses e wird am Wortende als flüchtiges [i] gesprochen; im übrigen klingt es auch in unbetonten Silben als geschlossenes e.

Unbetontes o, das im Portugiesischen wie u gesprochen wird, spricht man im Brasilianischen wie geschlossenes o: colar [ko'laɾ]. Im Auslaut schwankt das o zwischen u und kurzem, geschlossenem o: gato ['gatu] oder ['gato]

b) Bei betonten Vokalen vor den nasalen Konsonanten n und m wird statt des acento agudo [´] der acento circunflexo [^] gesetzt, der Vokal also nicht offen, sondern geschlossen ausgesprochen: anónimo wird zu anônimo [ɐ'nonimo].

c) Diphthonge oder Vokalgruppen vereinfachen sich: brasileiro (aus brɐzi'leiɾu wird brazi'leɾu); tem (aus tɐ̃i wird tẽi oder tẽ).

d) Am Wortende kann l (portugiesisch ł) zu flüchtigem u werden: Portugal [portu'ɣau].

e) Am Wortende ist r oft unhörbar: senhor [se'ɲo].

f) Aus [ʎ] wird oft der Halbvokal j: falhar [fa'jar].

g) Silbenschließendes t und d vor e und i verwandeln sich im Süden Brasiliens in [ţ] oder [d̦], wobei das folgende e oft wie i lautet: noite ['noiţɨ].

h) Silbenschließendes s und z werden vor einer Pause und vor stimmlosem Konsonanten zu [s], vor stimmhaftem Konsonanten zu [z]: arroz [a'ʀos], casta ['kastɐ], asbesto [az'βɛstu].

LIÇÕES PREPARATÓRIAS

I.

1 um [ũ]

2 dois [doiʃ]

3 três [tɾeʃ]

4 quatro [ˈkwatɾu]

5 cinco [ˈsĩŋku]

6 seis [seiʃ]

7 sete [ˈsɛtə]

8 oito [ˈoitu]

9 nove [ˈnɔvə]

10 dez [dɛʃ]

I. 1 + 1 = 2 um e (mais) um são dois
[ˈũ i ˈũ sɐ̃u ˈðoiʃ]

2 + 1 = 3 dois e (mais) um são três
[ˈdoiʒ maiz ˈũ sɐ̃u ˈtreʃ]

3 + 1 = 4 três e (mais) um são quatro
[ˈtɾez i ˈũ sɐ̃u ˈkwatɾu]

4 + 2 = 6

7 + 2 = 9

II. 10 — 1 = 9 dez menos um são nove
[ˈdɛʒ menuz ˈũ sɐ̃u ˈnɔvə]

9 — 1 = 8 nove menos um são oito
[ˈnɔvə menuz ˈũ sɐ̃u ˈoitu]

8 — 3 = 5

4 — 2 = 2

Conte de 1 até 10! Conte para trás: 10, 9 . . . [ˈkõntə ˈðjũ ɐtɛ ˈðɛʃ]
[ˈkõntə pɐɾɐ ˈtraʃ]

Conte de dois em dois: O (zero), 2, 4, 6, 8 . . . [ˈkõntə ðə ˈðoiz ẽ ˈdoiʃ]

Primeiro aluno: [pɾiˈmeiɾu ɐˈlunu]
Que é isto? [kjɛ ˈiʃtu]

Segundo aluno: [səˈɣũndu ɐˈlunu]
É um livro [ɛ ũ ˈlivɾu]
É um caderno [ɛ ũ kɐˈðɛɾnu]
É um lápis [ɛ ũ ˈlapiʃ]
É um tinteiro [ɛ ũ tĩnˈteiɾu]
É um quadro [ɛ ũ ˈkwaðɾu]
É um banco [ɛ ũ ˈβɐ̃ŋku]
É um mata-borrão [ɛ ũ ˈmatɐβuˈʀɐ̃u]
É um candeeiro [ɛ ũ kɐ̃nˈdjeiɾu]

Que é isto? [kjɛˈiʃtu]

É uma mesa [ɛ umɐ ˈmezɐ]
É uma cadeira [ɛ umɐ kɐˈðeiɾɐ]
É uma janela [ɛ umɐ ʒɐˈnɛlɐ]

	É uma borracha [ɛ umɐ βu'ʀaʃɐ]
	É uma caneta de tinta permanente [ɛumɐ kɐ'netɐ ðə 'tĩntɐ pəɾmɐ'nẽntə]
	É uma porta [ɛ umɐ 'pɔɾtɐ]
	É uma régua [ɛ uma 'ʀɛγwɐ]
	É uma parede [ɛ umɐ pɐ'ɾeðə]
	É uma secretária [ɛ umɐ səkɾə'taɾjɐ]
	É uma pasta [ɛ umɐ 'paʃtɐ]
Tem um livro? [tɐ̃i ũ 'livɾu]	Sim, senhor, tenho um livro. ['sĩ siɲoɾ teɲu ũ 'livɾu]
Tem uma caneta? [tɐ̃i umɐ kɐ'netɐ]	Sim, senhor, tenho uma caneta. ['sĩ siɲor teɲuma kɐ'netɐ]
Tem . . .? [tɐ̃i . . .]	Sim, senhor, tenho . . . ['sĩ siɲoɾ 'teɲu . . .]
Tem um lápis? [tɐi ũ 'lapiʃ]	Não, senhor, não tenho nenhum lápis. ['nɐ̃u siɲor nɐ̃u teɲu ni'ɲũ 'lapiʃ]
Tem uma borracha? [tɐ̃i umɐ βu'ʀaʃɐ]	Não, senhor, não tenho nenhuma borracha. ['nɐ̃u siɲoɾ nɐ̃u teɲu ni'ɲumɐ βu'ʀaʃɐ]
Tem . . .? [tɐ̃i . . .]	Não, senhor, . . . ['nɐ̃u siɲor . . .]
Que é isto?	É o livro [ɛ u 'livɾu]
	É o caderno [ɛ u kɐ'ðɛrnu]
	É o lápis [ɛ u 'lapiʃ]
	É o tinteiro [ɛ u tĩn'teiɾu]
	. . . . . .
	É a mesa [ɛ ɐ 'mezɐ]
	É a cadeira [ɛ ɐ kɐ'ðeiɾɐ]
	É a janela [ɛ ɐ ʒɐ'nɛlɐ]
	É a borracha [ɛ ɐ βu'ʀaʃɐ]
	. . . . . .
Tem o livro? [tɐ̃i u 'livɾu]	Sim, senhor, tenho o livro. ['sĩ siɲor teɲu 'livɾu]
Tem o mata-borrão? [tɐ̃i u matɐβu'ʀɐ̃u]	Não, senhor, não tenho o mata-borrão. ['nɐ̃u siɲoɾ nɐ̃u 'teɲu matɐβu'ʀɐ̃u]

Bilden Sie ähnliche Fragen!

Conte: Um livro, dois livros, três livros . . . etc.
['kõntə ũ 'livru ðoiʒ 'livruʃ treʒ 'livɾuʃ]
Uma mesa, duas mesas, três mesas . . . etc.
[umɐ 'mezɐ duɐʒ 'mezɐʃ tɾeʒ 'mezɐʃ]

Verwenden Sie andere Wörter!

II.

Conte:	11 = onze,	12 = doze,	13 = treze,	14 = catorze,
[kõntə]	['õzə]	['dozə]	['tɾezə]	[kɐ'toɾzə]
	15 = quinze,	16 = dezasseis,	17 = dezassete,	18 = dezoito,
	['kĩzə]	[dəzɐ'seiʃ]	[dəzɐ'sɛtə]	[də'zɔitu]
	19 = dezanove,	20 = vinte		
	[dəzɐnɔvə]	[vĩntə]		

Bilden Sie Rechenaufgaben!

Um aluno: [ũ ɐ'lunu]

De que cor é o papel?
[də kə 'koɾ ɛ u pɐ'pɛɫ]

De que cor é o lápis?
[də kə 'koɾ ɛ u 'lapiʃ]

De que cor é a parede?
[də kə 'koɾ ɛ a pɐ'reðə]

De que cor é a mesa?
[də kə 'koɾ ɛ ɐ 'mezɐ]

De que cor é . . .?
[də kə 'koɾ ɛ . . .]

Outro aluno: ['otru ɐ'lunu]

O papel é branco.
[u pɐ'pɛɫ ɛ 'βɾɐ̃ŋku]

O lápis é castanho.
[u 'lapiz ɛ kɐʃ'tɐ̃ɲu]

A parede é branca.
[a pɐ'reðɛ 'βɾɐ̃ŋkɐ]

A mesa é castanha.
[ɐ 'mezɐ ɛ kɐʃ'tɐ̃ɲɐ]

. . . é verde [ɛ 'verðə]

. . . é cinzento (cinzenta)
[ɛ sĩ'zẽntu] [sĩ'zẽntɐ]

. . . é azul [ɛ ɐ'zuɫ]

. . . é amarelo (amarela)
[ɛ ɐmɐ'rɛlu] [ɐmɐ'ɾɛlɐ]

. . . é preto (preta)
[ɛ 'pɾetu] [pretɐ]

. . . é encarnado (encarnada)
[ɛ ĩŋkɐɾ'naðu] [ĩŋkɐɾ'naðɐ]

Bilden Sie entsprechende Fragen mit männlichen und weiblichen Wörtern!

III.

Conte: 21 = vinte e um, 22 = vinte e dois, 23 = vinte e três ... etc.
['kõntə] [vĩnti'jũ] [vĩnti'ðoiʃ] [vĩnti'treʃ]

30 = trinta, ['tɾĩntɐ]	40 = quarenta, [kwɐ'ɾẽntɐ]	50 = cinquenta, [sĩŋ'kwẽntɐ]	60 = sessenta, [sə'sẽntɐ]
70 = setenta, [sə'tẽntɐ]	80 = oitenta, [oi'tẽntɐ]	90 = noventa, [nu'vẽntɐ]	100 = cem [sɐ̃i]

Bilden Sie dazu Rechenaufgaben!

Um aluno:

Que horas são?
['kj ɔɾɐʃ 'sɐ̃u]

Outro aluno:

1 h = É uma hora [ɛ 'umɐ 'ɔɾɐ]
1.05 h = É uma e cinco [ɛ 'umɐ i 'sĩŋku]
2 h = São duas horas [sɐ̃u 'ðuɐz 'ɔɾɐʃ]
2.05 h = São duas e cinco [sɐ̃u 'ðuɐz i 'sĩŋku]
2.10 h = São duas e dez [sɐ̃u 'ðuɐz i 'ðɛʃ]
2.15 h = São duas e um quarto
[sɐ̃u 'ðuɐzjũ 'kwaɾtu]
2.25 h = São duas e vinte-e-cinco
[sɐ̃u 'ðuɐz i 'vĩnti'sĩŋku]
3.30 h = São três e meia [sɐ̃u 'tɾez i 'mejɐ]
3.35 h = São três e trinta e cinco
[sɐ̃u 'tɾez i 'tɾĩntɐi'sĩŋku]
oder: São quatro menos vinte e cinco
[sɐ̃u 'kwatɾu menuʒ 'vĩnti'sĩŋku]

(Zwischen der halben und der vollen Stunde können die Minuten von der nächsten vollen Stunde abgezogen werden.)

3.45 h = São três e quarenta e cinco oder
[sɐ̃u 'tɾez i kwɐ'ɾẽntɐi'sĩŋku]
São quatro menos um quarto
[sɐ̃u 'kwatɾu menuz ũ 'kwaɾtu]
5.55 h = São cinco e cinquenta e cinco oder
[sɐ̃u 'sĩŋku i sĩŋkwẽntɐi'sĩŋku]
São seis menos cinco
[sɐ̃u 'seiʒ menuʃ 'sĩŋku]
12.00 h = É meio-dia [ɛ 'meju'ðiɐ]
24.00 h = É meia-noite [ɛ 'mejɐ'noitə]

A que horas começa a aula de português?
[ɐ 'kjɔrɐʃ ku'mesa 'aulɐ ðə purtu'ɣeʃ]

A aula de português começa . . . às (à) . . .
[ɐ 'aulɐ ðə purtu'ɣeʃ ku'mɛsɐ aʃ]

A que horas termina a aula de português?
[a 'kjɔrɐʃ tər'mina 'aulɐ ðə purtu'ɣeʃ]

A aula de português termina às
[ɐ 'aulɐ ðə purtu'ɣeʃ tər'minɐ aʃ]

Leia as horas seguintes: 1,00 h; 1,50 h; 6,40 h; 7,20 h; 9,30 h; 12,05 h; 23,45 h; 12,30 h; 18,55 h; 20,20 h . . . etc.

Primeiro aluno:

Quantos minutos tem uma hora?
['kwẽntuʒ mi'nutuʃ tɐ̃i umɐ 'ɔɾɐ]

Quantos segundos tem um minuto?
['kwẽntuʃ sə'ɣũnduʃ tɐ̃i ũ mi'nutu]

Quantos minutos têm três quartos de hora?
['kwẽntuʒ mi'nutuʃ tɐ̃jɐ̃i treʃ 'kwaɾtuʒ 'ðjɔrɐ]

Quantas horas tem um dia?
['kwẽntɐz 'ɔɾɐʃ tɐ̃i ũn 'diɐ]

Quantos dias tem uma semana?
['kwẽntuʒ 'ðiɐʃ tɐ̃i umɐ sə'mɐnɐ]

Quantos meses tem o ano?
['kwẽntuʒ 'meziʃ tɐ̃i u 'ɐnu]

Quantas semanas tem o ano?
['kwẽntɐʃ sə'mɐnɐʃ tɐ̃i u 'ɐnu]

Segundo aluno:

Uma hora tem 60 minutos.
[umɐ 'ɔɾɐ tɐ̃i sə'sẽntɐ mi'nutuʃ]

Um minuto tem 60 segundos.
[ũ mi'nutu tɐ̃i sə'sẽntɐ sə'ɣũnduʃ]

Três quartos de hora têm 45 minutos.
[tɾeʃ 'kwaɾtuʒ ðj'ɔɾɐ tɐ̃jɐ̃i kwɐ'ɾẽntɐi'sĩŋku mi'nutuʃ]

Um dia tem 24 horas.
[ũn 'diɐ tɐ̃i vĩnti'kwatɾu 'ɔɾɐʃ]

Uma semana tem 7 dias.
[umɐ sə'mɐnɐ tɐ̃i 'sɛtə 'ðiɐʃ]

O ano tem 12 meses.
[u 'ɐnu tɐ̃i 'dozə 'meziʃ]

O ano tem 52 semanas.
[u 'ɐnu tɐ̃i sĩŋ'kwẽntɐi 'ðuɐʃ sə'mɐnɐʃ]

IV.

GRUSSFORMELN

Primeiro aluno:

Bom dia! (bis 12 Uhr) [bõn 'diɐ]

Boa tarde! (von 12 Uhr bis zum Dunkelwerden)

Segundo aluno:

Bom dia!

Boa tarde! [boɐ 'taɾðə]

Boa noite! (Nach Einbruch der Dunkelheit) — Boa noite! [boɐ 'noitə]

Como está? Passou bem? [komuʃ'ta pɐso'βɐ̃i] — Bem, muito obrigado ['bɐ̃i 'mũintɔβri'γaðu] (Damen antworten: Bem, muito obrigada.)

Das Du (tu) wird nur unter nahen Freunden verwandt.

Tens tempo? [tɐ̃iʃ 'tẽmpu] — Sim, senhor, tenho tempo. ['sĩ siɲor teɲu 'tẽmpu]

Unter guten Bekannten verwendet man você: [vɔ'se]

Você tem tempo? [vɔse tɐ̃i 'tẽmpu] — Sim, senhor, tenho tempo.

Unter Fremden heißt es: o senhor oder a senhora [si'ɲɔrɐ] ... (die dritte Person als Anrede, wie früher beim deutschen Militär: Haben Herr Hauptmann schon gefrühstückt?)

O senhor tem tempo? — Não, senhor, não tenho tempo.
A senhora tem tempo? — Não, senhor, não tenho tempo.

Hochgestellten Persönlichkeiten gegenüber heißt es: Vossa Excelência V.ª Ex.ª ['vɔsɐ eiʃsə'lẽsjɐ]

Vossa Excelência tem tempo? Não, senhor, não tenho tempo nenhum. [ni'ɲũ]

Beim Abschied heißt es: Bom dia! Boa tarde! Boa noite!

Bei guten Bekannten fügt man hinzu: Boa tarde! Adeus! [ɐ'ðeuʃ]
Adeus! Até amanhã! Até logo! [ɐtɛamɐ'ɲɐ̃] [ɐtɛ'lɔγu]
Até amanhã, se Deus quiser! [ɐtɛ amɐ'ɲɐ̃ sə 'ðeuʃ ki'zɛɾ]

V.

Conte:

100 = cem
101 = cento e um [sẽntwi'ũ] (wenn auf hundert eine andere Zahl folgt, heißt es cento ['sẽntu], nicht cem)
110 = cento e dez
120 = cento e vinte ...
200 = duzentos [du'zẽntuʃ]
300 = trezentos [trə'zẽntuʃ]

400 = quatrocentos [kwatɾu'sẽntuʃ]
500 = quinhentos (!) [ki'ɲẽntuʃ]
600 = seiscentos [seiʃ'sẽntuʃ]
700 = setecentos [sɛtə'sẽntuʃ]
800 = oitocentos [oitu'sẽntuʃ]
900 = novecentos [nɔvə'sẽntuʃ]
1000 = mil [miɫ]

Die Zahlen von 200 bis 900 haben auch weibliche Formen:

200 folhas = duzentas folhas [du'zẽntɐʃ 'foʎɐʃ]
500 pessoas = quinhentas pessoas [ki'ɲẽntɐʃ pə'soɐʃ]

Leia os números seguintes: [leja uʒ 'numəruʃ səɣ'ĩntəʃ]
66, 87, 99, 108, 100, 154, 167, 265, 869, 932 etc.!

Um aluno:	**Outro aluno:**
Como se chama o senhor? ['komu sɨ 'ʃɐmɐ u sɨ'ɲoɾ]	Chamo-me Alberto . . . ['ʃɐmu mjaɫ'bɛrtu]
Como se chama a senhora? ['komu sɨ 'ʃɐmɐ ɐ sɨ'ɲoɾɐ]	Chamo-me Maria . . . ['ʃɐmu mə mɐ'riɐ]
Como se chama você? [vɔ'se]	. . . . . .
Como te chamas? ['komu tɨ 'ʃɐmɐʃ]	. . . . . .

Como se chama a menina? (menina ist die Anrede für junge Mädchen bis 20)
['komu sɨ 'ʃɐma mə'ninɐ]

Onde mora o senhor? ['õndə 'mɔɾɐ]	Moro na avenida . . . número . . . [ɐvə'niðɐ]
Onde mora a senhora?	Moro na praça . . . número . . . ['pɾasɐ]
Onde mora a menina?	Moro na rua . . . número . . . [nɐ ʀuɐ . . . 'numəɾu]
Donde vem o senhor? [dõndə 'vẽi u sɨ'ɲoɾ]	Venho de Paris . . . ['veɲu ðə pɐ'riʃ]
Donde vem a senhora?	Venho da Alemanha. [. . . daɫ'mẽɲɐ]

Os dias da semana [uʒ 'ðiɐʒ ðɐ sə'mɐnɐ]

Que dia é hoje? [kə 'ðiɐ ɛ 'oʒə] Hoje é domingo ['oʒɛ ðu'mĩŋgu]

..... segunda-feira [səɣũndɐ'feiɾɐ]

..... terça-feira [tersɐ'feiɾɐ]

..... quarta-feira [kwaɾtɐ'feiɾɐ]

..... quinta-feira [kĩntɐ'feiɾa]

..... sexta-feira [seiʃtɐ'feiɾɐ]

..... sábado ['saβɐðu]

Domingo é o primeiro dia da semana
[du'mĩŋgwɛ u pɾi'meiɾu 'ðiɐ ðɐ sə'mɐnɐ]

Segunda-feira é o segundo dia da semana
[səɣũndɐ'feiɾɐ ɛ u sə'ɣũndu 'ðiɐ ðɐ sə'mɐnɐ]

Terça-feira é o terceiro dia da semana

Quarta-feira é o quarto dia da semana

Quinta-feira é o quinto dia da semana

Sexta-feira é o sexto dia da semana

Sábado é o sétimo dia da semana
['saβɐðwɛ u 'sɛtimu 'ðiɐ ðɐ sə'mɐnɐ]

Qual ['kwał . . .] é o primeiro dia da semana?	O primeiro dia da semana é domingo.
Qual é o segundo dia da semana?	O segundo dia da semana é segunda-feira.
Qual é o terceiro dia da semana?	O terceiro dia da semana . . .
Qual é o quarto dia da semana?	......
Qual é o quinto dia da semana?	......
Qual é o sexto dia da semana?	......
Qual é o sétimo ['sɛtimu] dia da semana?	......

Wochentage werden in Daten groß geschrieben! Festtage werden immer groß geschrieben: Sexta-feira Santa (Karfreitag), Terça-feira Gorda (Faschingsdienstag)

O ano [u 'ɐnu]

Janeiro é o primeiro mês do ano [ʒɐ'neiɾwɛ u pri'meiɾu 'meʒ 'ðwɐnu]

Fevereiro é o segundo mês do ano [fə'vɾeiɾu]

Março é o terceiro mês do ano ['maɾsu]

Abril é o quarto mês do ano [ɐ'βɾił]

Maio é o quinto mês do ano ['maju]

Junho é o sexto mês do ano ['ʒuɲu]

Julho é o sétimo mês do ano ['ʒuʎu]

Agosto é o oitavo mês do ano [ɐ'ɣoʃtwɛ u oi'tavu 'meʒ 'ðwɐnu]
Setembro é o nono mês do ano [sə'tẽmbɾwɛ u 'nonu 'meʒ 'ðwɐnu]
Outubro é o décimo mês do ano [o'tuβɾwɛ u 'ðɛsimu 'meʒ 'ðwɐnu]
Novembro é o décimo primeiro mês do ano [nu'vẽmbɾwɛ u 'ðɛsimu pɾi'meiɾu 'meʒ 'ðwɐnu]
Dezembro é o décimo segundo mês do ano [də'zẽmbɾu]
As estações do ano são: a Primavera, o Verão, o Outono, o Inverno.
[ɐz ɨʃtɐ'sõiʒ 'ðwɐnu 'sɐ̃u ɐ pɾimɐ'vɛɾɐ u və'ɾɐ̃u u o'tonu u ĩ'vɛɾnu]

Qual é o primeiro mês do ano?
O primeiro mês do ano é Janeiro

Qual é o quinto mês do ano?
O quinto mês do ano é . . .

Bilden Sie ähnliche Fragen und antworten Sie!

Quantos dias tem Janeiro?
['kwɐ̃ntuʒ 'ðiɐʃ tɐ̃i ʒɐ'neiɾu]
Janeiro tem 31 dias.
[ʒɐ'neiɾu tɐ̃i 'tɾintɐi'jũn 'ðiɐʃ]

Quantos dias tem Fevereiro?
. . . . . .

Bilden Sie ähnliche Fragen!

Quais são os dias da semana?
['kwaiʃ sɐ̃u uʒ 'ðiɐʒ ðɐ sə'mɐnɐ]
Os dias da semana são: domingo, segunda-feira . . .

Quais são os meses do ano?
['kwaiʃ sɐ̃u uʒ 'meziʒ 'ðwɐnu]
Os meses do ano são: Janeiro, . . .

Quantos dias tem o ano?
O ano tem . . . dias.

Quais são as estações do ano?
['kwaiʃ sɐ̃u ɐz ɨʃtɐ'sõiʒ 'ðwɐnu]
As estações do ano são: . . .

VI.

Um aluno:

Que dia é hoje?
[kə 'ðiɐ ɛ 'oʒə]

Que dia foi ontem?
[kə 'ðiɐ foi 'õntɐ̃i]

Que dia foi anteontem?
[tɐ̃n'tjõntɐ̃i]

Outro aluno:

Hoje é segunda-feira (. . .)

Ontem foi domingo (. . .)
['õntɐ̃i foi . . .]

Anteontem foi sábado (. . .)

Que dia será amanhã?
[sə'ra:mɐ'ɲɐ̃]

Amanhã será terça-feira (. . .)
[amɐ'ɲɐ̃ sə'ra]

Que dia será depois de amanhã?
[sə'ra ðə'poiʒ ðamɐ'ɲɐ̃]

Depois de amanhã será quarta-feira

Quantos são hoje?
['kwɐntuʃ sɐ̃u 'oʒə]
Em que dia estamos?
[ɐi kə ðia iʃtamuʃ]

Hoje é um de Agosto de mil novecentos e sessenta-e-três
['oʒɛ ũ ðjɐ'ɣoʃtu ðə 'miɫ nɔvə'sẽntuz i sə'sẽntɐi 'treʃ]

Quantos são hoje?
A quantos estamos?
[ɐ kwɐntuʃ iʃtamuʃ]

Hoje são dois de Setembro de mil novecentos e sessenta-e-quatro

Quantos serão [sə'rɐ̃u] amanhã?

Amanhã serão [sə'rɐ̃u] . . .

Em que dia é o seu aniversário?
[ɐ̃i kə 'ðiɐ ɛ u seu ɐnivər'sarju]

O meu aniversário é no dia . . .
[u meu ɐnivər'sarju ɛ nu 'ðiɐ]

Leia as datas: ['lejɐ ɐʒ 'ðatɐʃ] 1/9/1940; 25/10/1959; 3/2/1879 . . .

Que língua se fala em Portugal?
[kə 'lĩŋgwɐ sə 'falɐ ɐ̃i purtu'ɣaɫ]

Em Portugal fala-se português.
[ɐ̃i purtu'ɣaɫ 'falɐ sj purtu'ɣeʃ]

Que língua se fala no Brasil?
[brɐ'ziɫ]

No Brasil fala-se português.

Que língua se fala na Alemanha?
[naɫə'mɐɲɐ]

Na Alemanha fala-se alemão.
[ɐlə'mɐu]

Que língua se fala na França?
[frɐ̃sɐ]

Na França fala-se francês.
[frɐ'seʃ]

Que língua se fala na Espanha?
[iʃ'pɐɲɐ]

Na Espanha fala-se espanhol.
[iʃpɐ'ɲɔɫ]

Que língua se fala na Inglaterra?
[ĩŋglɐ'tɛʀɐ]

Na Inglaterra fala-se inglês.
[ĩŋ'gleʃ]

Que língua se fala na Itália?
[i'taljɐ]

Na Itália fala-se italiano.
[itɐ'ljɐnu]

Que línguas se falam na Suíça?
['falɐ̃u] ['swisɐ]

Na Suíça falam-se alemão, francês e italiano.
['falɐusə]

Que língua se fala na União Soviética?
[unjɐ̃u sɔ'vjɛtikɐ]

Na União Soviética fala-se russo.
['ʀusu]

Que língua se fala nos Estados Unidos?
[nuz iʃ'taðuz u'niðuʃ]

Nos Estados Unidos fala-se inglês.

Onde se fala português? ['õndə]

O português fala-se em ... e no ...

Onde se fala alemão?

O alemão fala-se na Alemanha, na Áustria e na Suíça. [nɐ 'auʃtrjɐ]

Conte:

1000 = mil
1000 pessoas = mil pessoas [miłpə'soɐʃ] oder um milhar de pessoas [ũ miʎaɾðə]
2000 = dois mil
2000 pessoas = duas mil pessoas oder dois milhares de pessoas [doiʒ mi'ʎaɾiʒ ðə pə'soɐʃ]
100.000 = cem mil [sɐ̃i 'mił]
1.000.000 = um milhão [ũ mi'ʎɐ̃u]
1.000.000.000 = um bilhão [bi'ʎɐ̃u]

Leia: Portugal tem 9 milhões de habitantes.
['lejɐ puɾtu'ɣał tɐ̃i 'nɔvə mi'ʎõiʒ ðjɐβi'tɐ̃ntiʃ]

O Brasil tem 100 milhões de habitantes.

VII.

Um aluno:

Como está o tempo?
[komuʃta u 'tẽmpu]

Outro aluno:

O tempo está bom. [u 'tẽmpuʃta 'βõ]
Está bom tempo. [iʃta βõn 'tẽmpu]
Está mau tempo. [iʃta mau 'tẽmpu]
Está calor. [iʃta kɐ'loɾ]
Está frio. [iʃta 'fɾiu]
Está vento. [iʃta vẽntu]
Está a chover. [iʃta ɐ ʃuveɾ]
Está fresco. [iʃta 'fɾeʃku]

Como é o tempo na Primavera?
[komwɛ u 'tẽmpu na primɐ'vɛɾɐ]

Na primavera o tempo é ...
[nɐ primɐ'vɛɾɐ u 'tẽmpwɛ]

...... no Verão?
[nu və'rɐ̃u]

No verão o tempo é ...
[nu və'rɐ̃u u 'tẽmpwɛ]

...... no Outono?

No outono ...
[nu o'tonu]

...... no Inverno?

No inverno ...
[nu ĩ'vɛɾnu]

PRIMEIRA LIÇÃO

A casa de Pedro

A família de Pedro tem uma casa em Lisboa. É uma casa grande e moderna. Tem 6 divisões, uma varanda, uma cozinha e duas casas de banho. As 6 divisões são: a sala de estar, a sala de jantar, o quarto das crianças, o escritório do pai, o quarto de dormir e o quarto da criada. O pai de Pedro paga uma renda de 4.000 escudos por mês. A renda é elevada. Mas o pai de Pedro é engenheiro e ganha bem.
A família de Pedro vive num segundo andar, do lado direito. O prédio tem 6 andares. Tem também um elevador. O elevador funciona mal. No rés-do-chão (r/c) vive a porteira. A porteira tem um gato. O gato chama-se «Fadista». Pedro tem um cão e tem também um aquário com 5 peixes. O cão chama-se «Janota».
O pai de Pedro é o Engenheiro Eduardo Santos. A mãe de Pedro é a senhora Dona Maria Madalena. Pedro tem também uma irmã; ela chama-se Isabel. A criada da família chama-se Maria.

Conversação

Onde vive a família de Pedro? Quais são as pessoas que vivem na casa de Pedro? Quantas divisões tem a casa? Quais são os quartos da casa? Quanto paga o pai por mês? Quantos andares tem o prédio? Quem vive no rés-do-chão? Como se chama o gato da porteira? Como se chama o cão de Pedro? Quantos peixes tem o aquário? Quem é o pai de Pedro? Quem é a mãe de Pedro?

Exercícios

1. *Setzen Sie statt des bestimmten Artikels den unbestimmten:* a família, o gato, a criada, a mãe, o pai, o escritório . . .
2. *Setzen Sie statt des unbestimmten Artikels den bestimmten:* uma pessoa, um andar, um prédio, uma porteira, um cão . . .
3. *Setzen Sie nach dem Muster* as mesas – umas mesas (einige Tische), os cadernos – uns cadernos (einige Hefte) *den unbestimmten Artikel der Mehrzahl ein:* os amigos, as senhoras, os meses, os anos, as ruas, os dias, as pessoas.
4. *Bilden Sie den Plural von:* o aquário, a cozinha, o elevador, o livro, a maçã, a mãe, o órgão, o irmão, a lição, o cão, o osso (o) [ɔ] (beachten Sie die Aus-

sprache des Stammvokals im Plural!), o almoço, o olho, o bolo (beachten Sie die Aussprache!) (o, o), o gosto (o), a voz (ɔ), o fim, o álbum, o papel, o sol (ɔ), o barril, o lápis.

5. *Bilden Sie den Plural:* a casa grande, o livro pequeno, a renda elevada, o gato preto, a caneta azul, a lição fácil, a língua difícil ...
6. *Bilden Sie Genitive:* o livro ... irmão, o gato ... irmã, o elevador ... casa, a porteira ... prédio, as criadas ... famílias, o aquário ... crianças, as divisões ... prédios, o cão ... irmãos.
7. *Bilden Sie Dative:* Dou (ich gebe) o livro ... pai, ... mãe, ... irmãs, ... irmãos, ... crianças, ... criada, ... engenheiro.
Auslautendes -s vor Vokal wird wie stimmhaftes s (Siegfried) gesprochen: os elevadores, os aquários, as irmãs ... etc.
Wiederholen Sie die Akzentregeln auf S. 23–25!

SEGUNDA LIÇÃO

Na casa de banho

A família Santos levanta-se às 7 horas. Primeiro levantam-se a criada e D. Madalena, mãe de Pedro, e um quarto de hora depois os dois filhos. Eles correm para a casa de banho. Hoje é Pedro o vencedor. Ele fecha a porta à chave e fica muito contente. Isabel bate à porta e grita: – Não tens vergonha? – Pedro pega na esponja e lava-se com muita água e sabonete. A irmã está impaciente. – Vá! Despacha-te! – grita ela. Pedro lava-se devagar. Lava os dentes com uma escova e pasta dentífrica. Com a boca cheia de água grita à irmã: – Calma, menina! Já vou! – E penteia o cabelo em frente do espelho. Depois abre a porta e molha a cara de Isabel com a esponja. A irmã está muito aborrecida. – Amanhã vais ver! – diz ela. Pedro ri-se e vai para a sala de jantar. A criada põe a mesa.

Conversação

A que horas se levanta a família Santos? Quem se levanta primeiro? Quem se levanta depois? O que faz Isabel? O que faz Pedro? Com que lava os dentes? Onde penteia o cabelo? Com que molha a cara da irmã? Para onde vai Pedro depois? O que faz a criada?

Exercícios

1. *Bilden Sie Genitive:* A casa de banho ... uma casa. As chaves ... uma porta, a cara ... um pai, o primeiro dia ... um ano.

2. *Bilden Sie Dative:* Dou a chave ... uma senhora. Ele dá o lápis ... um amigo. Ela dá a borracha ... uma amiga. Ele dá o dinheiro (Geld) ... um homem. Damos o dinheiro ... uma mãe.

3. *Empregar os adjetivos seguintes:* grande, pequeno (klein), limpo (sauber), sujo (schmutzig), alegre (heiter), triste (traurig), aborrecido, bom, mau, caro (teuer), barato (billig)!
   Das große Haus, das kleine Haus; das große Buch, das kleine Buch; das saubere Zimmer, das saubere Büro; das schmutzige Kind, die schmutzigen Hefte; der heitere Tag, die heitere Straße; der traurige Tag, das traurige Jahr, die traurige Schwester; der langweilige Lehrer, der langweilige Schüler, die langweiligen Tage; der gute Vater, die gute Mutter; der schlechte Ingenieur, die schlechte Schule (escola); die teure Waschseife, die teure Zahnpasta; der billige Bleistift, der billige Federhalter.

4. *Conjugar:* estou alegre, sou português, sou alemão, tenho fome (Hunger), lavo-me depressa (rasch), levanto-me cedo (früh), corro para casa, bato à porta, fecho a porta, abro a porta.

5. *Traduzir:* in einer Wohnung, (numa ...), in einem Mietshaus, in einem Badezimmer, in einem Lift, in einem Büro, in einer Familie, durch die Küche (pela ...), durch das Haus, über die Straße (pela ...), durch das Zimmer etc.

6. *Responder à maneira portuguesa:* O senhor fala português? Não senhor, não falo. A senhora (o senhor) é alemã? Sim senhor, sou alemã (alemão). O senhor fala o espanhol? ... O senhor está contente? ... O senhor tem tempo? ... O senhor é suíço?

7. *Pôr no plural:* ele levanta-se às 7 h, lavo o cabelo, abro a porta, molhas o sabonete, limpas os dentes, bate à porta ...
   Pôr no singular: eles lavam-se devagar, temos tempo, estamos tristes, sois suiços, são austríacos (Österreicher), abris a porta, eles gritam muito, lavamo-nos depressa, eles despacham-se, entrais no quarto, tendes fome, estais alegres ...

8. *Pôr as formas convenientes:* Pedro (ser oder estar?) na sala de jantar. O senhor Santos (ser oder estar?) engenheiro. A mãe (...) na cozinha, Pedro e Isabel (...) crianças. O senhor (...) alemão? A senhora (...) protestante? Onde (...) a criada? Pedro e Isabel (...) em casa.

9. Isabel (cantar) uma canção (Lied). As crianças (Kinder) (beber) leite. Pedro (lavar-se) na casa de banho. Tu (abrir) a garrafa. Eles (bater) à porta.

10. *Traduzir:* Du bist heiter (estar). Wir sind heiter (estar). Sie sind traurig (estar). Er ist Portugiese (ser). Wir sind Brasilianer (ser). Sie sind katholisch (ser, católico). Du hast Zeit. Die Freunde haben Zeit. Sie hat ein Haus. Die Mutter wäscht die Küche. Wir waschen den Hund. Die Geschwister (irmãos) waschen den Tisch. Ich verschließe die Wohnung. Ich stehe um 8 Uhr auf. Wir stehen um Mitternacht auf. Sie klopft an die Tür (bater). Wir klopfen an die Tür. Das Dienstmädchen öffnet die Tür. Pedro und Isabel öffnen die Tür. Wir öffnen die Tür.

TERCEIRA LIÇÃO

O pequeno almoço

A campainha toca. São 7,30 h. –Abre a porta, Maria, diz a mãe, – é o padeiro.– Maria vai à porta. O padeiro entrega os pãezinhos frescos à criada. Ela põe os pãezinhos num cesto e leva o cesto para a mesa. Pedro não pode esperar mais. –Depressa, Maria– chama ele, –traga o café! Tenho fome!– –Tem paciência, filho!– censura a mãe. –Compra primeiro o jornal para o pai!–
Pedro vai ao terraço. O rapaz dos jornais passa na rua e grita: –O «Diário»! O «Século»!– Pedro acena ao ardina. Este atira o jornal para o terraço. Pedro deita um escudo para a rua. Depois leva o jornal para o quarto dos pais. O pai está ainda na cama. –Pai, faça favor!– –Muito obrigado, Pedro!– –Já está tudo na mesa, diz a mãe.– Mas falta o leite, observa Isabel. No mesmo momento a campainha toca outra vez. –Lá vem a leiteira!– A criada vai à porta e traz o jarro com o leite.
Todos comem com apetite. Pedro come dois pãezinhos com manteiga e bebe duas chávenas de café com leite e açúcar. Isabel bebe uma chávena de leite. O senhor Santos bebe o café sem açúcar.

Conversação

A que horas toca a campainha? O que diz a mãe? Quem vai à porta? O que faz o padeiro? Onde põe a rapariga os pãezinhos? Quem não pode esperar mais? O que diz a mãe a Pedro? Aonde vai Pedro? Quem passa pela rua? Para onde atira o ardina os jornais? Para onde deita Pedro um escudo? Onde está o senhor Santos? O que falta ainda na mesa? Quantos pãezinhos come Pedro? Quantas chávenas de café bebem as crianças? O que bebe Isabel? O senhor Santos bebe o café com ou sem açúcar?

Merken Sie: Brötchen heißen in Portugal häufig auch carcaças oder papos secos.

Exercícios

1. *Descrever (beschreiben Sie) o seu pequeno almoço:* De manhã, como ... e tomo (trinke!) ...
2. *Empregar as formas convenientes de «bom» e «mau»:* a ... criada, o ... pai, o ... professor, a ... porteira, a ... casa, o ... livro, a ... aluna, as ... crianças, os ... quartos
3. *Inserir (einsetzen) adjectivos:* As casas ..., os quadros ..., o giz ..., os alunos ..., o café ..., o leite ... etc. (Empregar os adjectivos estudioso (fleißig), mandrião (faul), doce (süß), amargo (bitter), pequeno, verde, branco.)
4. *Traduzir:* ein rotes Buch, das große Fenster, das grüne Heft, der teure Kaffee, die kleinen Tassen, die billige Zeitung, der süße Zucker, das schmutzige Zimmer, die frischen Brötchen, die fleißigen Schüler ...
5. *Estudar a boa pronúncia:* o rapaz estudioso (o), os alunos estudiosos (ɔ), o elevador novo (o), a casa nova (ɔ), as casas novas (ɔ), o pai generoso (o), a mãe generosa (ɔ), aber: o homem gordo (o), a mulher gorda (o).
6. *Inserir as formas convenientes:* Os alunos (ir) à escola, o pai (dizer) a verdade (Wahrheit), Pedro (saber) o francês, Pedro e Isabel (saber) o alemão, tu (fazer) o teu trabalho, ele (dar) um escudo, a criada e a mãe (pôr) a mesa, nós (poder) tomar o pequeno almoço.
7. *Pôr no plural:* vais para casa, dás um escudo, ela faz o trabalho, a criança pode falar, vai à escola, dizes a verdade, sei o vocabulário, ponho a mesa ...
8. *Conjugar:* lavo-me, não posso falar, ponho a mesa, dou um escudo, não sei o russo, digo a verdade, vou para casa ...
9. *Traduzir:* Ich gehe auf (para) die Straße. Wir gehen nach (para) Lisboa. Die Freunde gehen nach Hause. Sie geht in die Küche (a). Du sprichst nicht (não ...) die Wahrheit. Er sagt zur Mutter: „Kann ich auf die Straße gehen?" Die Eltern sagen zu den Kindern (aos filhos): „Ihr könnt

auf die Straße gehen." Die Schüler (alunos) können gehen. Ich decke den Tisch. Wir decken den Tisch. Wir geben die Hefte dem Lehrer (professor). Die Schüler geben die Hefte der Lehrerin (professora). Du gibst die Katze der Portierfrau. Ich tue meine Arbeit (trabalho). Wir tun unsere Arbeit. Du weißt den Tag. Wir wissen die Tage.

Merken Sie: Zwischen saber und poder besteht eine Verwechslungsmöglichkeit. Bei der Übersetzung des deutschen Verbums *können* muß man überlegen, ob es sich um ein Wissen oder um eine Bereitschaft handelt: Ich kann schwimmen = sei nadar (weil es sich um ein Wissen handelt), ebenso: Er kann Portugiesisch = ele sabe português; dagegen: Kannst du kommen? = podes vir? Kannst du mir das Buch geben? Podes dar-me o livro? (weil es sich um eine Bereitschaft handelt.)

QUARTA LIÇÃO

No mercado

A senhora D. Madalena e a criada vão ao mercado fazer compras para o almoço. Já se ouvem os gritos dos vendedores: –Há tomate saloio!– –Olhe as lindas uvas!– –Venha cá, freguesa!–

As duas mulheres vão primeiro ao talho.

–Tem bife tenro?

–Não, minha senhora, hoje só tenho costeletas de porco e lombo de vitela.

–Qual é o preço?

–As costeletas são a 160, e o lombo é a 170 o kg,

–Então dê-me 1 kg e meio de lombo de vitela!

O homem do talho pesa a carne na balança e embrulha-a num papel. D. Madalena paga e vai aos lugares do peixe.

–Olhe, minha senhora, diz a Maria, esta pescada parece ser muito fresca.–

Depois vão à hortaliça e à fruta.

–Eu quero dois quilos de feijão verde, três quilos de batatas, duas alfaces e uma couve portuguesa.

–Mais nada?

–Não, muito obrigada.

Por fim, compram ainda uma dúzia de bananas, uma dúzia de maçãs e 6 ovos. O saco e o cabaz estão cheios. D. Madalena e a Maria voltam para casa e põem as compras no frigorífico.

Conversação

Aonde vão a senhora D. Madalena e a criada? O que gritam os vendedores? O que faz o homem do talho com a carne? Aonde vai a Senhora D. Madalena depois? O que compram as duas mulheres? Onde põe a criada as compras?

Exercícios

1. *Contar na primeira pessoa:* Vou ao mercado. Primeiro compro..., depois...
2. *Pôr no plural:* a casa azul, o rapaz feliz, o aluno mandrião, a menina amável, o ardina lisboeta (Lissabonner), a maçã alemã, o homem brutal, a má língua, o comboio português, o mau aluno, a nação trabalhadora.
3. *Inserir a forma conveniente:* As crianças (correr) para a rua, Pedro (escrever) aos seus pais, eu (bater) à porta, vocês (tomar) o pequeno almoço, eles (beber) café ...
4. *Inserir as formas convenientes de ter ou haver:* o pai ... um carro novo, nós ... uma lição de português, os Santos ... um frigorífico, hoje ... bananas, elas ... um saco e um cabaz, aqui ... vinho tinto.
5. *Inserir os pronomes possessivos:* Este livro é teu? Sim, senhor, ... Os seus amigos falam português? Não, senhor, ... português. Você aprende a sua lição? Sim, senhor, ... lição. Isto é a sua classe? Sim, senhor, ... classe. Onde está o meu lápis? O ... lápis está em cima da mesa. Onde estão os teus livros? Os ... livros estão na estante (Bücherregal). Isto é a casa dos meus pais, é a ... casa. Aquela menina é a ... irmã? Sim senhor, é ... irmã.
6. *Conjugar as expressões seguintes:* estou no meu quarto, tomo o meu café, abro o meu carro, compro os meus cadernos, escrevo a minha carta, brinco com as minhas filhas.
7. *Traduzir:* Meine Mutter geht auf den Markt. Sie macht ihre Einkäufe. Sie kauft Gemüse und Obst für unsere Familie. Ihre Tasche ist voll. – Die Küche unseres Hauses ist modern. Der Wagen meines Vaters ist neu. Mein Freund heißt Hans (João). Seine Schüler sind fleißig. Ist dein Buch interessant? (Normale Wortstellung!)
8. *Traduzir:* bitte + Imperativ! Ex.: Faça o favor de abrir a janela! (Bitte öffnen Sie das Fenster!)
   Bitte schließen Sie die Tür! Kaufen Sie bitte die Zeitung! Lernen Sie bitte diese Regel auswendig (regra, decorar)! Schreien Sie bitte nicht so laut (tão alto)! Zeigen Sie mir bitte den Weg (mostrar o caminho)!

9. *Üben Sie dele, dela, deles und delas!*
Beispiel: Não é o meu livro, é o livro deles. Das ist nicht mein Buch, es ist ihr Buch (der Freunde).
Übersetzen Sie: Das ist nicht mein Heft, sondern ihr Heft (des Mädchens). Das ist nicht mein Haus, das ist sein Haus. Das ist nicht unser Hund, es ist ihr Hund (der Freunde). Das ist nicht deine Katze, es ist ihre Katze (des Mädchens). Das ist nicht seine Wohnung, es ist ihre Wohnung (des Mädchens).

10. *Setzen Sie bei folgenden Ausdrücken den bestimmten Artikel ein:* todas ... senhoras, todos ... portugueses, toda ... lição, toda ... casa, ambos ... filhos, ambas ... filhas.

11. *Übersetzen Sie als Übung zu II, 1–10:* Brasilien und Portugal; Porto und Lissabon; der Algarve und Marokko; mein Vater kennt deine Schwester; meine Mutter ist zu Hause; du kannst in meinem Namen antworten (responder); die Kinder lärmen; mein Sohn macht Examen.

QUINTA LIÇÃO

O almoço

A criada põe a mesa para o almoço. Primeiro põe a toalha, depois os pratos, os copos e os talheres: as facas, os garfos e as colheres. D. Madalena está na cozinha e ajuda a preparar a comida. –Ó Maria, venha cá e tire-me estas panelas do fogão! O peixe já está pronto.

A criada leva as travessas quentes para a sala de jantar e avisa a família: –A sopa está na mesa!

Todos se sentam à mesa. –Faltam os guardanapos!– observa o pai. –Ó Maria, chama a D. Madalena, –traga os guardanapos!–

O almoço começa pelo caldo verde; depois seguem-se os pratos de peixe cozido e carne assada. O Sr. Santos enche os copos com vinho tinto. Os filhos bebem água mineral. Pedro abre a garrafa com um abridor de garrafas. A água mineral sai com grande violência e salpica a cara de Isabel. –Tem cuidado, rapaz!– grita o pai. Mas nisto Pedro pega na travessa quente e queima os dedos. Dá um grito e Isabel exclama: –Bem feito!– –Coitado!–, diz a mãe, –o Pedro está hoje com pouca sorte!–

A família termina o almoço com a sobremesa; há pudim flan e fruta. Da cozinha ouve-se o ladrar do «Janota» que está à espera dos ossos.

Conversação

Onde põe a criada as travessas? O que diz a criada para avisar a família? O que come a família Santos? O que bebe a família? Com que abre Pedro a garrafa? O que há para sobremesa? Quem está à espera dos ossos? Com que se come a sopa? Com que se come a carne e a hortaliça?

Conversa na papelaria

Pedro entra na papelaria. A dona da loja, a senhora D. Emília, é uma boa senhora e uma velha amiga de Pedro, mas tem a mania da bola.

–Boa tarde, Senhora D. Emília! Como está? Passou bem?

–Olá, Pedro! Eu cá estou bem, graças a Deus! E tu?

–Bem, muito obrigado!

–E que tal vai a família?

–Vai bem, obrigado.

–Então: o que desejas?

–Dê-me cem folhas de papel para máquina!

–Que papel desejas, grosso ou fino?

–Pode ser médio.

–E que mais?

–Tem postais com vistas de Lisboa?

–De quais? Dos simples ou dos coloridos?

–Dos coloridos para mandar para a Alemanha.

–Como?

–Sabe: meu pai tem amigos na Alemanha. Eles querem passar as férias em Portugal.

–Fazem bem. O nosso país é bem bonito. E agora que mais?

–Quero uns 50 envelopes.

–Então: que me dizes? Quem vai ganhar no domingo: o Sporting ou o Benfica?

–Está claro, o Sporting.

–O quê? Não pode ser. Aqui tens os envelopes. Mas não fales mal do Benfica ou eu acabo com o desconto.

–Está bem, Senhora D. Emília. Vamos lá ver no domingo!

Exercícios

1. *Contar o almoço da família Santos!*

2. *Pôr o artigo definido:* Norte, Setembro, Tejo, Elba, beber, não; Verão, arroz,

álbum, som, bacalhau; voz, cor, dor, flor, árvore, vontade, viagem, estupidez; nariz, dente, clima, vale.

3. Ex.: De quem é este lápis? Este lápis é do senhor ... De quem é esta caneta? ... De quem é este livro? ... De quem é esta casa? ...

4. Ex.: A quem pertence este livro? (Wem gehört) Este livro pertence ao senhor. A quem pertence este caderno? ... A quem pertence este papel? ... A quem pertence a papelaria? ... A quem pertencem os postais?

5. Quem é mais velho, seu pai ou sua mãe? Seu avô ou sua avó? Quais dos carros são mais cómodos (bequemer), os carros alemães ou os franceses?

6. *Inserir os pronomes interrogativos:* ... custam estas uvas? ... é o teu professor de português? ... dos teus professores falam o inglês? ... é a sua caneta? ...... diz a sua mãe? ...... está a sua caneta? ... são os seus amigos? ... fica a sua escola? ... é a capital do Brasil? Ele canta não sei o ...–... rapazes há na sua classe? ... raparigas? De ... falas? (Wovon sprichst du?) ... anos tem o senhor?

7. *Traduzir:* Was sagt Ihre Mutter? Wer ist der Inhaber des Papiergeschäftes? Wie viele Postkarten wünschen Sie? Welche von diesen Postkarten wollen Sie (quais destes ...)? Von wem sprechen Sie? Wovon sprechen Sie? Wo ist das Geld? (que é do ...) Wie viele Bücher besitzen Sie? (possui) Wie heißen Sie? (como ...) Was? (o quê?) Sie wissen das nicht? Wo wohnen Sie? Was willst du sagen?

8. *Inserir o artigo indefinido:* Vou a casa ... amigos. Ela é a mãe ... amiga minha. Mando postais ... amigos na Alemanha. Escrevo ... amiga na Suíça.

9. *Escrever a forma feminina dos substantivos seguintes:* português, espanhol, italiano, alemão, irmão, sultão, patrão, conde, actor, imperador, avô, rei, ladrão, João, judeu, europeu.

10. *Traduzir:* A capital da Espanha é Madrid. O capital do meu amigo é grande. O lente ensina em Coimbra. O relojoeiro (Uhrmacher) trabalha com uma lente. O banho está quente. A banha está na tigela (Schüssel). É o seu modo de dizer as coisas. A nova moda. Não tenho troco. É uma troca muito má. O portão (Portal) tem um arco. A arca está cheia de dinheiro. O poço tem muita água. Na rua há poças. A laranja é o fruto da laranjeira. A fruta está na mesa. O corte do vestido (Kleid). A corte do rei.

SEXTA LIÇÃO

No correio

O Sr. Santos manda o filho com umas cartas e encomendas ao correio. Pedro é grande coleccionador de selos. Em casa possui diversos álbuns com selos de todos os países. O pai estimula o interesse do seu filho pelos selos. Ele mesmo ajuda a colar os selos no álbum. Por isso Pedro não se dirige logo ao guiché, mas interessa-se primeiro pela nova série de selos, exposta perto da entrada. Só depois é que ele se lembra das cartas do pai e pede à empregada:
–Dê-me 10 selos de 7 escudos, 10 selos de três e quinhentos, dez selos de dez tostões e dez postais. E esta carta vai registada.
–Vai por avião ou normal?
–Normal.
–Tem peso a mais. Custa mais 15 tostões.
Pedro rebusca no seu porta-moedas e pede ainda a nova série de selos.
A empregada: –Mais nada?
–Não há outros selos, pois não?
–O menino bem vê que não há.
A empregada impacienta-se. Por detrás de Pedro está muita gente à espera. Pedro pega no talão da carta registada, deita as cartas na caixa e vai à secção das encomendas postais para entregar um pacote. Depois entrega um vale no guiché dos vales. Há uma bicha muito grande e Pedro quase perde a paciência. Por fim, chega a sua vez. Pedro volta para casa e pede mais dinheiro ao pai.
–Para quê, filho?
–O pai bem vê: preciso de comprar novos selos para a minha colecção.

Conversação

Aonde é que o Sr. Santos manda o filho? O que colecciona Pedro? O que é que Pedro possui em casa? Como é que o pai ajuda o filho? Onde está exposta a nova série de selos? Onde deita Pedro as cartas? Onde entrega o pacote? O que entrega ele na secção dos vales? Porque é que Pedro perde a paciência? O que faz Pedro depois? O que pede ele ao pai? O que quer fazer com o dinheiro?

Die portugiesische Währung (A moeda portuguesa)

Die portugiesische Währung bezeichnet, zur Verwirrung des Neulings, dieselben Münzen mit verschiedenen Namen: 1 escudo ist gleich 10 tostões oder 100 centavos oder 1000 réis (nach einer längst aus der Währung verschwundenen kleinen Münze, dem Real; man denke an den franz. sou). Bis zu 3 Escuden kann man sowohl in tostões wie in réis zählen: 2$50 = 25 tostões oder dois (mil) e quinhentos; ab 3 Escuden bevorzugt man den Real: 8$50 heißen also oito (mil) e quinhentos; 10$20 = dez (mil) e duzentos etc. 100 escudos hört man auch als cem mil réis bezeichnet. 1000 escudos nennt man immer 1 conto.

Die brasilianische Währung (A moeda brasileira)

Grundeinheit der brasilianischen Währung ist der cruzeiro. Infolge der Geldentwertung sind die früher üblichen kleineren Münzen außer Gebrauch gekommen. In der Umgangssprache entspricht in Brasilien 1 conto de cruzeiros 1000 cruzeiros.

Exercícios

1. *Ler à maneira portuguesa:* 2$10, 20$30, 50$90, 100$00, 1.250$00, 8.500$00, 10.450$00 etc.

2. *Completar:* chega a minha vez (ich bin an der Reihe), chega a tua vez ... (du bist an der Reihe) ...

3. *Representar a cena do guiché!*

4. *Escrever uma pequena redacção:* vou ao correio ...

5. *Conjugar:* levanto-me às 7 horas, não me levanto tarde.

6. *Pôr no plural:* a couve-flor; a obra-prima; a segunda-feira; a má-língua; o guarda-nocturno; o pisca-pisca; o chupa-chupa; o vice-governador.

7. *Traduzir:* Sie denkt an mich. Wir sprechen von dir. Ich spreche von uns. Sie spricht von ihm (dele). Er spricht von ihr. Wir sprechen von ihnen (den Freunden). Er gefällt mir. Sie gefällt mir auch. Sie (die Freunde) gefallen mir. Ich denke an euch (vocês). Er geht mit mir. Sie geht mit dir. Pedro geht mit Ihnen. Sie gehen mit uns. Er geht mit euch (vocês). Komm mit uns (vem ...)!

8. *Traduzir:* Geben Sie mir 10 Briefmarken zu 2$50 Escudos! Wieviel kostet diese Postkarte nach Deutschland? Dieser Brief geht eingeschrieben. Hat er Übergewicht? Geben Sie mir zwei Zahlkarten! Wieviel kostet dieses Telegramm (o telegrama)? Haben Sie neue Briefmarken? Ich habe eine kleine Briefmarkensammlung.

SÉTIMA LIÇÃO

No autocarro

-Ó Isabel, vem comigo à Baixa!, diz a D. Madalena à filha.
-A mãe vai às compras?, pergunta a pequena.
-Não te demores, penteia esse cabelo, que já são horas!
-Já vou! Vamos comer bolos numa pastelaria?
-Talvez, mas tem juízo e porta-te bem!
Na paragem dos autocarros há uma bicha enorme. Passa um quarto de hora e o autocarro não vem.
-Ó mãe! Porque não vamos de eléctrico? Eu gosto tanto de andar de eléctrico.-
-Mas não gosto eu, responde a mãe.- Vêm sempre tão cheios! Olha! Já lá vem o nosso autocarro.
As duas sobem para o andar de cima. Aproxima-se o condutor.
-Dois bilhetes de quinze (tostões)!
O condutor fura os bilhetes e entrega-os aos passageiros. A esta hora da tarde, há muito movimento nas ruas. A todo o momento passam carros, camionetas e táxis. Os polícias sinaleiros suam debaixo dos seus toldos. O tráfego exige toda a sua atenção.
-Ó mãe! Vê aquele carro azul parado em frente daquela tabacaria? É muito bonito.-
-É um Opel.
-Ora essa, diz Isabel, é um Chrysler! O pai tem que vender o seu velho Volkswagen e comprar um modelo destes.
-Ó menina! Não digas disparates! Vamos! Já estamos a chegar.
O autocarro pára no Rossio. É a última estação. Todos os passageiros descem. O motorista do carro desce também para fumar um cigarro.

Conversação

O que diz a D. Madalena à filha? O que há na paragem dos autocarros? Porque é que a mãe de Isabel não gosta dos eléctricos? O que faz o condutor? O que passa na rua? O que fazem os polícias sinaleiros? De que marca é o carro que Isabel vê em frente da tabacaria? O que quer Isabel? Onde pára o autocarro? O que fazem os passageiros? O que faz o motorista?

Na sapataria

D. Madalena e a filha passeiam na Baixa. Param defronte das montras duma sapataria. Nas montras estão expostos sapatos de todos os tamanhos e feitios: para homens, para senhoras e para crianças.

–Vamos comprar umas sandálias para ti, diz a mãe.
As duas sentam-se e o empregado acorre pressuroso com as caixas de sapatos.
–Estas sandálias são muito pesadas, diz Isabel e põe de parte o primeiro par.
–Gosto mais daquelas brancas.
–Mas desse modelo não tenho a medida da menina. Não gosta destas amarelas?
–Acho feia esta cor.– Isabel aponta para outro par. –Mostre-me aquele par de sandálias encarnadas!
–Esse cabedal não é de boa qualidade, observa a mãe. –Ainda tem outros modelos?
O empregado abre ainda várias caixas, mas a pequena freguesa não gosta nem de uns nem de outros dos modelos apresentados. Por fim o empregado já se mostra menos amável. D. Madalena compra apenas uma caixa de pomada e dois pares de atacadores. O empregado, às escondidas, faz uma careta de contrariedade.

Exercícios

1. *Descrever uma viagem no autocarro:* vou à paragem. Espero pelo autocarro ... (continue!)
2. *Representar a cena na sapataria!*
3. *ter de + infinito = müssen, estar a + infinito = gerade dabei sein. Traduzir:* Wir müssen einen Fahrschein kaufen. Du mußt die Lektion lernen. Wir müssen aussteigen. Ich muß einen Brief schreiben. Die Autos müssen halten. Ich schreibe gerade einen Brief. Die Mutter liest gerade die Zeitschrift (revista). Der Vater hört gerade den Fußballbericht (relato da bola). Die Kinder schlafen gerade.
4. *Inserir o pronome demonstrativo:* O que é ... (in meiner Nähe: dies)? ... é a mesa. O que é ... (dies: in der Nähe des Angeredeten)? ... é a casa do Eng.º Santos. O que é ... (weiter entfernt, dies)? ...... é a ponte 25 de Abril.
5. *Traduzir, empregando este, esta, deste, neste etc.:* Dieses Haus gehört Herrn Santos. Dieses Auto gehört dem General (general). In diesem Auto sitzen (sind) vier Personen. In diesem Hause wohnen (morar) fünf Familien. Diese Herren sprechen Französisch. Diese Damen sprechen Italienisch und Spanisch. Das Auto dieses Herrn ist ein Ford. Das Auto dieser Dame ist ein Mercedes.
6. *Traduzir, empregando aquele, aquela, daquele, naquele etc.:* Jener Herr ist Schweizer. Jene Dame ist Deutsche. Jene Herrschaften (senhores) sind Brasilianer.

Jene Kinder sind Deutsche. In jenem Hause wohnt Herr Santos. In jenem Garten (o jardim) sind meine Freunde. Der Garten jenes Hauses ist groß.

7. *Traduzir:* Gib mir diesen Bleistift (in deiner Nähe!). Bring diese Zeitung (in deiner Nähe) deinem Vater! Magst du diese Schuhe (meine eigenen!)? Magst du diese Farbe (in meiner Nähe)? Mein Freund mag dieses Modell (in meiner Nähe) nicht. Er wohnt in diesem Zimmer. Der Besitzer (proprietário) dieses Hauses ist verreist (estar de viagem). Siehst du jenen Berg (in der Ferne)? (o monte). Ich gebe jenem Manne 5 Escudos.

OITAVA LIÇÃO

Esta tem graça

Não sabemos se as outras terras de Portugal são iguais ao Porto . . . quanto ao agradecimento dos guardadores de carros . . .
No Porto usa-se esta tabela, que nós gostosamente apresentamos: Quando o motorista dá de gorjeta apenas cinquenta centavos, escuta: –Obrigado!– Quando dá um escudo, já ouve: –Muito obrigado!–
Se oferece quinze tostões, eles dizem: –Muitíssimo obrigado!– Se forem dois escudos de gorjeta, o agradecimento será: –Obrigado à Vossa Excelência!–
Se o motorista «cair» com vinte e cinco tostões, então ouvirá: –Às suas ordens e muito boa viagem a Vossa Excelência!–

No cinema

Ontem, à noite, a família Santos foi ao cinema para ver um filme policial. O Eng. Santos entrou na bicha diante da bilheteira e conseguiu comprar quatro balcões. A plateia já estava esgotada. O senhor Santos mostrou os bilhetes ao empregado do cinema e entrou na sala com a família. O arrumador conduziu-os aos seus lugares e recebeu uma gorjeta. Algum tempo depois a sala ficou às escuras e o pano subiu. No «écran» apareceram as actualidades francesas: os espectadores assistiram a uma inundação, a um desfile militar, à fuga dum elefante de circo e ao aniversário da mais velha mulher do mundo.
Seguiu-se um desenho animado: «O rato pugilista». O rato-filho saiu de casa para lutar no Pavilhão dos Desportos com um cão enorme. A luta foi tremenda e o pobre rato já estava meio-morto, quando surgiu, de repente, a rata-avó. Esta castigou o cão com um par de murros que o fizeram voar pelas janelas do Pavilhão. Pegou depois no neto e administrou-lhe uma tareia magistral. Pedro e Isabel gostaram imenso do procedimento da velhota.

O filme policial chamava-se «O homem da máscara negra» e tinha um enredo complicado. A certa altura do filme, Isabel disse à mãe: –Não compreendo nada disto!–
–Ora, ora–, respondeu a mãe, –não percebeste que o homem da máscara é o assassino?
–Percebi, percebi, mas porque é que matou aquele rapaz tão simpático?–
–Não faço ideia nenhuma, com certeza por dinheiro.–
Houve um grande tiroteio entre a polícia e o assassino. Depois correram todos pelas ruas da cidade, desceram aos canais subterrâneos e, quando o homem da máscara já estava quase apanhado, acendeu-se a luz na sala e apareceu no «écran» a palavra: «INTERVALO». O pai comprou gelados de fruta, caramelos e chocolate para todos.
Quando a sessão terminou, saíram todos bem dispostos para a rua, menos Isabel que tinha dores de cabeça.
–Foi um filme estupendo–, comentou o pai. A Isabel, coitada, não disse nada e tomou meio comprimido de aspirina.

Conversação

O que fez a família Santos ontem à noite? O que comprou o Eng. Santos? Qual foi o programa? Isabel compreendeu o enredo do filme? Descreva o enredo do filme policial! O que fez o pai durante o intervalo? O que tomou Isabel depois do filme?

Exercícios

1. *Conjugar no pretérito perfeito simples:* escrever, sair, perguntar, responder, passar, ir, dizer, fazer, saber, dar, poder, pôr.

2. *Inserir a forma conveniente do pretérito perfeito simples:* Ontem não (almoçar, 1. Person Sing.) ao meio-dia, mas ao meio-dia e trinta. A que horas (almoçar) você ontem? Os senhores (sair) ontem? A que horas (começar) a nossa última lição? (Começar) todas as aulas à mesma hora? (Dormir, 2. P. Sing.) bem na noite passada? O que (dizer) o professor no fim da aula? O que (beber, 2. P. Sing.) ontem? Ontem (chover) todo o dia. Ontem, não (conseguir, 1. P. S.) falar com o teu pai. Ontem, as crianças (ir) ao cinema. (passar, 1. P. Plur.) toda a tarde em casa dos avós. Ele não te (dizer) nada acerca disto? (saber, 1. P. Plur.) pelos jornais do seu acidente. Ele (pôr-se) a correr. Ontem (passar, 1. P. Plur.) perto da vossa casa.

3. *Responder no pretérito perfeito simples:* Recebeste a carta? Disseste a verdade? Lavaste-te bem? Quando almoçou você? O que tomou ao pequeno almoço? Aonde foi você ontem à noite? Gostou do filme? Depois do filme tomou um táxi? Aprenderam o vocabulário?

4. *Pôr no pret. perf. simples:* Paulo escreve uma carta. As crianças comem chocolate. Abro a garrafa. Pedro tem sêde. Paulo está em Paris. Os pais estão contentes. Estudamos a pronúncia. As crianças têm uma aula de alemão. A minha mãe diz que sim. A criada põe a mesa. Pedro dá o jornal ao pai. Os alunos vão para a escola. O aluno faz o seu dever (Schularbeit). A criada sai de casa.

5. *Pôr os verbos irregulares no pretérito perfeito simples:* Ele diz a verdade. Os alunos dizem a verdade. Digo-te tudo. Dou-te o dinheiro. Ela dá-me as chaves. Os pais dão-nos as chaves. Faço tudo. Ele não faz o dever (Schularbeit, Pflicht). Fazemos alguma coisa. Vou para casa. Vais a Sintra? Vamos ao restaurante. Os amigos vão à piscina (Schwimmbecken). Posso falar com teu pai. Ela sabe contar até 100. Podemos sair. A criada põe a mesa. Os irmãos põem um disco (Schallplatte) no «pick-up». Ponho-me a trabalhar (ich fange an zu . . .). Sei isto por Pedro. Ela sabe isto pela família.

6. *Traduzir:* Paul und sein Freund Peter gingen ins Kino. Sie traten in die Schlange vor dem Billettschalter und kauften 2 Karten (bilhete). Sie zeigten die Karten dem Angestellten. Dieser führte sie zu ihren Plätzen. Der Vorhang ging hoch. Paul und Peter sahen (viram) die Wochenschau und einen Kriminalfilm. Danach gingen sie auf die Straße. Paul kaufte ein Eis. «Es war ein guter Film», sagte Peter.

NONA LIÇÃO

Realmente . . .

Esta cena passou-se na Rua Augusta em Lisboa, na hora de trânsito mais intenso.

Um sujeito que pretendia comprar uma gravata entrou numa camisaria e perguntou o preço de uma gravata que estava na montra.

–Cem escudos– responde o dono da loja.

–Cem escudos?!– Na camisaria aqui em frente têm uma gravata igualzinha a esta e custa só noventa e cinco escudos . . . O dono, muito calmo, replicou:

–E o senhor arrisca-se a atravessar a Rua Augusta, às seis horas da tarde, só por uns ridículos cinco escudos?
E o freguês comprou mesmo a gravata.

No jardim zoológico

No domingo passado, D. Madalena e os dois filhos foram dar uma volta pelo jardim zoológico. O Sr. Santos não quis acompanhá-los, dizendo que já aturava muitos «bichos raros» durante a semana de trabalho. Assim, mãe e filhos foram sozinhos e logo de manhã, porque a esta hora a entrada é livre. D. Madalena, como boa dona de casa, trata sempre de fazer economias.
O jardim estava cheio de gente de todas as classes. Havia de tudo: criadas com crianças ao colo, soldados, empregados, enfim: uma multidão. Pedro e Isabel não se demoraram diante dos recintos das feras; não acharam graça aos ursos, aos leões e aos tigres. Também não lhes interessou o hipopótamo sonolento que abria devagar uma boca enorme, nem tão-pouco o elefante. Este estava ensinado a apanhar moedas com a tromba e a depositá-las numa caixinha; em seguida, puxava um sino em sinal de agradecimento. Os três encaminharam-se directamente para o recinto dos macacos, que estava construído sobre uma rocha. Os babuínos estavam muito ocupados a catar as pulgas dos seus vizinhos. O velho babuíno de cabeleira comprida fez pasmar a Isabel.
–Ó mãe, porque é que aquele macaco velho bate tanto nos outros?
–É natural, filha, ele é o chefe e castiga os que não lhe obedecem.
–Mas se eles não lhe fazem mal?
–Então deve ser para lhes impor respeito.
Os altos guinchos dos babuínos obrigaram a família a retirar-se. Foram ver os chimpanzés. Mas aqui o barulho era igual. Os chimpanzés estavam furiosos com uma menina que lhes estendia uma banana e a retirava logo em seguida. Um dos bichos, furioso, apanhou as cascas dos amendoins e das bananas, e deitou tudo através das grades em direcção à pequena que apanhou um grande susto.
–Aquele chimpanzé é muito mau, disse Isabel.
–Mas tem razão–, respondeu D. Madalena, –não devemos irritar os animais.

Conversação

Já esteve num jardim zoológico? Onde foi? Quando? Quais os animais que mais o interessaram? Quais são os seus animais preferidos? Gosta dos macacos?

Exercícios

1. *Pôr o verbo no imperfeito:* Estou na escola. Estudo a lição. Aprendo o português. Sou aluno do professor F. Tenho 21 anos. Não tenho tempo.
Ele estuda muito. Parte às 7 horas para Beja. Bebe muito café. Fala em voz alta. Sabe responder. Responde sempre. É aviador (Flieger).
Os soldados vão para o campo de aviação (Flugübungsfeld). Fazem o seu serviço. Trabalham 8 horas por dia.

2. *Pôr as formas do imperfeito:* O jardim (estar) cheio. (Haver) nele leões e tigres. As crianças (atirar) moedas ao elefante. Este (apanhar) as moedas com a tromba. O tigre (devorar, verschlingen) carne fresca. Os cães (correr) nas suas jaulas (Käfig). Os hipopótamos (abrir) devagar a sua boca enorme. Os babuínos (catar) as pulgas aos vizinhos (Nachbarn). O velho macaco (ter) fome.

3. *Traduzir, empregando o imperfeito:* Wir hatten viel Zeit. Wir kauften Zeitungen. Sie waren voll von guten Nachrichten (boas notícias). Sie sprachen von den Eltern. Ich war zufrieden. Ich trank (tomar) einen Kaffee.

4. *Inserir a forma conveniente do imperfeito:* O jardim zoológico (estar) cheio de gente. O meu amigo (ser) um admirador da música clássica. A minha mãe (dizer) sempre que (sentir-se) doente. A nossa família, aos domingos, (ir) sempre à missa. Os meus irmãos (fazer) sempre planos para o futuro. O meu pai (sair) sempre cedo de casa. O meu irmão (beber) todas as manhãs um copo de leite. As minhas tias (tomar conta) dos sobrinhos. (Neffen).

5. *Escrever uma redacção com o tema:* Conta o que fizeste ontem.

6. *Inserir a forma conveniente do imperfeito ou do pret. perf. simples:* Ele(ter) sempre muito trabalho. Eu (estar) no meu escritório, quando (ouvir) de repente um grande barulho. No jardim zoológico (haver) muitos macacos. Na semana passada, (nós ter) muito tempo para dar passeios. (Nós estar) na aula, quando o professor (entrar). Ontem à noite, (nós) (ir) ver um filme. Ele (dizer-me) que (ter) dois cães em casa. (Nós passar) muito tempo na Alemanha. Ontem (eu ter) muito que fazer. A mãe (ajudar) sempre na cozinha. Anteontem, (fazer) bom tempo. Na noite passada, não (conseguir, 1. P. S.) dormir. Os meninos (comer) sempre bem. (Gostar, 2. P. S.) do filme? O senhor (fazer) o seu trabalho? Quando (entrar, 1. P. S.), (ele estar) a telefonar. (Ser) uma vez uma princesa que (viver) num magnífico palácio.

7. *Traduzir:* Ich arbeitete gerade in meinem Zimmer (estar a ...), als mein Freund eintrat. Haben Sie gut geschlafen? Ja, wir haben sehr gut geschlafen. Vorgestern war es sehr windig. Gestern hat es geregnet. Gestern sind wir ins Kino gegangen. Das Parkett war fast leer (vazio). Der Film war großartig.

Uma poesia

VOZES DOS ANIMAIS

Palram pega e papagaio,
e *cacareja* a galinha;
os ternos pombos *arrulham,*
geme a rola inocentinha.

Muge a vaca, *berra* o touro,
grasna a rã, *ruge* o leão;
o gato *mia, uiva* o lobo,
também *uiva* e *ladra* o cão.

Relincha o nobre cavalo,
os elefantes *dão urros,*
a tímida ovelha *bala;*
zurrar é próprio dos burros.

Regouga a sagaz raposa,
bichinho muito matreiro;
nos ramos *cantam* as aves,
mas *pia* o mocho agoureiro.

Sabem as aves ligeiras
o canto seu variar;
fazem às vezes *gorjeios,*
às vezes põem-se a *chilrar.*

O pardal, daninho dos campos,
não aprendeu a cantar;
como os ratos e as doninhas,
apenas sabe *chiar.*

O negro corvo *crocita,*
zune o mosquito enfadonho;
a serpente no deserto
solta *assobio* medonho.

Chia a lebre, *grasna* o pato,
ouvem-se os porcos *grunhir;*
libando o suco das flores,
costuma a abelha *zumbir.*

Bramam os tigres, as onças,
pia, pia o pintainho;
cucurica e *canta* o galo,
late e *gane* o cachorrinho

A vitelinha dá *berros,*
o cordeirinho *balidos;*
o macaquinho dá *guinchos,*
a criancinha *vagidos.*

A *fala* foi dada ao homem,
rei dos outros animais.
Nos versos lidos acima
se encontram em pobre rima
as vozes dos principais.

Pedro Dinis

Exercícios

1. *Decorar a poesia!*
2. *O que fazem pega e papagaio? O que faz a galinha etc, etc.*
3. *Quem palra? Quem cacareja?* Continuar!!

DÉCIMA LIÇÃO

Meninos modernos

Dois alunos da segunda classe de uma escola americana estavam na cerca do colégio quando avistaram um avião a jacto.
–Olha– diz um deles, –é um BX-50.
–Não, é um BX-51– rectifica o outro. –Distingue-se pelo diedro das asas.
–Tens razão. E também não vai a mais de 260 milhas por hora, porque não passou a barreira sonora.
–É extraordinária a pressão que atinge um avião quando «pica».
Nesta altura, a campainha chamou os alunos para as aulas.
–Lá está a campainha– diz um dos garotos, suspirando. – Vamos estudar a maldita tabuada . . .

No restaurante

O criado ao freguês: –O senhor chamou?–
O freguês: –Não, foi o bife de vaca que relinchou.–

No salão de cabeleireiro

A D. Madalena vai com os filhos cortar o cabelo. Separam-se à entrada da loja; Pedro vai à secção para homens, D. Madalena e a filha entram no salão para senhoras. Pedro tem sorte; o salão para homens está quase vazio. O cabeleireiro atende-o sem demora, fá-lo sentar na cadeira, põe-lhe o penteador e observa: –Mas que cabeleira tão comprida, meu amigo!–
–Pois é: corte-me o cabelo, mas tenha cuidado! Não mo corte muito! Não gosto do cabelo muito curto.–
O barbeiro sorri, pega na tesoura e no pente e liberta-o da sua melena, tilintando com os instrumentos.
O barbeiro: –Onde costuma usar a risca, à direita ou à esquerda?–
Pedro: –À direita, o senhor não a vê?–
–Era difícil vê-la.–

O barbeiro entabula, então, uma conversa sobre o totobola e os desafios do próximo domingo. Conta que já ganhou um segundo prémio, mas que quase não valeu a pena, pois o prémio só lhe rendeu 70 escudos. –E eu que estava com ideias de mandar fazer um fato novo! Que aborrecimento!– Entretanto, D. Madalena e a filha esperam no salão para senhoras, sempre superlotado, folheando algumas revistas. Por fim, chega a sua vez. A mãe faz uma permanente. A filha manda cortar as pontas do cabelo e pede para lho lavarem. As cabeleireiras apressam-se, enrolam o cabelo de D. Madalena em rolos e fazem-na, depois, sentar sob o secador.
Quando os três voltam a casa, o pai exclama admirado: –Bem se vê que foram todos à tosquia!– A mãe e Isabel não gostam muito da graça, mas Pedro ri-se, vai ao espelho e contempla, satisfeito, o seu novo penteado.

Exercícios

1. *Setzen Sie die in Klammern stehenden verbundenen Personalpronomen an die richtige Stelle im Satz* (Regeln Abschnitt XXIII): Ele entregou o livro (me). Falaste da nossa viagem (lhe)? Eles banhavam no mar (Meer) (se). Ambos levantavam às 5 (se). Três alunos foram embora (se). Sentaram na sala de estar (se). Todos sabem (o). Toda a cidade conhece (os). Pouco tempo fica (te). Muito dinheiro deste (lhe). Alguém deu a carta (te)? Qualquer polícia mostrará (o). Quanto dinheiro deste (nos)? Ela não conhece (me). Nunca falaste do assunto (lhes). Já dei a notícia (lhe). Por isso deu a notícia (nos). Quero que ela escreva (me). Diz-lhe que traga copos (nos).

2. *Corrigir as formas erradas* (Abschnitt XXII): convidar-o, atrapalhar-a, puxar-os, ver-o, bater-as, comer-os, sacudir-a, traz-o, diz-o, cantamos-as, fechar-a, eis-o; dizem-o, compram-a, vendem-os, têm-o; deu-me+o; entregou-me+a; mostrou-te+o; mostraram-nos+o.

3. *Responder:* Você lembra-se do nosso amigo João? Sim, lembro-me dele. O criado pegou na mala? Sim, ... O Pedro quer falar comigo? Sim, ... (mit Ihnen). Você janta connosco? Sim, ... (mit Ihnen).

4. *Completar:* Alberto entrega-me o livro, entrega-te o livro, entrega-lhe o livro, entrega-nos o livro, entrega-vos o livro, entrega-lhes o livro. A criada traz-me o pequeno almoço ...
Completar as formas negativas: Alberto não me entrega o livro, não te entrega o livro, etc.... Pedro não me devolve o dinheiro (zurückgeben)... Pedro ajuda o amigo (hilft dem Freund), ajuda-o (hilft ihm), Conjugar: ajuda-me, ajuda-te, ajuda-o, ajuda-nos, ajuda-vos, ajuda-os.

5. *Traduzir:* Er läßt das Haar schneiden. Er läßt es schneiden. Er will den Freund sehen. Er will ihn sehen. Sag, was du weißt! Sag es! Wir verbringen die Tage am Strand (a praia). Wir verbringen sie am Strand. Die Schüler geben die Hefte zurück. Sie geben sie zurück. Der Vater wirft die Briefe in den Postkasten. Er wirft sie in den Postkasten. Die Eltern kaufen die Schuhe. Sie kaufen sie. Die Schaffner verkaufen die Fahrkarten. Sie verkaufen sie. Er sagte es mir. Sie gibt es dir. Ich möchte mit Ihnen sprechen.

6. *Responder com sim e com não:* Exemplo: Você fechou a porta? Sim, fechei-a. Não, não a fechei. O Senhor entregou o livro? Vocês compraram os bilhetes? Você visitou a sua família? Conhece estes senhores? Conhece estas meninas? Seu pai comprou-lhe a caneta? Seu tio ofereceu-lhe os selos? O carteiro (Briefträger) entregou-lhe as cartas?

7. *Traduzir:* Hast du ihm schon die Geschichte erzählt? Ja, ich habe sie ihm erzählt. Hast du mir schon die Briefmarken zurückgegeben? Nein, ich habe sie dir nicht gegeben. Hat er euch schon das Auto gezeigt? Nein, ... Hat er euch schon die Stadt (a cidade) gezeigt? Ja, ... Hast du ihnen die Fotoapparate gezeigt? Ja, ...

8. *Substituir os substantivos sublinhados por pronomes pessoais:* Portugal vende grande parte da sua produção de sardinhas à **Alemanha.** A escola empresta os livros **aos alunos.** A Alemanha e a Suíça compram **azeite** (Öl) e **cortiça** (Kork) a Portugal. O comerciante vende **artigos** com um grande desconto.
   Pôr estas frases na forma negativa!

9. *Substituir os substantivos pelo pronome pessoal, reparando na fusão dos pronomes:* O aluno deu-me **o caderno.** O professor devolveu-os **aos estudantes.** Os alunos entregam-me **os pontos** (Klassenarbeiten). O director ofereceu-lhe **um almoço.**

10. *Substituir os substantivos por pronomes:* Compramos os **postais.** O aluno fez **o erro** várias vezes. Os pais dizem **a verdade.** O senhor pode acreditar **na história.** A Alemanha vende **carros** a Portugal. A Alemanha e a Inglaterra vendem **carros** a Portugal.

11. *Formular perguntas com:* quem? como? porque? para que (wozu)?, onde? Colocar o pronome **antes** do verbo! Ex.: Quando o compraste? etc.

Decorar as fórmulas: –Dá-me licença para lhe apresentar o meu amigo? –Muito prazer em conhecê-lo(-ê-la). Darf ich Ihnen vorstellen ...? –Sehr angenehm!–

Wenn jemand niest, so sagt man: Santinho! (bei Damen: Santinha!) (kleiner Heiliger!)

12. *Traduzir* (XIV, 5): Ich transportiere den Tisch. Ich transportiere ihn. Wir transportieren die Stühle. Wir transportieren sie. Die Männer transportieren die Möbel (os móveis). Die Männer transportieren sie.

DÉCIMA PRIMEIRA LIÇÃO

O gago avisou!

Dois amigos vão num automóvel. O condutor é míope e o amigo é gago. A certa altura, o gago diz:
–Pá . . . pá . . . pá . . .
Segue-se um ruído infernal.
No dia seguinte estavam ambos no hospital e o míope perguntava ao gago:
–O que é que querias dizer-me ontem, antes do desastre?
–Pá . . . pá . . . pára . . . que essa . . . pa . . . pa . . . passagem . . . de . . . nível não . . . tem . . . guarda!–

Lógica de ferro

Quanto mais aprendemos, mais sabemos.
Quanto mais sabemos, mais esquecemos.
Quanto mais esquecemos, menos sabemos.
Quanto menos sabemos, menos esquecemos.
Quanto menos esquecemos, mais sabemos.
Pergunta-se: Para que serve aprender?

Uma carta

O carteiro deixou uma carta na caixa do correio. O Sr. Santos notou com agradável surpresa que a carta vinha do seu amigo Braun de Francoforte. Dizia assim:

Francoforte, 20 de Julho de 19..

Meu bom Amigo:

Em primeiro lugar, quero agradecer-lhe muito a sua prezada carta do dia 3 de Julho. Espero que se encontre de boa saúde, em companhia da sua estimada família. Nós, cá estamos a tratar dos últimos preparativos para a

grande viagem. Os passaportes já se encontram em cima da minha secretária e temos as passagens marcadas na agência de viagens para o dia 29 de Julho.
O nosso Roberto anda todo entusiasmado, porque tem estado a ler uns prospectos que afirmam que as vossas praias são as mais lindas da Europa. A minha mulher tem consultado os melhores livros de viagens e espera encontrar em Portugal um clima mais agradável do que o nosso. Infelizmente, a nossa bagagem não pode ser tão grande, como desejamos, para evitar maiores despesas nas passagens.
Ficava-lhe muito agradecido, se o Amigo nos arranjasse um quarto para casal e outro para uma pessoa só, numa pensão residencial, se possível, com vista sobre o Tejo.
Estamos contentíssimos com a perspectiva de passar algumas semanas na vossa companhia. É a melhor ocasião para eu aperfeiçoar o meu português que não tenho praticado muito nestes últimos tempos. Termino por hoje com os melhores cumprimentos de todos nós.

Um abraço do seu sempre amigo e dedicado
Arthur Braun

Exercícios

1. *O que escreve o Sr. Braun na sua carta?*
2. *Formar o particípio perfeito dos verbos seguintes:* cantar, apagar, aprender, perder, pentear, exigir, descer, querer, acorrer, oferecer, conseguir.
3. *Conjugar no pretérito perfeito composto* (Perfekt): chegar, passar, aprender, estar, ter, ser, sair.
4. *Traduzir, empregando o pretérito perfeito composto:* Er hat viel gearbeitet (und tut es auch jetzt noch). Meine Eltern sind krank gewesen (auch jetzt noch). Du hast viel getrunken (und tust es noch). Pedro und Isabel ist es gut gegangen (passar) (und geht es auch jetzt gut). Das Mietshaus (prédio de aluguer) hat viel Geld eingebracht [gegeben] (und tut das noch).
5. *Pôr no comparativo e superlativo os adjectivos seguintes:* caro, feliz, amável, bom, pouco, muito, grande, mau, pequeno, alto, baixo.
6. *Pôr no superlativo absoluto:* alto, feio, belo, interessante, fácil, amável, livre, difícil, feliz, largo, são.
7. *Formar superlativos e colocá-los após os substantivos:* casa ... belo; carne ... caro; dia ... feliz; empregado ... amável; amigo ... velho; mesa ... barato.

Colocar os superlativos diante dos substantivos: bom amigo ...; mau inimigo ...; grande cidade ...

8. Mein Bruder ist ebenso fleißig wie intelligent. Er spricht besser Portugiesisch als ich. Dieser Schüler liest schlechter als die übrigen (os demais). Diese Schuhe sind teuer; es sind die teuersten des ganzen Ladens. Meine Mutter ist kleiner als mein Vater. Mein Vetter ist der schlechteste Schüler der Klasse. Die französischen Autos sind eleganter als die deutschen, aber die deutschen sind solider (sólido). Dieser Roman (romance) ist weniger interessant als der andere. Er ist dem anderen unterlegen (inferior a ...). Die französische Küche ist der portugiesischen überlegen (superior a). Wir gehen so gern ins Kino wie ihr (tanto ... como). Diese Gruppe (grupo) arbeitet nicht so gut wie die andere. Wir haben nicht so viel Geld wie ihr. (tanto ... como). Du hast nicht so viel Zeit wie ich. Peter ist jünger als Hans (novo). Hans ist kleiner als Pedro.

9. *Algumas fórmulas para o princípio e o fecho duma carta:* Excelentíssimo Senhor, Excelentíssima Senhora, meu caro Amigo, meu caro Colega, ... com o mais profundo respeito, sou de V. Ex.ª muito atentamente, ... sem outro assunto e, com a mais elevada estima e consideração, me subscrevo de V. Ex.ª muito atentamente ..., com mil saudades, abraça-te o teu dedicado amigo ..., os meus melhores cumprimentos para todos e um abraço afectuoso para ti ..., conta sempre com a sincera amizade e profunda estima do teu amigo dedicado e grato ...

10. *Traduzir:* Sehr geehrte Herren! Ich danke Ihnen sehr für Ihren Brief vom 20. Juli. Können Sie ein Zimmer für ein Ehepaar und eines für eine Person in Ihrem Hotel reservieren? Es muß ruhig sein, wenn möglich mit Aussicht. Wir haben schon die Fahrkarten im Reisebüro gekauft und wollen am 5. August ankommen (chegar). Wir werden 14 Tage (15!) in Ihrem Hotel bleiben (ficaremos). Ohne weitere Angelegenheiten, unterschreibe ich hochachtungsvoll (atentamente) ......

DÉCIMA SEGUNDA LIÇÃO

Cuidadoso

Altas horas da madrugada, completamente embriagado, ia o Ferreira para casa. Numa esquina, apoiando-se à parede, tirou do bolso uma caixa de fósforos, para acender o cigarro. Riscou o primeiro que logo se apagou. Ao segundo,

aconteceu o mesmo. E também aos dois seguintes. Finalmente o quinto fósforo manteve-se aceso e foi com este que acendeu o cigarro. Depois de o usar, o Ferreira apagou-o e voltou a pô-lo na caixa, dizendo, para si:
–Vou guardar este, porque este é que é bom . . .

Surdíssimo!

–Sabes que o Alberto é mais surdo que tu?
–O quê?
–O Alberto é mais surdo que tu!
–O quê?
–Tu és mais surdo que o Alberto! Irra!

Impedido!

O Sr. Santos consulta a lista telefónica, aponta o número do aeroporto, levanta o auscultador e marca o número. Impedido! O engenheiro, aborrecido, pousa o auscultador e repete a manobra várias vezes. Tudo inútil! A linha continua impedida. O Sr. Santos acende um charuto para melhor passar o tempo. De repente, o telefone toca.
–Está lá?
–É de casa do Sr. Engenheiro Santos?
–É, sim. Com quem deseja falar?
–Posso falar com o Pedro? Daqui fala o João, um colega.
O Sr. Santos chama o filho ao telefone.
P.: –Olá! Que tal? O que queres?
J.: –Já fizeste os deveres escolares? Podes emprestar-me o teu caderno?
P.: –Olha, ainda não fiz nada. Portanto, não to posso emprestar. E tu? Já fizeste os problemas de matemática? . . . Não? Tu também fazes tudo à última da hora!
J.: –O que vais fazer no domingo?
P.: –Ainda não sei. O tempo o dirá.
J.: –Estará bom, com certeza!
P.: –Sabe-se lá como estará! Vais assistir à regata em Cascais?
J.: –Será interessante?
P.: –Vai ser formidável! Vão entrar os nossos melhores velejadores! Também virás?
J.: –Ainda não sei.–
P.: –Pronto! Então: até domingo!

O Sr. Santos volta ao telefone e marca novamente o número do aeroporto. Impedido! Neste momento, aparece D. Madalena.

–Dás-me licença, querido? Tenho de falar com a modista. Vou perguntar-lhe porque é que o vestido não vem. Ela há-de perceber que é urgente por causa das visitas.

D. Madalena faz a ligação e conversa durante 20 minutos. O marido, impaciente, apaga o charuto no cinzeiro. Por fim, sua mulher diz-lhe:

–Foi rápido, não foi?

–Rápido, como sempre, filha – declara o Sr. Santos resignado. Mais uma vez, tenta a sua sorte. E –ó milagre!– o número responde, mas o Sr. Santos fez uma ligação errada e do outro lado do fio falam da cadeia penitenciária.

–Desculpe! Foi engano!– murmura o engenheiro e com um: –Arre! É de mais!– desiste de novas chamadas.

Exercícios

1. *Conjugar no futuro I e no futuro II:* ter uma lição de português, abrir uma garrafa, estar contente, fechar a porta, aprender a conduzir (Autofahren).
2. *Traduzir, empregando o futuro perifrástico:* (hei-de aprender etc.): Ich soll Portugiesisch lernen. Er soll die Grammatik studieren. Sie werden gewiß kommen. Ich soll einen Brief schreiben. Wir sollen abreisen.
3. *Pôr a forma conveniente do futuro imperfeito:* Amanhã, (estar) bom tempo. (Eu) (levantar-se) cedo, (tomar) o pequeno almoço e (sair) de casa. (dar) uma volta pelo jardim botânico. Pelo caminho, (comprar) uns bolos e chocolates. (encontrar) alguns amigos na rua. (conversar) com eles. (combinar) uma ida ao cinema. (voltar) para casa à hora do almoço. *Ponha agora este exercício na primeira pessoa do plural!*
4. *Exercício de redacção:* descreva o que vai fazer amanhã! Conte o que pensa fazer no próximo domingo!
5. *Responder às perguntas seguintes:* O senhor ficará em casa esta tarde? Que fará o senhor depois do almoço? O senhor ficará cá durante as férias? Onde passará as suas férias? Os senhores irão ao teatro esta noite? Onde irão? Os senhores virão amanhã ao curso? Sairemos da aula depois da lição? Irás à igreja no próximo domingo?
6. *Pôr as formas do futuro I:* Amanhã, (nós) *estar* no Estoril. *Haver* muita gente. A praia *estar* cheia. (Nós) *ir* ao café! Os nossos amigos *estar* lá.
7. **Merken Sie:** Im mündlichen Ausdruck kann das Futur I fast immer durch Präsens von *ir* mit dem Infinitiv ersetzt werden.

Amanhã, vamos comprar laranjas. (Nós) ... almoçar em casa dos Sousa. Eles ... ter outros convidados ... ser um almoço divertido (heiter) ... Depois do almoço, (nós) ... dar um passeio. Depois do cinema, (eu) ... tomar uma cerveja. Eles ... acompanhar-nos à estação (Bahnhof). Ele ... chamar o médico.

8. *Empregar que ou o qual, a qual etc. (letzteres bei Präpositionen):* Este é o amigo ... tu já conheces. Este é o amigo com ... estive em Paris. Esta é a caneta ... comprei na Itália. Esta é a caneta com ... escrevi a carta. Estes são os senhores ... encontrámos no domingo. Estes são os senhores, para ... comprei os bilhetes. Estas são as meninas ... dançam tão maravilhosamente. Estas são as meninas com ... dançámos no sábado.
9. *Empregar que ou quem:* O aviador de ... te falei. A sala de ... te falei. A casa em ... moro. A senhora de ... te escrevi. O livro de ... fala o jornal.
10. *Empregar a forma conveniente de cujo:* O carro, ... condutor está doente. A criança ... pais estão na América. O aviador ... mulher vive em Beja. O general ... soldados estão na África. O país ... praias são lindas.

DÉCIMA TERCEIRA LIÇÃO

Esperta

Um homem de negócios morrera subitamente. Entre os negócios a terminar havia uma carta importante para um cliente, que só faltava pôr no correio. E, antes de enviá-la, a secretária do falecido homem de negócios achou conveniente justificar a demora. Por baixo da assinatura do patrão ela acrescentou: P.S.-Depois de escrever esta carta, morri.

A família

A avó Eulália, mãe da D. Madalena, faz hoje 70 anos. Por este motivo, o avô Alberto oferece uma festa a toda a família. Já uma semana antes, Isabel andara a perguntar quem eram os convidados.
–Ó mãe, toda a nossa família irá cumprimentar a avó?
–Sim, filha. Além de nós, irão o tio José com a tia Maria do Rosário e os dois filhos, para que os avós, nesse dia, tenham à sua volta todos os netos.
Is.: –Que idade têm os nossos primos e primas agora?
D. Mad.: –Se bem me lembro, o mais velho dos meus sobrinhos, o João, tem 11 anos e a minha sobrinha Maria Josefa tem 8.

I.: –O tio Carlos também aparece lá?
M.: –Suponho que sim. E com ele virá certamente o seu filho adoptivo, um rapazinho de 7 anos. O tio é viúvo, como sabes, e adoptou o menino após a morte da mulher. Consta-me que está para casar com a D. Aninhas, e então o pequeno terá uma madrasta.
–Ó mãe– interrompe Pedro –os pais dos avós, os bisavós, tinham vivido muito tempo em África antes de chegar a Portugal, não foi?
M.: –Foi, filho. O bisavô ganhou lá uma fortuna com as minas de diamantes. Mais tarde vendeu a sua fazenda e comprou com esse dinheiro uma quinta em Portugal que legou depois aos avós.
Is.: Diga lá, mãe, o tio-avó Francisco também virá?
M.: –Não sei, filha. Receio que não. Ele é solteiro e gosta de viver sòzinho.
Is.: –Mas porque é que não casou com a tia-avó Arminda que também é uma solteirona e, além disso, bastante rica?
–Mas que ideia! – responde a mãe. – Os dois nunca se entenderam. A tia é muito agarrada e o tio gosta de gastar à larga.
Isabel ainda não está satisfeita. –Oiça, mãe, o nosso pai gosta da avó Eulália?
M.: –Gosta, sim, porque a avó foi sempre uma sogra muito simpática para o seu genro.
I.: –Ó mãe, se eu me casar com o primo João, serei a nora da tia Maria do Rosário?
Agora a mãe perde a paciência. –Ora cala o bico, é preciso que te arranjes para a festa, e já não é sem tempo.

Exercícios

1. *Enumerar as pessoas que assistirão à festa da avó Eulália e o seu grau de parentesco* (Verwandtschaftsgrad)!
2. *Pôr as formas convenientes do mais-que-perfeito simples:* As crianças (brincar) muito tempo. Nós (passar) o verão na praia. Eu (lavar-se) dos pés até à cabeça. Ele (comprar) o carro em segunda mão. Eles (partir) no comboio das 8 horas. Ele (ir-se) embora antes do anoitecer. Nós (ter) muita sorte.
3. *Empregar o mais-que-perfeito composto:* A família (comprar) uma casa de Verão. O engenheiro (ter) muito trabalho. Eu (mandar) uma carta para a Alemanha. Eu (escrever) um postal. Nós (ser) muito felizes. Os nossos amigos (sair) de casa. O jornal não (publicar) a notícia. Os amigos (marcar) um encontro. Tu (perder) o comboio.
4. *Traduzir, empregando ambas as formas do mais-que-perfeito:* Er hatte seinen Füller verloren. Die Familie hatte den Geburtstag (aniversário) der Groß-

mutter gefeiert (festejar). Wir hatten zu Abend gegessen. Du hattest lange gearbeitet. Ich hatte lange geschlafen. Sie hatten die Ferien im Gebirge verbracht (na serra). Wir hatten den Autobus verpaßt (perder). Sie hatte mir lange nicht geschrieben.

5. *Conjugar no presente do conjuntivo os verbos seguintes:* falar, bater, sair, beber, trabalhar, estudar, comer, ter, ser, estar.

6. *Pôr as formas convenientes do presente do conjuntivo:* Desejo que (tu) (aprender) bem o português. O professor quer que os alunos (falar) em voz alta. O médico exige que (eu) (tomar) o comprimido. Espero que (o senhor) (jantar) comigo. Duvido muito que eles (estar) lá à hora marcada. Não quero que (tu) (abrir) a porta. Prefiro que (nós) (beber) cerveja. Não gosto que as crianças (fumar).

7. *Traduzir:* Ich wünsche dir, daß du glücklich bist und viel Geld hast. Er will, daß ich sein Haus besuche. Ich hoffe, daß er mir das Essen bezahlt. Wir wünschen, daß ihr morgen zurückkommt (voltar). Sie erlaubt nicht, daß ihr Sohn spät zu Bett geht (deitar-se). Der Vater erlaubt nicht, daß sein Sohn ein so teures Buch kauft.

8. *Pôr as formas convenientes:* É bom que (estudar, ele) durante a tarde. É pena que não (eles, ter chegado). É urgente que (pagar, tu) a renda. É natural que (ser) assim. É preciso que (tu, escutar-me) bem. É possível que (ele) (vir) mais tarde. É melhor que (nós) (pagar) a conta agora mesmo.

9. *Traduzir:* Der Großvater wird heute 80 Jahre alt. Es gibt ein großes Fest in seinem Haus. Die ganze Familie nimmt teil (assistir). Zuerst kommen die 15 Enkel und singen ein schönes Lied. Dann kommen die Onkel und Tanten und bringen Blumen und Zigarren (charuto). Dann kommt ein Vetter des Großvaters und rezitiert ein Gedicht (recitar). Großvaters Tochter steht mit ihrer Schwiegermutter in der Küche und bereitet das Mittagessen vor. Ein Neffe des Großvaters tanzt mit einer Großtante. Es ist ein wunderbares Fest!

DÉCIMA QUARTA LIÇÃO

O gelo

Quando, ao fim de poucos dias de viagem, se avariou o frigorífico do transatlântico, a pessoa que mais lhe sentiu a falta foi um milionário americano, que não dispensava o gelo nos seus uísques. Logo no primeiro dia exclamou:

–Daria 1000 dólares por um pedaço de gelo para o meu uísque . . . Um espertalhão, que o ouviu, voltou daí a pouco tempo com um bocado de gelo e recebeu os mil dólares. O milionário ficou encantado e continuou a comprar àquele passageiro o desejado gelo. Até que um dia o espertalhão lhe disse:
–Hoje é impossível! Estamos a atravessar o trópico e o calor é muito.
–E isso que tem?– quis saber o milionário.
–É que, com o calor que faz, se vou tirar mais gelo ao morto que levamos para o Rio de Janeiro, ele chega lá estragado . . .

Uma doença terrível

Un domingo, pela manhã, o Sr. Santos sente-se muito mal. Deixa-se ficar na cama e geme terrivelmente.
–O que é isso? O que tens?– pergunta a sua mulher, assustadíssima.
–Ai, não sei– lamenta-se o Sr. Santos. –Dói-me a cabeça, dói-me o peito, e tenho dores nas pernas.–
E, dizendo isto, espirra três vezes tão ruidosamente que os vidros da janela começam a tremer.
–Santinho!– exclama D. Madalena calmamente. –Deve ser, com certeza, uma forte constipação. Não te apoquentes!–
Mas o Sr. Santos não aceita esta explicação que lhe parece simples demais. Ele é, como muitos homens, bastante piegas, não aguenta bem as dores e gosta que a sua gente tenha muita pena dele.
S.: –Ai Madalena, olha que estou muito mal! O meu peito dói-me de tal maneira que suponho ter, pelo menos, uma pneumonia, e a minha cabeça quase que estoira.
M.: –Coitado!– responde sua mulher firme e calmamente. –Vou chamar o Dr. Nunes. Talvez possa vir cá, embora não tenha hoje horas de consulta. Entretanto toma lá um comprimido de aspirina. Há-de fazer-te bem!–
Quando o médico chega, o Sr. Santos já se sente muito melhor, mas nem por isso deixa de se queixar vivamente ao velho amigo da casa. O doutor toma o pulso do doente, manda tirar a temperatura, ausculta-o cuidadosamente e diz, finalmente, com um ar muito preocupado:
–O seu caso é grave.–
S.: –Realmente, doutor?
M.: Sim, realmente, o meu amigo tem uma doença terrível.– E, vendo o susto do Sr. Santos, acrescenta sorrindo: –Uma gripe febril, meu amigo, como muita gente a tem nestes dias.
O Sr. Engenheiro está um bocado desiludido. Uma doença tão vulgar é pouco

interessante. –Não será antes uma pneumonia, doutor? Ou talvez uma angina? Não seria conveniente dar-me uma injecção de penicilina?– O médico sorri, imperturbável. Expõe-lhe claramente os sintomas tão diferentes das outras doenças e, para o tranquilizar, passa uma receita ao Sr. Santos.
M.: –Mande a criada à farmácia de serviço; este chazinho tem de ser aviado.
S.: –E as minhas dores de dentes, doutor?
–Isso não é comigo, meu caro. É com o dentista. O amigo tem de lá ir brevemente para mandar obturar esse dente furado que lhe anda a amargurar a vida.

Exercícios

1. *Formar o imperativo afirmativo e negativo das expressões seguintes:* falar alto, partir depressa, estar quieto, ter paciência, abrir a porta, fechar a janela, bater à porta. *Traduzir:* Sprich laut! Sprecht laut! Sprechen Sie laut! Sprich nicht so langsam (devagar)! Sprecht nicht so schnell (depressa)! Sprechen Sie nicht so langsam! Ebenso müssen die übrigen Verben geübt werden.
2. *Formar o condicional I e II dos verbos seguintes:* estar, ter, partir, trabalhar, estudar, aprender, sair, enganar-se (sich irren).
3. *Traduzir, empregando primeiro o condicional I, depois o imperfeito:* Ich würde die Schuhe kaufen, aber ich habe kein Geld. Ich würde gern Bier trinken. Wir würden gern einen Ausflug machen. Sie würden gern ein neues Auto kaufen.
4. *Traduzir, empregando o condicional I ou II:* Hatte er wohl den Brief erhalten? Er mochte 10 Jahre alt sein. Ob der Hund durstig war? Ob die Bevölkerung (a população) arm war? Wo mögen sie die Mäntel (o casaco) gelassen haben? War das Mädchen wohl zu Hause geblieben? Hatten Sie wohl die Miete bezahlt?
5. *Formar advérbios:* Este homem é inteligente. Ele fala inteligente ... Esta aluna é diligente. Ela trabalha diligente ... É um violinista brilhante. Ele toca brilhante ... Fala amável ... (beim Adverb entfällt der «acento agudo») Cantamos terrível ... Ela dança maravilhoso ... Ele escreve extraordinário ... bom ... Estou profundo ...... contente. Conversámos sossegado ...
6. *Empregar os advérbios seguintes:* de facto, em vão, de repente, de bom grado, às escuras, em geral, devagar, entretanto, por enquanto, a miúdo, daqui a pouco, de vez em quando, certamente, eis, apenas, ùnicamente: (binnen kurzem) vai chover. Eles trabalham muito (langsam). (Da ist) o teu livro. Estamos (im Dunkeln). Dou-lhe o dinheiro (gern). (Im allgemeinen) chove

pouco no verão. (Unterdessen) vamos começar. (Einstweilen) estou ainda em férias. (Von Zeit zu Zeit) fazem uma viagem. (In der Tat), a notícia vinha no jornal. Eu procurei-te (vergeblich). Vemo-nos (häufig). (Plötzlich) a campainha tocou. Tenho (nur) um tio. Estávamos (nur) três dias em Coimbra. Vou (gewiß) assistir à tua festa. Sirva-se (bedienen Sie sich) (nach Belieben)!

7. *Inserir os advérbios:* A festa decorreu (animado). Os convidados conversavam (alegre). O pianista tocava (magnífico). O livro estava (bom) escrito. O comboio passou (rápido). O concerto satisfez-me (cheio). O pobre vivia (miserável). A cantora cantou muito (mau). A cantora cantava (estupendo).

8. *Traduzir:* Heute ist Herr Santos krank. Morgen wird er den Arzt rufen. Vorgestern war er noch in Porto, gestern fühlte er sich schlecht. Jetzt hat er eine Grippe. Niemals hatte er große Krankheiten. Immer war er gesund. Er stand früh auf, dann ging er ins Büro; später kam er nach Hause zum Mittagessen (vir almoçar). Unterdessen machte seine Frau Einkäufe. Im Augenblick ist das ganze Haus in Unordnung (desordem). Herr Santos ist sehr wehleidig, aber er hofft, so früh wie möglich wieder auf den Beinen sein zu können.

DÉCIMA QUINTA LIÇÃO

Assim não!

No céu, S. Pedro e S. Paulo jogavam o golfe. S. Pedro foi o primeiro a jogar e, logo à primeira tacada, introduziu a bola no buraco, que se encontrava a uma distância de 600 metros. S. Paulo não se mostrou surpreendido e meteu logo a sua bola no buraco também. Então S. Pedro disse: –Que te parece, Paulo? E se nós nos deixássemos de milagres e jogássemos como qualquer mortal?

Na alfaiataria

D. Madalena passou uma vista de olhos pelo vestuário do seu marido, escolhendo cuidadosamente os fatos que a criada tem de limpar e passar a ferro. Um dos fatos está tão sujo e cheio de nódoas que tem de mandá-lo à tinturaria, para que o limpem quimicamente. Mesmo assim, D. Madalena não está satisfeita com a revisão.

–Ó Eduardo! –dirige-se ela ao marido– farias bem, se mandasses fazer mais um fato de verão antes da chegada dos teus amigos.
S.: –Pode ser que tenhas razão. Não poderias escolher uma fazenda a teu gosto?– O Sr. Santos não está para maçadas.
M.: –Pensava que tivesses interesse em escolhê-la tu próprio.
S.: –Tenho a impressão que o teu gosto há-de concordar com o meu.
D. Madalena acaba por ir a uma loja, compara ali os padrões e as qualidades e compra, por fim, um tecido leve de fibra sintética.
O Sr. Santos mandá-la-ia também ao alfaiate, se tal fosse possível. Mas, como não pode ser, vão os dois.
O mestre Rodrigues examina a fazenda, elogia a qualidade e diz ao Sr. Santos:
–Se o Sr. Engenheiro despisse o casaco, poderia tomar-lhe as medidas.
O alfaiate verifica que o Sr. Santos tem engordado nos últimos tempos.
–É verdade– concorda D. Madalena. –É preciso que emagreças um bocado, querido!
–Se o Sr. Santos estivesse de acordo– continua o alfaiate– poríamos somente 3 botões para abotoar o casaco.
S.: –Está bem. E como pensa forrá-lo?
A.: –Forrá-lo-ei de cetim, se quiser.
S.: –Bem. E faça as calças menos compridas e mais estreitas do que da última vez.
A.: –O Sr. Santos deseja acompanhar a moda, bem se vê.
S.: –A moda não interessaria tanto, se não fossem aquelas visitas que esperamos. A minha mulher gosta de apresentar-lhes um marido vestido impecavelmente. Quando poderíamos fazer a primeira prova?
A.: –Daqui a três dias. O Sr. Engenheiro vai usar calças com suspensórios ou com cinto?
S.: –Com cinto. Não se esqueça de pôr as presilhas.
A.: –O Sr. Santos pode ficar descansado.
Depois da visita à alfaiataria, os esposos dirigem-se a uma chapelaria e compram um boné desportivo, de pala grande, para completar o equipamento «elegante» do Sr. Santos.

Exercícios

1. *Empregar as formas do imperfeito do conjuntivo:* Se eu (ter) a tua sorte! Se nós (estar) tão contentes como vocês! Se (haver) mais uvas! Se ele não (trabalhar) tanto! Se elas (estudar) um pouco mais! Se ela me (compreender) algo melhor! Se tu (escrever) regularmente! Se nós nos (conhecer) melhor!

2. *Inserir as formas correspondentes, na oração principal (Hauptsatz) o condicional I ou o imperfeito, na oração subordinada (Nebensatz) (se...) o imperfeito do conjuntivo:* A casa (valer) muito mais, se (ficar) perto da estrada. (nós, aprender) ainda melhor, se (nós, ter) mais tempo. Se (ser) milionário, (eu, viver) à larga. Se não (chover) tanto, (nós, poder) dar um passeio. (nós, estar) à vontade na praia, se os transistores não (fazer) tanto barulho. A população (estar) mais contente, se as rendas das casas (ser) mais baixas.

3. *Inserir a forma conveniente do presente do conjuntivo:* Talvez (tu, poder) emprestar-me 100 escudos. Talvez (ele, ter) razão. Pode ser que (tu, aprender) a falar bem o português. Oxalá (eles) (ser) felizes!

4. *Traduzir:* Ich würde ausgehen, wenn das Wetter besser wäre. Er würde besser arbeiten, wenn sie ihn besser bezahlten. Wir würden zum Strand fahren, wenn die Zeit nicht so kurz wäre. Wenn ich wirklich krank wäre, würde ich den Arzt rufen. Wenn wir mehr Geld hätten, würden wir eine Reise machen.

5. *Inserir a forma conveniente do presente do conjuntivo:* Vamos falar com os pais, para que (comprar) os bilhetes. Não nos podemos ver, a não ser que (tu, ter) tempo esta noite. Ele dá-se bem com o colega, embora não (gostar) muito das suas maneiras. Vamos fazer uma excursão no domingo, caso que (haver) sol. Fala mais alto, de modo que toda a gente te (poder) ouvir.

6. *Ler os nomes seguintes:* Carlos V., Francisco I., Napoleão III., Dona Maria II., D. Manuel I., João XXIV., Paulo VI., Guilherme II., Luis XVI.

7. *Ler as fracções seguintes:* 3/8, 7/10, 20/21, 37/40, 99/100, 1/50.

8. *Ler os números:* 310, 215, 831, 550, 377, 981, 414, 1.218, 3.916, 5.670, 6.661, 10.832, 102.840, 1.305, 1.366.459.
Ler os anos: 1860, 1940, 1230, 1750, 1967, 1899, 1555.

9. *Traduzir:* Wo ist dein Freund? Woher kommt er? Wohin geht er? Er wohnt neben mir. Wir wohnen weit von der Stadt. Du wohnst gegenüber der Schule. Hier drinnen ist es warm, dort draußen ist es kalt. Wir sind nahe bei deinem Haus. Gehen wir rückwärts! Hier regnet es, dort scheint (die) (há) Sonne.

10. *Traduzir:* Der 10. Geburtstag, der 50. Geburtstag, der 80. Geburtstag, der 1000. Einwohner, der 1000000. Tourist. Zwei Bücher, zwei Häuser. Es ist nach 8 Uhr. Er ist in den Dreißigern (hat 30 und soviel). Du verdienst das Doppelte. Sie bezahlt das Dreifache. Sie verdienen das Zehnfache. Ein Dutzend Eier. Etwa 100 Personen. Einige 100 Personen. 1000 Personen. Ein Paar Hühner (galinha).

DÉCIMA SEXTA LIÇÃO

Anedota

Ao passar revista ao regimento, o coronel aproxima-se de um recruta e com um ar terrível, diz-lhe:
–Falta-te um botão na farda! . . .
–É verdade, meu coronel! Mas que posso fazer?
–Cosê-lo, claro!
–Mas, meu coronel, a farda não me pertence.
–Estás na tropa e, portanto, os artigos de fardamento são teus!
–Bem, nesse caso, se a farda é minha, porque se importa que lhe falte um botão?!

Um passeio com imprevistos

–Vamos fazer um piquenique na praia?, perguntou o Sr. Santos.
–Pois não!, gritaram Pedro e Isabel contentes.
–Então vou fazer as compras no supermercado, disse a mãe.
Ela comprou dois frangos assados, saquinhos de batata frita, azeitonas, queijo, bolos, um garrafão de vinho tinto e gasosa para Isabel. Meteu tudo num grande cesto, onde já se encontravam os talheres, os copos de plástico e os guardanapos. O pai levou o carro à garagem para a inspecção. Mandou fazer uma lavagem simples, lubrificação e mudança de óleo. Quando o foi buscar, o empregado declarou-lhe: –Está óptimo! e apresentou-lhe uma conta elevadíssima.
No domingo pela manhã, os Santos sentaram-se alegremente no carro. Mas o motor não pegou.
–O motor estará frio?, perguntou Pedro.
–Não, mas parece-me que a bateria se foi abaixo, disse o pai. Barafustando, saiu do carro. – Vou ver, se o nosso vizinho me empresta a sua.
Passados dez minutos, voltou com ar triunfante, trazendo a bateria de reserva do vizinho. Sentou-se ao volante e pôs o motor em marcha. O veículo foi andando até à Estrada Marginal, onde encontraram uma longa bicha de automóveis a caminho de Cascais. Avançaram muito devagar, em segunda velocidade. Ainda antes da sua chegada, houve outro incidente.
–O volante está a tremer– disse Pedro ao pai.
–Está claro. Temos um furo– concordou o Sr. Santos. Parou o carro à beira da estrada, num concerto de buzinas dos carros seguintes. Todos saíram e o pai foi procurar o macaco para substituir a roda. Com a ajuda de Pedro,

esta operação decorreu bem – o pneu de reserva estava quase montado, quando surgiu um polícia motorizado.
–O senhor esqueceu-se de pôr o triângulo luminoso, disse ele.–
–Faça o favor de me mostrar a sua carta de condução!
O Sr. Santos entregou-lhe o documento.
–É pena, mas já não está válida, observou o polícia. –O senhor não foi à inspecção dos 35 anos. A sua carta caducou há um mês. –Desculpe, esqueci-o, murmurou o engenheiro aflito. E pagou uma multa.
Bastante desanimados, continuaram viagem. Dez minutos depois, à saída da vila, o pai notou que a gasolina estava no fim.
–Ó pai, queixou-se Isabel, hoje estás muito distraído.
–Voltemos para casa, acrescentou D. Madalena, já não posso com tantos imprevistos. Já nem tenho apetite para o piquenique.
–Não sejas tola– tranquilizou-a o marido, –isto não é nada. Um passeio de automóvel sem estas pequenas surpresas ficaria insosso. Pararam em frente da estação de serviço.
–Faça o favor de encher o depósito– pediu o Sr. Santos ao empregado.
–E verifique a pressão dos pneus.
O empregado fez o serviço e observou:
–A sua bateria está a seco.
–O malandro do meu vizinho entregou-ma seca– barafustou o Sr. Santos.
–Nem sequer se lembrou da água destilada.
Sem outros acidentes, chegaram à praia e descansaram na areia.
–Ainda bem que não tivemos de chamar o pronto-socorro do Automóvel Clube– disse Isabel aliviada.
–E ainda melhor que não chegámos a conhecer o posto da Cruz Vermelha– acrescentou Pedro.
–Calem-se– interrompeu o pai. –Ainda falta a viagem de regresso. E temos sempre de contar com as asneiras dos outros. Eu, felizmente, sou um ás do volante. –

Exercícios

1. *Inserir os advérbios convenientes:* (Kaum) tenho tempo para pentear-me. Tenho (soviel) saudades. Estás (weniger) doente do que eu. Temos (nur) 2 semanas de férias. Bebes vinho (zuviel). Ele está (fast) surdo. Somos (insgesamt) seis pessoas. A biblioteca tem (wenigstens) 200.000 livros. (Etwas) temos que fazer. Temos (genug) tempo. Ela . . . ajuda (nichts). (Wie viele) postais compraste? (Erstens) vamos tratar dos passaportes. Tivemos (aufeinanderfolgend) dois furos. Ele tem (wirklich) 80 anos. (Ohne Zweifel),

podemos assistir à festa. (Möglicherweise) ela chegará atrasada. (Wahrscheinlich) choverá esta noite.

Merken Sie: Pois não! hat die Bedeutung von: Ja, gewiß! O senhor pode reservar-nos um quarto? (Ja, gewiß!) Posso falar com o Sr. Director? (Ja, gewiß!)

2. *Não esqueça:* não ... nunca: Exemplo: Ele não me escreveu nunca.
Traduzir: Er hat mir nie den Zoo gezeigt. Sie hat nie fotografiert. Wir haben nie mit ihm gesprochen. Sie haben nie bezahlt.

3. *Pôr os advérbios convenientes:* Respondeste-lhe? (Keineswegs) Pagaste a renda? (Ja gewiß) Vocês foram à praia? (Ganz im Gegenteil), fomos ao campo. Elas podem vir com a gente? (Vielleicht). Como vai a sua mãe? (Besser) E o seu pai? (Schlechter). (Von hier) podemos observar a regata. (Von dort) a vista seria muito pior. (Außer) pasta, levou também uma mala.

DÉCIMA SÉTIMA LIÇÃO

Malucos

Num hospital de doidos. Os internados ouviram atentamente o relógio dar doze badaladas.
–É meio-dia!– diz um deles.
–Não, é meia-noite!– afirma outro.
–Garanto-te que é meio-dia!
–E eu garanto-te que é meia-noite!
–Não!
–Vamos perguntar ao enfermeiro!
–Ó senhor enfermeiro! É meio-dia ou meia-noite?
–Não sei ...– responde o enfermeiro ...– Tenho o relógio parado.

No aeroporto

Os quatro membros da família Santos estão sentados no terraço do café do aeroporto. Dentro de alguns minutos um avião a jacto há-de trazer os seus amigos alemães. Enquanto comem uns bolos deliciosos, observando a pista onde acaba de aterrar um quadrimotor suíço, todos se sentem nervosos com a chegada dos visitantes. E se o avião se despenhar – pensa Isabel. Se houver mau tempo, não avistarão nada lá de cima, reflecte D. Madalena. E, se chegarem

muito atrasados, não poderei ir à minha reunião, medita o engenheiro. Se aprendermos um pouco de alemão com eles, será óptimo, deseja Pedro.
Pelos alto-falantes anunciam que o avião de Zurique chegará dentro de momentos. No júbilo geral, levantam-se todos apressadamente da mesa, esquecem-se de pagar a conta e precipitam-se para a aerogare.
Já de longe avistam a família Braun e acenam-lhes vivamente. -Oxalá passem umas boas férias no nosso país!- resume o pai os pensamentos de todos.

Exercícios

1. *Conjugar no futuro do conjuntivo os verbos:* ter, estar, ser, mandar, desistir, bater.
2. *Pôr a forma conveniente do futuro do conjuntivo:* Se (haver) bom tempo, daremos um passeio. Se (ele, ter) dinheiro, comprá-lo-á. Quando (eu, ter) lido este livro, comprarei outro do mesmo autor. Quando (nós, estar) em Portugal, passaremos alguns dias em Coimbra. Faça ela o que (querer). Seja o que (ser). Iremos à embaixada, quando (haver) uma recepção. Jantaremos, quando (eles, estar) prontos. Beberei cerveja, quando (ter) sede. Estarás contente, quando eles (chegar)?
3. *Traduzir:* Du kannst zu Hause bleiben, wenn du willst. Wenn Zeit bleibt (haver), können wir das Museum besuchen. Wenn wir wieder nach Hause gehen (voltar para casa), werde ich dir das Buch zeigen. Ich werde dir Geld leihen, wenn es nötig ist (ser preciso). Wir werden den Ausflug machen, wenn wir gutes Wetter haben (ter).
4. *Pôr toda a frase no passado!* Exemplo: É pena que não tenhas tempo! Foi pena que não tivesses tempo! (Statt des Präsens das Historische Perfekt, statt des Konjunktivs des Präsens den des Imperfekts): Espero que me devolva o dinheiro. Ela não permite que o marido beba tanto vinho. Eles preferem que jantemos fora de casa (außerhalb des ...). É possível que tenham pressa. É bom que estude a gramática. A polícia exige que todos os carros tenham uma matrícula (Nummernschild). Ebenso Lekt. 13, Übg. 6+8!
5. *Repetição do conjuntivo em vários tempos. Traduzir:* Leihen Sie mir Geld, wenn es möglich ist. Vielleicht haben Sie recht. Es ist schade, daß Sie nicht gekommen sind. Wenn Sie heute nachmittag kämen, würde ich Ihnen die Bilder (quadros) zeigen. Ich erlaube nicht, daß der Junge das Haus verläßt. Ich hoffe, daß du schöne Ferien verbracht hast. Ich hoffte, daß du klüger gewesen wärst. Du kannst die Karten kaufen, wenn du willst. Gib mir die Briefmarken, damit ich den Brief in den Kasten werfen kann.

DÉCIMA OITAVA LIÇÃO

Provérbios

–Amigo do bom tempo muda-se com o vento.
–Asno que tem fome cardos come.
–Fala pouco e bem, ter-te-ão por alguém.
–Não serás amado, se de ti só tens cuidado.
–Na terra onde vieres ter, faz tudo como vires fazer.
–Cada terra com o seu uso, cada roca com o seu fuso.
–De bons propósitos está o Inferno cheio e o Céu de boas obras.
–A língua longa é sinal de mão curta.
–A galinha da minha vizinha é mais gorda que a minha.
–Ao vilão, dá-lhe o dedo, tomar-te-á a mão.
–Mais fere a má palavra que a espada afiada.
–Rato que não sabe mais do que um buraco, depressa o toma o gato.
–Quem rouba um pão, é ladrão; quem rouba um milhão, é barão.

A diferença entre «para» e «a»

Dois portugueses estão sentados no rápido Lisboa-Porto.
–Para onde vai?, pergunta um.
–Vou para o Porto.
–Ah, V. Ex.ª vive no Porto?
–Não, vou lá só para dois dias.
–Mas então V. Ex.ª vai *ao* Porto e não *para* o Porto.
Silêncio consternado do outro passageiro.
–Então, V. Ex.ª não diz nada?, insiste o primeiro.
–Olhe, responde o outro, estou aqui a pensar se vou mandá-lo *à* fava ou *para* a fava.

Lenda das amendoeiras do Algarve

Ainda o Algarve pertencia aos Mouros, quando um rei árabe, forte e moreno, se apaixonou por uma princesa do Norte, que viera do seu país coberto de neve, num airoso veleiro. Tinha a jovem dezoito anos, era alta, esbelta, cabelos cor de oiro, olhos azuis, lábios rubros e dentes que pareciam pérolas do Oriente.

Cedo, o moço rei ofereceu a coroa e o reino à «bela do Norte». Ficaram memoráveis as bodas. Só a princesa estava triste, em meio de festas tão brilhantes. Seus lindos olhos enchiam-se de lágrimas, murchavam as cores vivas do seu rosto. Em vão, o rei seu marido lhe oferecia ricos presentes . . .

Um dia, a jovem confessou a seu marido que aquela tristeza era devida a não ver os campos cobertos de neve, como na sua terra, a distante Suécia.
Inquietou-se mais o moço rei, no temor de perder a sua amada. Em breve, porém, teve uma boa ideia. Mandou que, em todo o Algarve, se fizessem grandes plantações de amendoeiras. E, no princípio da Primavera, estavam as amendoeiras cobertas de flores brancas, como flocos de neve. Chamou, então, à varanda mais alta do castelo, a bela princesa e, apontando-lhe os campos cobertos por um manto alvíssimo, disse-lhe: –Vede, Senhora, como Alá vos ama!
Julgando ser neve o que os seus olhos viam, a jovem rainha saltou de contente e abraçou seu marido. E a sua doença desapareceu para sempre.
Todos os anos, assim que a Primavera chegava, cobriam-se de flores brancas de amendoeira os férteis campos do Algarve, e a princesa, do cimo da torre do seu castelo, julgava ver de novo a neve da pátria distante.

Exercícios

1. *Inserir a preposição conveniente:* Costumo tomar o café ... leite, mas (ohne) açúcar. Ele foi no rápido ... Coimbra. É difícil nadar ... a corrente (Strom). Fomos ... comboio ... Paris (für kurze Zeit!) Ele estava ... a influência de maus amigos. Não devemos recuar (zurückweichen) (vor) ... esta dificuldade. Ele saiu de casa (durch) ... janela. (Unter) ... os nossos amigos, havia dois suíços. Todos tomaram banho, (außer) ... Pedro. O tratado foi assinado, (wie) ... ficou combinado. Não devemos conversar (während) ... as aulas. Ainda tenho 500 escudos, ... erro (außer ich irre mich).

2. *Inserir a preposição composta conveniente:* ... de poucos dias, voltará o bom tempo. (Trotz) da chuva, tomamos banho no mar. A praça principal encontra-se (nahe bei) do município (Rathaus). (Bevor) de deitar-me, vou escrever uma carta. A mercearia fica ... da nossa casa (nahe). Eles não podiam vir, (wegen) ... da doença da mãe. O taxista conduziu-o (durch) ... de toda a cidade. (Um-herum) do município, há um jardim. O rio corre (unter) da ponte (Brücke). A empregada deu-me margarina ... de manteiga (statt). A nossa casa fica (fern) da praia. (Oben auf) do monte estava o castelo. (nachdem) de ter comprado o bilhete, entrou no teatro. Ele encontra-se (außerhalb) do país.

3. *Traduzir:* Zwischen dem Büro des Herrn Santos und seinem Hause liegt seine Garage. Bis dort hat er einen Weg von fünf Minuten. Seit 5 Jahren bringt er sein Auto dorthin (nach dort). Er steht (ist) vor einem Problem

(problema). Er wollte nach Porto fahren, aber nach einigen Tagen verzichtet er (renunciar). Es ist gegen den Willen (vontade) seines Chefs.

4. *Traduzir:* A loja está aberta, (ausgenommen) aos domingos. Tenho apenas 500 escudos na carteira, (außer) erro. (gemäß) ficou combinado, apareço lá esta tarde. (Während) as férias, estudamos a gramática. (vermittels) a nossa ajuda, ela conseguiu salvar-se.

5. *Traduzir:* Er wohnt neben mir. Er wohnt über uns (oberhalb von). Neben unserem Haus gibt es eine Kirche. Unter uns (unterhalb von) wohnt eine Familie mit sechs Kindern. Innerhalb von 10 Tagen werden sie kommen. Auf Grund dieses Briefes grüßt sie mich nicht. Außerhalb der Stadt sind die Mieten billiger. Wir wohnen fern von der Stadt. Wir wohnen nahe bei dem Dorf (aldeia). Längs des Weges gab es viele Blumen (flor). Statt des Geldes gab er mir einen Scheck (o cheque). Außer der Postkarte schrieb ich noch einen Brief. An Stelle (statt) meines Freundes kaufte ich die Zeitschrift. Um uns herum gab es großen Lärm. Unterhalb von uns sah man viele Leute. Nach den Ferien beginnt die Arbeit. Vor uns warteten viele Autobusse. Im Hinblick auf Ihren Brief sprach ich mit Herrn Matos. Im Hinblick auf Ihre Reise habe ich Ihnen dieses Buch gekauft. Trotz des Regens war die Luft angenehm (agradável). Ich wollte mit dir sprechen, im Hinblick auf deine Reise. Durch die ganze Stadt hindurch lief dieses Gerücht (boato). Dank deiner Hilfe habe ich die Stelle bekommen (apanhar, emprego). Kraft seiner Intelligenz hat er die Stelle bekommen.

DÉCIMA NONA LIÇÃO

O prazer de complicar a vida

Naquela manhã de outono andava uma galinha a passear, melancólica, debaixo de uma parreira, quando um bago de uva, desprendendo-se do cacho, lhe caiu, precisamente, sobre a crista vermelhinha. Assustadíssima, desatou a correr e encontrou-se com um galo.

–Aonde vais com tanta pressa?

–Vou avisar el-rei de que o céu está a cair. Há bocadinho caiu-me um pedaço tão grande em cima da cabeça que por um triz não me matou.

–Eu vou contigo.

E lá foram ambos, a correr, até que encontraram um pato que lhes perguntou surpreendido:

–Mas, o que é que aconteceu?

–Vamos avisar el-rei de que o céu está a cair.
–Ai, sim? Vou com vocês!
E desataram a correr, até que encontraram um ganso.
–Mas, o que é isso, meus amigos?
–Vamos avisar el-rei de que o céu está a cair.
–Se assim é, vou com vocês . . .
E a galinha, e o galo, e o pato, e o ganso, desataram a correr até que encontraram um pavão que lhes perguntou gritando:
–Mas, o que vem a ser isso?
–Vamos avisar el-rei de que o céu está a cair.
–O quê? Também quero ir.
E novamente se puseram a correr até que encontraram uma raposa.
–O que significa essa corrida? perguntou ela sorrindo.
–Vamos avisar el-rei de que o céu está a cair.
–Mas, têm a certeza de que é este o caminho para a cidade?
–Não; realmente não sabemos qual é o caminho para a cidade, disseram, todos ao mesmo tempo, desconcertados, a olhar uns para os outros.
–Ah! então, tiveram sorte, em me encontrar, disse a raposa. Venham que eu lhes ensino o caminho.
Seguiram atrás dela.
Por fim, passaram ao pé de um subterrâneo, e a raposa exclamou:
–Podem entrar. É aqui.
Entraram, e uma vez lá dentro foram comidos pela raposa, pelo marido, e pelos filhos.
E tudo isto sucedeu por causa de um bago de uva.

(Antônio Botto, «O Livro das Crianças»)

Exercícios

1. *Inserir a preposição a, ligando-a com os artigos, se for necessário:* Assistimos . . . festa. Renunciamos . . . álcool. Respondemos . . . amigos. Rogo . . . Deus (kein Artikel!) que te dê boa viagem. Ele prometeu-o . . . seus pais. Eles faltaram . . . aula. A viagem agradou . . . estrangeiro. Perdoamos . . . nossos inimigos. Ela sobreviveu . . . catástrofe. Ele sacrifica-nos . . . sua ambição (Ehrgeiz). Resistimos . . . esta pressão (Druck).

2. *Inserir a, ligando-o com os artigos:* Ele não é acessível . . . tuas propostas. Esta música é agradável . . . nosso ouvido. O tabaco é prejudicial . . . saúde. Este fato é igual . . . meu. A situação é favorável . . . conflito militar.

3. *Traduzir:* Wir wohnten einem Stierkampf bei. Das Fest gefiel meinem Freunde. Er erfüllte sein Versprechen nicht (faltar ... promessa). Ich werde meine Eltern um Erlaubnis bitten (pedir licença ...). Wir haben es unseren Freunden versprochen. Ich verzichte auf diesen Besuch. Er antwortete nicht auf unsere Fragen. Du mußt dieser Versuchung widerstehen. Er war bereit (geneigt), mit uns auszugehen. Der Tabak ist für die Gesundheit schädlich. Diese Übung ist für die Schüler nützlich. Mein Vater ist neuen Plänen (projectos) zugänglich. Das Zimmer riecht nach Blumen. Das Dienstmädchen bügelt das Hemd. An den Sonntagen fahren wir aufs Land. Dein Anzug gleicht dem meinen (igual). Sie ist immer hilfsbereit (bereit, zu helfen). Er lädt uns ein, ein paar Tage in seinem Hause zu verbringen. Wir lernen schwimmen (nadar). Er gibt weiterhin viel Geld aus (continuar). Wir beeilen uns, die Arbeit zu beenden (apressar-se). Du mußt dich an das neue Klima gewöhnen. Herr Santos regt seinen Sohn zum Briefmarkensammeln an (estimular). Wir haben uns entschlossen, abzureisen.

4. *Traduzir:* Tagsüber schläft er, nachts arbeitet er. Im Frühling kommen die Touristen wieder. Diese Wand ist aus Ziegelsteinen gebaut. Seine Eltern sind bei guter Gesundheit. Ich wundere mich über deinen Erfolg. Wir freuen uns über diese Nachricht. Er verliebte sich in das Mädchen. Er genießt seine Ferien in Portugal. Dein Auto gefällt ihr (gostar). Ich höre auf zu rauchen. Ich brauche deine Hilfe. Sie erinnern sich an uns. Herr Santos gibt das Telefonieren auf. Ich bin gebürtiger Österreicher (dc nascença). Sie warnen uns vor der Gefahr.

5. *Traduzir:* Wenn du ihn siehst, wirst du begeistert sein (entusiasmado). Das Konzert ist am 5. April. Ich vertraue auf deine Hilfe. Wir glauben an Gott. Man schätzt sein Vermögen (fortuna) auf 1000 contos. Ich denke oft an meine Studentenzeit (tempo de estudante). Wir werden über die Angelegenheit nachdenken. Der Gepäckträger (moço) nimmt den Koffer. Der Wind nimmt an Stärke zu (força).

6. *Traduzir:* Morgen fahren wir nach Frankfurt weiter. Der Mörder ist nach Brasilien geflüchtet. Im nächsten Jahr komme ich wieder. Wir wollen den Abschnitt (trecho) ins Deutsche übersetzen. Wir müssen freundlich zu den Tieren sein.

7. *Traduzir:* Er kämpft für seine Familie. Ich werde für deine Gesundheit beten. Der Gast (hóspede) ruft nach dem Dienstmädchen. Der Tourist fragt nach dem Wege. Seine Familie wacht über sein Wohlergehen (bem-

-estar). Fünfmal wöchentlich haben wir Mathematikstunden. Er hat das Haus für 140000 DM gekauft.

8. *Repetição das preposições. Inserir a preposição conveniente:* O meu filho estuda ... médico. O assassino arrepende-se ... sua acção. ... janela do meu quarto vejo o mar. Não posso perdoar ... este homem. Ele mostrou-se favorável ... nossa proposta. Repara ... janela! Anseio ... paz mundial. O pai prometeu um gelado ... filhos. Finalmente triunfou ... seus inimigos. Não acredito ... suas palavras. A siderurgia portuguesa foi instalada ... fábricas alemãs. Amanhã partimos ... França. As batatas precisam ... chuva. Ele mantém-se fiel ... nossa amizade. A criada cuida ... filhos dos senhores. Os Portugueses são sempre amáveis ...... os estrangeiros.

VIGÉSIMA LIÇÃO

Em todos os mares do mundo

De norte a sul, do oriente ao ocidente, não se topa sítio onde o vento não enfunasse velas portuguesas e não desfraldasse a nossa bandeira.

Viram-na os gelos do Polo Norte, quando Corte-Real e Lourenço Fagundes descobriram o Canadá e a Terra Nova. Viu-a o estreito de Fernão de Magalhães, quando o arrojado navegador pela primeira vez o revelou ao Mundo. Viu-a a Austrália, quando António de Abreu e os náufragos das nossas naus ali deram perdidos.

É inglesa a Serra Leoa? Pois foi Pedro de Sintra quem a descobriu. É francesa a ilha de Madagáscar? Pois foi Diogo Dias quem a encontrou. Foi um português quem primeiro pisou as Filipinas. A ilha de Santa Helena, onde Napoleão acabou desterrado, foi descoberta por nós. A África, a Índia, o Brasil – tudo por nós, Portugueses, foi descoberto.

Fomes, sedes, frios terríveis, combates medonhos ou mares tempestuosos, nada nos demovia. Fernão Mendes Pinto vai à Índia, à China, leva ao Japão a primeira espingarda que ali se viu, naufraga, pirateia, «treze vezes cativo e dezassete vendido», volta a Portugal para escrever a «Peregrinação».

Em todo o mapa geográfico há nomes portugueses. O estreito de Magalhães, o rio de São Lourenço, o Canadá, as ilhas de Formosa, de Fernando Pó, da Reunião, umas do Atlântico, outras perdidas no Pacífico, o Cabo da Boa Esperança, o Natal, tudo isso recorda ainda os Portugueses. Admirável história de uma raça heróica, que não tem igual no mundo!

(Albino Forjaz de Sampaio)

Mar português

Ó mar salgado, quanto do teu sal
São lágrimas de Portugal!
Por te cruzarmos, quantas mães choraram,
Quantos filhos em vão rezaram!
Quantas noivas ficaram por casar
Para que fosses nosso, ó Mar!
Valeu a pena? Tudo vale a pena,
Se a alma não é pequena.
Quem quer passar além do Bojador,
Tem de passar além da Dor.
Deus ao mar o perigo e o abismo deu,
Mas nele é que espelhou o Céu.

Fernando Pessoa (1888–1935)

Exercícios

1. *Inserir o pronome indefinido:* Durante ... tempo, morei na rua do Passadiço. Eu (selbst) não sou da mesma opinião. Este professor tem (wenig) paciência para com os seus alunos. (Jeder) deve aprender a nadar. Não precisamos de ajuda (keine). Compramos (eine gewisse) número de jornais e revistas. (Beide) os autocarros estavam ocupados. Ele não tinha pressa (keine). (Jemand) entrou no nosso jardim. Gastaste dinheiro (zu viel) para esta viagem. (Wir) vai agora à praia. (Niemand) o viu entrar. (Die ganze) a cidade estava em festa. (All) isto me parece muito mal. O assunto ficou na (beim alten). Os (übrigen) foram ao cinema. Apareceu no meu escritório (Büro) um ... (gewisser) Ribeiro. Este romance é aborrecido e a novela (desgleichen). É (noch) cedo (zu) para irmos à praça (Markt).

2. *Traduzir:* Sogar die Züge waren überfüllt (atulhado). Wie viele verlorene Tage! Ich habe einige Briefe erhalten. Er hat kein Schamgefühl (vergonha). Beide Füße waren verletzt (ferido). Jeder Student kann in den Filmclub eintreten (cineclube). Ich gratuliere dir von ganzem Herzen (felicitar). Dies alles war sehr langweilig. Alles bleibt beim alten. Jeder muß 5 Escudos bezahlen. Die übrigen bezahlen nichts (não ... nada). Du arbeitest zuviel. Das Haus hat 50000 DM und etwas gekostet. Es ist nach 12 Uhr. Du hast wenig Glück (sorte). So viel Ärger (maçada) für nichts! Du hast mir nichts gesagt (não ... nada). Sag niemand anderem davon! Unsereiner hat auch seine Probleme.

VIGÉSIMA PRIMEIRA LIÇÃO

O João Pateta

Era uma pobre viúva que tinha um filho pateta. Tudo quanto lhe mandavam fazer, fazia, mas mal.

–Valha-me Deus, com este rapaz!, queixava-se a pobre mãe.

–Porque não o habitua mais à vida?, perguntava uma vizinha. Obrigá-lo a trabalhar em qualquer coisa; tudo, menos esta mandriice . . .

–Tem razão. Vou ver se ele é capaz de pôr em prática uma ideia . . .

E aproximando-se do filho:

–Tu saberás vender uma peça de linho sem fazer algum disparate?

–Sei, sim, minha mãe.

–Então, ouve, com atenção : Vais por aí fora e não cortas, nem à direita nem à esquerda. Vais sempre a direito, ouviste?

–Ouvi, minha mãe.

–Pedes tanto pela peça de linho e não a vendas por menos seja a quem for. Evita fazer negócio com mulheres porque, em geral, falam muito e oferecem pouco. Sim: procura uma pessoa que esteja só. Farás negócio mais rendoso.

O rapaz ouviu, atentamente, prometeu obedecer-lhe e lá se pôs a caminho.

Ao cabo de uma larga caminhada encontrou a mulher do farmacêutico que conversava com duas raparigas à porta de sua casa. Reconhecendo-o, e vendo a peça de linho, perguntou-lhe com um sorriso:

–Ó João, esse linho é para vender? Por quanto o vendes? Não ouves?

–Não me entendo com mulheres, respondeu ele, andando sempre. Pouco depois, chegou a um pequeno largo onde havia uma pequena estátua de um benemérito da terra.

–Ora até que enfim que encontrei a pessoa com quem vou fazer negócio.

E dirigindo-se para a estátua, acrescentou, convencido:

–Queres comprar esta peça de linho?

Naturalissimamente, a estátua não respondeu.

–Não dizes nada? Está bem. O preço é tanto. E enquanto contas o dinheiro vou ali comprar uma melancia com uns tostões que aqui tenho.

Entretanto, alguém que passou, levou a peça de linho. Ao regressar com a melancia, disse à estátua com certo azedume:

–Agora dá cá o dinheiro.

A estátua não respondia.

–Vá, não me faças perder tempo!

A estátua continuava naturalmente impassível.

–Se não me dás o dinheiro agarro naquele pau e esfrangalho-te a cabeça.
Cumpriu a dura ameaça. A estátua era oca, mas, tinha dentro da cabeça umas moedas de oiro.
–E não me querias pagar, gritava o pateta apanhando as moedas e guardando-as num bolso da calça.

–Venha ver, minha mãe, venha ver! Vendi a peça de linho por este dinheiro todo!
A mãe abriu os olhos surpreendida e concluiu que o filho encontrara, certamente, por acaso, aquele dinheiro em oiro. Lembrando-se de que o filho podia dar a notícia aos vizinhos complicando a sua vida de mulher simples e pobre, arrecadou-as dentro de um cântaro de barro e disse-lhe disfarçando o grande contentamento:
–Enganaram-te, pateta! Isto não presta para nada. Deram-te dinheiro falso. Contudo, para outra vez, espero que sejas mais esperto.
E saiu; foi para a missa. Daí a momentos passou um velho trapeiro.
–Olha lá, diz-lhe o pateta, tu queres comprar estas moedas? São falsas, mas talvez te sirvam para alguma coisa . . .
O trapeiro viu logo que eram verdadeiras moedas de oiro.
–Pois sim, ofereço por todas doze moedas de cobre.
–Venham elas, disse o rapaz; está o negócio fechado.
E o trapeiro deu-lhe as doze moedas e foi-se apressadamente.
–Acabo de fazer negócio, mãe, disse o João, vendo-a entrar. Vendi aquela porcaria por doze moedas de cobre!
–Vendeste as moedas de oiro por doze moedas de cobre? Ai, filho, que grande asneira!
–Então a minha mãe não me disse que aquilo não prestava para nada?

(António Botto, O Livro das Crianças)
(com supressões)

Exercícios

1. *Conjugar no infinito pessoal os verbos:* ter, estar, ser, aprender, partir, pagar.
2. *Transformar as palavras sublinhadas em infinitos pessoais:* É pena **que não tenhamos** chegado a tempo. É preciso **que paguemos** a renda. É possível **que as** visitas **venham** de avião. Não me admiro **que eles tivessem** chegado atrasados. Era bom **que nós comprássemos** os bilhetes a tempo. Depois de **ter festejado** o dia dos seus anos, voltámos para casa.
3. *Pôr no conjuntivo do futuro os infinitos:* Se não **encontrar** a tua chave, entra pela janela! Se não **ter** tempo, pode ficar em casa. Acompanharemos os

turistas, se nos **pagar** o jantar. Se **estar** muito frio, não sairemos de casa. Se não **haver** maçãs no mercado, compre peras! Até amanhã, se Deus **querer.**

4. *Traduzir, empregando o infinito pessoal:* Als wir ins Zimmer kamen, war die Suppe schon auf dem Tisch. Zeigen Sie uns Ihren Wagen, damit wir wissen, worum es sich handelt! Wir bleiben in der Stadt, bis unsere Freunde ankommen. Bevor wir aufbrechen, mußt du die Rechnung bezahlen. Wenn du soviel Lärm machst, werden sich die Nachbarn beschweren (queixar-se). Als wir nach Porto kamen, war das Schiff schon abgefahren.

5. *Pôr as formas no infinito pessoal:* Antes de (escrever, tu) esta carta, mostra-a ao teu amigo! Ele dá-nos o dinheiro para (comprar, nós) os bilhetes. Vou escrever aos teus pais para (mandar, eles) o dinheiro. É pena não (viajar, nós) juntos. É bom os alunos (ver) o filme. Ao (sair, tu) do cinema, vem logo para casa! É preciso não (esquecer, nós) nada. Admiraram-se (ser, eles) os primeiros a chegar. A (barafustar, tu) assim, chamo a polícia.

VIGÉSIMA SEGUNDA LIÇÃO

A História Trágico-Marítima

As narrativas dos naufrágios, que hoje se podem ler na chamada História Trágico-Marítima, foram escritas e publicadas, em separado, e só depois juntas naquela História. Os autores destas relações ou tinham naufragado também e a muito custo se haviam salvo ou reproduziram o que tinham ouvido contar à pessoa escapada do naufrágio. Vejamos o quadro do naufrágio de Manuel de Sousa Sepúlveda, com sua mulher e filhos:

«Desta praia onde se perderam, aos 7 de Julho de 1552, começaram a caminhar com esta ordem que se segue: a saber, Manuel de Sousa com sua mulher e filhos com oitenta portugueses e com escravos; e André Vaz, o piloto, na sua companhia com uma bandeira e com um crucifixo erguido, caminhava na vanguarda; e D. Leonor, sua mulher, levavam-na escravos em um andor. Logo atrás vinha o mestre do galeão com a gente do mar e com as escravas. Na retaguarda caminhava Pantaleão de Sá com o resto dos portugueses e escravos, que seriam até 200 pessoas, e todas juntas seriam 500, das quais eram 180 portugueses. Desta maneira caminharam um mês com muitos trabalhos, fomes e sedes, porque em todo este tempo não comiam senão arroz que escapara do galeão e algumas frutas do mato, que outros alimentos não achavam, nem quem os vendesse.»

O grupo em que ia Manuel de Sousa e sua mulher foi atacado; os cafres despiram-nos e pilharam-nos. D. Leonor –dizem «que se não deixava despir e que às punhadas e às bofetadas se defendia, porque era tal que queria antes que a matassem os cafres, que ver-se nua diante da gente; e não há dúvida que logo ali acabara sua vida, se não fora Manuel de Sousa, que lhe rogou se deixasse despir, que lhe lembrava que nasceram nus, e pois Deus daquilo era servido, que o fosse ela. Um dos grandes trabalhos que sentiam era verem dois meninos pequenos seus filhos, diante de si chorando, pedindo de comer, sem lhes poderem valer. E vendo-se D. Leonor despida lançou-se no chão e cobriu-se toda com os seus cabelos, que eram muito compridos, fazendo uma cova na areia, onde se meteu até à cintura sem mais se erguer dali.»

Os que os acompanhavam, vendo-os nus, afastaram-se, por vergonha, mas D. Leonor chamou-os e aconselhou-os a seguir sua ventura e a procurar sua salvação. Quanto a eles, só lhes restava morrer. Manuel de Sousa, ainda que maltratado do miolo, ia buscar fruta ao mato, para os alimentar; mas morreram-lhe os filhos e a mulher. Quando de volta da selva a encontrou morta, «dizem que ele não fez mais que apartar as escravas dali e assentar-se perto dela, com o rosto posto sobre uma mão, por espaço de meia hora, sem chorar nem dizer cousa alguma. E acabando este espaço se ergueu, e começou a fazer uma cova na areia com ajuda das escravas, e sempre sem falar palavra a enterrou, e o filho com ela, e acabado isto, tornou a tomar o caminho que fazia quando ia buscar as frutas, sem dizer mais nada às escravas e se meteu pelo mato e nunca mais o viram.»

Exercícios

1. *Transformar as expressões sublinhadas em gerúndios (Part. Präs.), suprimindo a conjunção «e»:* Exemplo: Eles partiram de Coimbra e foram à praia. Partindo de Coimbra, eles foram à praia. **Ele saiu** do escritório e foi ter com os seus amigos. **Enquanto escutou** o discurso, fez apontamentos a lápis. **Ela falou-me** da sua viagem e disse-me que não estava satisfeita. **Depois de ter voltado** (em ...) a casa, ligámos a telefonia (anstellen). **Posto que está** a chover, não podemos ir à piscina. **Se saíres** de casa, deves apagar a luz. **Ele acendeu** um charuto e pôs-se a escrever uma carta. Enquanto **trabalham,** não devem fumar. (Estando a).

2. *Traduzir, empregando o gerúndio (Part. Präs.):* Portugal muß viele Industrieerzeugnisse importieren, wobei Deutschland einer seiner Hauptlieferanten **ist** (produto industrial, fornecedor principal). Portugal besitzt viele wunderbare Strände, wobei der Algarve klimatisch am günstigsten **ist** (ser favorecido pelo clima). Als er an seine Mutter **dachte,** begann er zu weinen.

Als er aus dem Hause **trat,** traf er sogleich den Gasmann (o homem do gás). Während es die Anzüge **bügelte,** sang das Dienstmädchen Fados. Indem er die Gelegenheit **benutzte** (aproveitar a ocasião), bat er um Gehaltserhöhung (aumento do ordenado).

3. *Dizer os dois particípios perfeitos dos verbos:* aceitar, acender, prender, absorver, eleger, imprimir, expulsar, romper, entregar.

4. *Traduzir, tendo em atenção as desinências dos particípios perfeitos:* Der Lehrer hat immer 30 Wochenstunden gegeben (pret. perf. comp.). Die Schüler haben 3 Portugiesischstunden pro Woche gehabt. Die Kinder haben auf der Straße gespielt. Die Straßen sind auf dem Stadtplan gut bezeichnet (marcar). Die Diebe wurden festgenommen (ladrões) (pret. perf. simples). Diese Sätze sind korrekt. Die Kinder sind sehr unruhig. Die Lampen sind angezündet.

5. *Conjugar na voz passiva os verbos:* ser louvado pelo professor, ser enganado pelo garagista, ser interrogado pelo turista, ser chamado pelo polícia.

   Inserir as formas do passivo: As crianças (louvar, Präsens) pelo professor. A criada (chamar, Präsens) pela mãe. O automobilista (enganar, Historisches Perfekt) pelo garagista. Os ladrões (prender) pela polícia. Nós (surpreender, Historisches Perfekt) pela escuridão. Tu (chamar, Hist. Perfekt) pelo chefe. Eu (esperar, Imperfekt) pelos avôs. (Nós) (molestar, belästigen, Imperfekt) pelos mendigos (Bettler).

6. *Traduzir, empregando a forma regular dos particípios perfeitos na voz activa, a forma irregular na voz passiva:* Wir haben die Pässe dem Hotelportier übergeben. Die Pässe wurden dem Hotelportier übergeben. Die Druckerei (tipografia) hat alle wichtigen Prospekte gedruckt. Die Prospekte wurden von einer Druckerei gedruckt. Die Polizei (polícia) hat in den letzten Wochen immer wieder Autodiebe festgenommen. Die Autodiebe wurden von der Polizei festgenommen. Das Dienstmädchen hat das Licht angemacht. Das Licht wurde vom Dienstmädchen angezündet.

VIGÉSIMA TERCEIRA LIÇÃO

Luís de Camões [kɐ'mõiʃ] (1525?–1580?)

São ainda incertas a data e a localidade do seu nascimento. Segundo as opiniões de mais peso, o famoso poeta português nasceu em Lisboa entre 1524 e 1525. Órfão de pai ainda novo, foi educado por sua mãe, Ana de Sá, ou de Macedo, que precocemente o confiaria a parentes poderosos de Coimbra; mas até sobre se teria sido Ana de Macedo mãe, ou madrasta, do Poeta, se levantaram dúvidas. Em Coimbra estudou, e a valer: como no-lo provam os amplos e variados conhecimentos que tão brilhantemente veio a exibir. Desse tempo de Coimbra ficaram nos seus versos enternecidas recordações. Bem possível é que aí tivesse iniciado a sua carreira de impenitente amoroso. Voltando a Lisboa, partiu para a África, a servir como soldado. Aí perdeu um dos olhos. De regresso de África, embrenhou-se na vida de cortesão e boémio que originaria o seu desterro para o Ribatejo. Aventa-se que para tal houvesse concorrido a sua paixão pela misteriosa mulher que em seus versos imortalizou sob o anagrama de Natércia, a qual teria sido, nas hipóteses mais divulgadas, D. Catarina de Ataíde, dama de alta estirpe, ou a própria infanta D. Maria, filha de D. Manuel. Lastima-se que possivelmente não seja verdadeira a suposição de ter um tão alto poeta amado uma tão alta infanta. De volta a Lisboa, travou-se de briga com um fidalgo do paço, que feriu, em virtude do que foi preso, não saindo da cadeia senão por generosidade do ferido. Era isto pelo ano de 1553, ano em que parte para a Índia. Na Índia se manifestou novamente como soldado. Tendo sido nomeado provedor-mor dos defuntos e ausentes, em Macau, foi acusado e mandado voltar a Goa sob prisão. Tal no-lo conta, pelo menos, uma tradição todavia não autenticada. Por então se deu o naufrágio, junto à foz do Mecom, em que perdeu não só todos os haveres adquiridos, como aquela sua Dinamene cuja morte chorou para sempre em versos eternos. Salvou, porém, o seu maior tesouro – o manuscrito ainda incompleto de *Os Lusíadas;* pois na Índia começara ele a realização do que era um sonho já comum a vários escritores do tempo, – uma epopeia dos feitos portugueses no Oriente. Pobre, com dívidas, vítima de novos infortúnios e prisões, cansado daquela vida a que o arrastavam os «erros meus» e «má fortuna» que ele próprio declara, acabou por voltar à pátria a expensas de amigos. Era pelo ano de 1570, e Lisboa mal se refazia da peste que sofrera. Tratou, então, de dar à estampa o seu grande poema, que terminara, e que lhe valeu a tença anual de 15.000 réis. Não era grande pensão, nem, ao que parece, regularmente paga. Se pensarmos na incompetência administrativa dum poeta tão pouco prudente . . . e tão poeta, acharemos que pode ser verdadeira a tradição que Garrett dramatizou, e o dá por miseravelmente morto num hospital. Às desgraças próprias se juntaram, a amargurar-lhe os últimos dias, as da pátria que lhe ficava devendo boa parte da sua glória. Além do épico admirável e portentoso evocador que *Os Lusíadas* manifestam, foi poeta dramático ainda grande, e o maior dos líricos portugueses. Riqueza de pensamento e conceitos, profundeza de sentimentos, amplidão de experiência íntima e da vida, poder de expressão que parece não conhecer limites nem peias, – tudo concorre em Camões para o tornar o nosso poeta-artista mais completo.

(José Régio)

Um soneto de Luís de Camões:

Alma minha gentil, que te partiste
tão cedo desta vida descontente,
repousa lá no céu eternamente,
e viva eu cá na terra sempre triste.

Se lá no assento etéreo, onde subiste,
memória desta vida se consente,
não te esqueças daquele amor ardente,
que já nos olhos meus tão puro viste.

E se vires que pode merecer-te
alguma cousa a dor, que me ficou
da mágoa, sem remédio, de perder-te,

roga a Deus, que teus anos encurtou,
que tão cedo de cá me leve a ver-te,
quão cedo dos meus olhos te levou.

Exercícios

1. *Escrever as frases seguintes (cuidado com a ortografia!):* Ele quer que (2. P. Sing. Konj. Präsens von ficar) em casa. Não quero que ele (Konj. Präsens von prejudicar) os meus negócios. É bom que eles (Konj. Präsens von ficar) com a gente. Ontem (1. P. Sing. Hist. Perf. von pagar) o teu almoço. Queres que nós (1. P. Plural Konj. Präsens von pagar) a tua conta? A família quer que a polícia (Konj. Präs. investigar, untersuchen) o crime (Verbrechen). Já (2. P. Sing. Hist. Perf. von começar) o trabalho? Sim senhor, (1. P. Sing. Hist. Perf. von começar) – o. Não quero que vocês (Konj. Präsens von começar) com a festa antes da nossa chegada. Ele (3. P. Sing. Präsens von conhecer) a tua família. (1. P. S. Präsens von conhecer) – o também. Quero que você (Konj. Präsens von conhecer) a minha irmã. Os nossos amigos querem que (1. P. Pl. Konj. Präsens von conhecer) a sua casa. Não quero fugir e não (1. P. S. Präsens von fugir). (1. P. S. Präsens von dirigir) uma fábrica e não quero que a (3. P. Pl. Konj. Präs. von dirigir) outras pessoas. Não posso distinguir nada.

2. *Pôr as formas ortograficamente correctas:* (Ich rasiere mich) em frente do espelho. Não quero (mich rasieren) antes do pequeno almoço. Ela (kämmt sich) durante dez minutos. (Wir kämmen uns) ràpidamente. Não (ich fürchte) nada. (Wir fürchten) o pior. (Fürchte nichts!) (Ich hasse) este homem. Eles (hassen) – nos. Não posso (hassen) o meu patrão. Ele (schmeichelt) – me.

3. *Traduzir:* Servieren Sie mir nicht so viel Kaffee! Bedienen Sie sich (Konj. Präsens)! Vergnügen Sie sich gut (divertir-se)! Ziehen Sie sich rasch an! Wiederholen Sie mir diesen Satz! Lügen Sie nicht! Schlafen Sie gut! Hören Sie! Erbitten Sie Schweppes(-Orangeade [laranjada schweppes])! Verpassen (verlieren) Sie nicht Ihren Zug! Ich bedauere sehr.

4. *Conjugar no presente e no presente do conjuntivo os verbos:* servir, conseguir, divertir, sentir, vestir, preferir, repetir, mentir, dormir, descobrir, advertir, ouvir, pedir, medir, perder.

5. *Conjugar no presente, atentando na pronúncia:* beber, coser, comer, meter, dever, parecer, temer, merecer, receber.

6. *Conjugar no presente do indicativo e do conjuntivo:* fugir, consumir.

VIGÉSIMA QUARTA LIÇÃO

Um caso que podia ser fatal

Cantaclaro era um formosíssimo galo que vivia com as suas nove galinhas no pequenino quintal da Senhora Rosalina.

Uma tarde, Cantaclaro dormia tranquilamente. Num momento, abriu as asas, deu um salto, e cantou um quiquiriqui tão tremido que as galinhas riram todas. Acabava de sonhar que um animal semelhante ao lobo avançava sobre ele abrindo as goelas.

As galinhas riram ruidosamente daquele sonho. Três dias depois, ao anoitecer, uma raposa chegou à cancela do quintal. As galinhas fugiram, e o galo tentou fazer o mesmo, mas a raposa cortou-lhe os movimentos com esta gentil saudação:

–Não fuja, Senhor Cantaclaro! Se eu soubesse que vinha incomodá-lo, não teria tentado esta visita. Sou, simplesmente, uma humilde admiradora da sua elegantíssima figura e morro de encanto a ouvir a sua voz melodiosa como não há outra igual! Ah! não duvide, meu amigo! Só o seu pai assim cantava, mas você canta melhor!

–Por amor de Deus, isso são favores!, respondeu o galo envaidecido.
–Favores, não, meu amigo. E se me permite fazer-lhe uma simples observação, dir-lhe-ei que quando cantar deve cerrar os olhos por completo. Não imagina, Cantaclaro! A sua voz será outra: mais bonita, fresca, suave! ...
O galo aceitou o conselho: estendeu o pescoço, fechou os olhos, e cantou um saboroso quiquiriqui. Não acabou a cantiga. A raposa deu um salto, ferrou-lhe os dentes e levou-o. As galinhas acudiram, fazendo grande alarido, e foram atrás da raposa gritando, chorando, barafustando ...
Cantaclaro, num esforço extraordinário, pôde dizer-lhe debilmente:
–Se eu fosse tão forte como tu, tão valente, e tão ligeiro, voltava-me para trás e dizia àquela meia dúzia de idiotas: A vossa gritaria, o vosso choro, só dão vontade de rir; é inútil protestarem. O Cantaclaro vai ser comidinho ali debaixo de uma árvore.
–Não dizes mal– disse a raposa largando-o.
Cantaclaro fugiu e atirou-se num salto para cima de uns marmeleiros de modo que a raposa não pôde chegar-lhe. Ela viu, então, a tolice que fez, mas disse, numa voz cinicamente macia: –Você, afinal, Cantaclaro, duvidou das minhas boas intenções?
–Não perca tempo comigo. De hoje em diante cantarei com os meus olhos mais abertos.

(António Botto, «O Livro das Crianças»)
(com supressões)

Exercícios

1. Inserir as conjunções adequadas: Não irei ao colégio, (wenn) ... chover muito. (Wenn) vires a barba do vizinho arder, põe a tua de molho (naß machen). Estuda, meu filho, (damit) as tuas acções agradem a Deus. Ele vai connosco à festa, (wenn nicht) que o chamem com urgência à casa dum doente. (Da wir) estamos em Espanha, vamos ver uma tourada. (Sobald) partiste, chamaram-te por telefone. Explique-nos isto melhor, (damit) que (poder) compreendê-lo. Ela exagerou os factos ... (derart), que ninguém quis acreditar nas suas palavras. (Obwohl) tenhas muito que fazer, sempre podes escrever-nos um postal. Vem esta noite a nossa casa, (damit) (conversar). Ele estava doente, (derart daß) não pôde aparecer na reunião. (Kaum) tínhamos entrado na sala, ... se apagou a luz.

2. *Traduzir, tendo em atenção o emprego do indicativo e do conjuntivo:* Bevor du abreist, müssen wir noch Andenken einkaufen (lembranças). Kaum war er verschwunden, kam ein Telegramm für ihn. Er lernte so fleißig, daß er

sich binnen 6 Monaten in der neuen Sprache ausdrücken konnte (exprimir-se). Obwohl es viel geregnet hat, brauchen die Felder immer noch mehr Regen. Während die Kinder spielen, stört uns niemand (incomodar). Da wir uns lange nicht mehr gesehen haben, fehlt es uns nicht an Stoff zur Unterhaltung (matéria). Da wir einmal hier sind, können wir auch deinen Onkel besuchen. Sie hat nicht geschrieben, also (derart daß) wird sie nicht kommen.Er wollte nur schlafen. Sie sind nicht nur intelligent, sondern auch fleißig (trabalhador). Wir nehmen die Straßenbahn, falls der Bus voll ist. Weder der eine noch der andere konnte mir antworten.

3. *Inserir as conjunções:* Tinha chovido muito. (Gleichwohl), demos um passeio. Eu fizera a viagem sozinho. Ele (jedoch), viajara em companhia de uma tia. Ela ... dormia (nicht – wenn nicht) antes da meia-noite. (Nicht) somos (nur) músicos, (sondern auch) bailarinos (Tänzer). Eles têm que vir, (sei es) queiram, (sei es) não. (Entweder) pagas as tuas dívidas (Schulden) (oder) não te respeito mais. (Weder) livros (noch) viagens podiam diverti-la. Hoje não posso ir ter contigo, (es sei denn, daß) o meu patrão me deixe sair mais cedo. (Während) que comprava os atacadores, roubaram-lhe a carteira. (Seit) não te vi, mudaste muito. (Kaum) comprara o terreno (Gelände), começou logo a construir uma casa. (Wie) combinámos, vamos fundar uma nova sociedade (Gesellschaft). (Obwohl) eles não tenham escrito, acho que se encontram bem. Ele ganhou um milhão, (während: ao ... p. ...) o seu colega teve que fechar a loja.

VIGÉSIMA QUINTA LIÇÃO

O sobreiro

Era uma árvore forte, larga; de abundante folhagem, de casca rugosa, de que se aproveitava boa lenha. A sombra fresca – quando o sol apertava, – era um convite ao descanso. Era o sobreiro.
Mas um dia – já lá vão mais de duzentos anos!– um bondoso padre reparou que um pedaço de cortiça bem talhado tapava com perfeição as garrafas. Descobrira-se, neste instante, a rolha.
Surgiu a indústria. Primeiro em Espanha, em Portugal depois.
Portugal é o maior produtor mundial de cortiça, extraindo um meio da quantidade fornecida por todos os países corticeiros. Posição relevante, se considerarmos que constitui o nosso primeiro valor de exportação e se atentarmos nas múltiplas aplicações desta matéria-prima.

A tiragem da cortiça é feita de nove em nove anos evitando-se, particularmente nas árvores mais novas, o descortiçamento de todo o tronco, para impedir o enfraquecimento. É a árvore característica da região alentejana espalhando-se principalmente pelos distritos do Alto e Baixo Alentejo, Algarve, Ribatejo e Estremadura.

A exportação, que excede as cento e cinquenta mil toneladas, faz-se em bruto ou em manufactura.

Representa a cortiça um valor de mais de um milhão de contos por ano o que contribui de forma poderosa para garantir trabalho a mais de dez mil operários em 450 fábricas.

A indústria corticeira prepara rolhas, discos, aglomerados (para revestir pavimentos e paredes), papel de cortiça (para pontas de cigarro), serradura e granulado (para embalagem de mercadorias).

Exercícios

1. *Inserir o tempo conveniente:* Os nossos pais sabiam que (nós, estar) em casa da avó. O professor achou que o trabalho (estar) mal feito. O polícia saberá dizer-nos, quando (partir) os autocarros. Esperamos que (vocês, ter passado) um serão interessante. Esperámos que (vocês ter, passado) uma noite interessante. Acompanha-nos à estação, se (ter) tempo. A tia virá connosco, quando (estar) bom tempo.

2. *Conjugar em todos os tempos os verbos irregulares:* caber, crer, dar, dizer, fazer.

3. *Pôr as frases seguintes no imperfeito, pretérito perfeito simples, futuro I, conjuntivo do presente e conjuntivo do imperfeito:* No meu carro cabem 5 pessoas. Ela não me crê. Dás-me as tuas chaves. Digo isto com o maior prazer. Fazemos o nosso trabalho. *Verifique os seus conhecimentos, preenchendo as lacunas:* As malas não (Hist. Perfekt, caber) no meu carro. Se as malas não (conj. futuro caber) no carro, temos que mandá-las pelo caminho de ferro (Eisenbahn). Ele não queria que me (conj. imperf. caber) esta honra (caber = zufallen). Os russos não (Präs. crer) na boa vontade do Ocidente. (Glauben Sie mir!) Queria que lhe (conj. imperf., dar) a minha guitarra. Nós (condicional, dar) 500 escudos por esta guitarra. Se ele não me (conj. fut. dar) o disco, peço-o ao meu primo. Ao (pers. Infinitiv, 3. P. Singular, dar) conta da sua viagem, esqueceu-se da visita em Lourdes. Ontem (1. Pl. mais-que-perfeito, dizer) isto aos teus conhecidos. O que (fut. I, dizer) os teus pais? Se tu não (conj. futuro, dizer) a verdade, obrigo-te a dizê-la. Insisti com eles para (pers. Infinitiv, dizer) tudo. Ele não quer que

(nós, conj. pres. fazer) tolices. Não queria que (nós, conj. imperf., fazer) tolices. Ao (1. Pl. pers. Infinitiv, fazer) o contrato, estava tudo em ordem. Se eles não (conj. futuro, fazer) a viagem, mandarão, com certeza, uma carta. Ontem, (1. P. S., Hist. Perf., fazer) uma excursão. Anteontem, ele (Hist. Perf., fazer) uma excursão.

4. *Transformar as construções infinitivas, gerundiais ou participiais em orações subordinadas ou coordenadas:* Exemplo: Dançando em companhia dalguns amigos, chamaram-no ao telefone. Quando dançava em ... Sabendo tudo isto, continuou a dar-se bem com aquele homem. Terminada a festa, os convidados despedíram-se da dona de casa. Ao sairem de Portugal, os amigos levaram dois grandes garrafões de vinho. Dadas as grandes distâncias, o melhor será viajar de avião. Ao passar por Alcobaça, comprei vários pratos de loiça regional. As famílias partiram para a casa de campo, levando as comidas e bebidas consigo. Conhecendo o conteúdo do livro, já não precisas lê-lo. Ao sair para a rua, estávamos muito animados do jantar. Pagando a pronto pagamento, podemos fazer um desconto de 10%.

TEXTOS BRASILEIROS

O menino rico e o menino pobre

Sentados na mesma pedra, à beira dágua, disse o menino ao pequenito:
–Que lindos cabelos tens! Parecem de ouro!
–Se meus cabelos fossem de ouro, minha mãe, que é tão boa, não trabalharia tanto.
–Tens mãe! exclamou o menino maravilhado.
O pequenito corou como a uma afronta.
–Se tenho mãe ... Como não?! Ela é que me penteia os cabelos; ela é que me conta histórias; ela é que me cura quando adoeço; ela é que me conserta a roupa e me adormece ao colo, cantando, quando, nas noites escuras, tremo de medo ouvindo piar a coruja. Tenho mãe, como não? Também não sou tão pobre assim.
–Pois eu não tenho! suspirou o menino. Minha mãe morreu quando eu nasci. Estas terras, com tudo que nelas há, são de meu pai, que só me tem a mim. No palácio em que moro já se hospedou um príncipe com toda a sua corte. O salão em que durmo é todo forrado de seda com lustres de ouro e tapetes onde os pés se afogam. São tantos os meus criados que a muitos tenho por estranhos e pasmo quando me pedem ordens.

–E quem lhe conta histórias?
–Histórias? leio-as nos livros.
–Quem o veste e penteia?
–A velha aia.
–Quem o acalenta, à noite, quando a coruja chirreia e o vento geme nas árvores?
–Rezo a Nossa Senhora.
–Quando adoece, quem o cura?
–Os médicos.
–E quando a tristeza entra em seu coração, quem o consola?
–Choro.
Levantou-se, então, o pequenito e, tomando nas suas as mãos do menino milionário, encarou-o compadecido, com os lindos olhos arrasados dágua.
–Por que choras? Que tens? perguntou o menino comovido.
–Choro de pena, porque nunca pensei que houvesse no mundo outro mais pobre do que eu.

(Coelho Neto)

Exercícios

1. *Pôr as frases seguintes no imperfeito, pretérito perfeito simples, futuro I, condicional e conjuntivo do presente:* Vamos ao curso. Os estudantes lêem muito. Posso sair? Ela põe o livro na mesa. Apraz-me anunciar uma nova peça de teatro. Queremos regressar por avião. Rimo-nos muito.
Verifique os seus conhecimentos: (2. P. Pl., Präs., ir) para casa? (1. Pl., mais-que-perfeito, 2 formas, ir) tarde de mais ao cinema. (Geh)-te embora (Gehen Sie nicht weg!) O pai queria que (1. P. Sing. conj. imp., ir) à estação. (1. P. Pl., imperf., ler) todas as revistas portuguesas. Ele (Hist. Perf., ler)-me a sua peça. Deu-me o livro para que o (1. P. S., conj. imp., ler). Os pais não querem que (1. P. S., conj. presente, ler) tanto. Vamos dar-lhes o livro para (3. Pl., pers. Infinitiv, ler) com atenção. Ontem, não (1. P. S., Hist. Perf., poder) vir. Ontem, ele não (Hist. Perf., poder) assistir. Ele não (Präsens, poder) sair de casa. Se (1. P. Pl., conj. imperf., poder) viajar! Se não (2. P. S., conj. fut., poder) vir, escreve-nos um postal! Para (3. Pl., pers. Infinitiv, poder) comprar os bilhetes, é preciso indicar-lhes o dia exacto. Há muito que não (3. P. S., imperf., pôr) os pés na minha casa. Eu (Hist. Perf., pôr) a sopa na mesa. Ela (Hist. Perf., pôr) a sopa na mesa. (3. P. S., Hist. Perf., prazer) a Deus de chamar o nosso avô. (1. P. Pl., imperf., querer) falar com você. (1. P. Pl., mais-que-perf., querer) comprar o barco, mas era

muito caro. Se (2. P. S., conj. fut., querer), vamos à festa. Ele (Hist. Perf., rir-se) muito. (Gerúndio, rir), ela deu-lhe uma bofetada (Ohrfeige).

2. *Traduzir:* Der Junge will nicht, daß die anderen über ihn lachen (rir-se de alguém). Ich hatte mit dir sprechen wollen. Wenn sie die Blumen auf den Tisch stellen (werden), wird das Zimmer hübscher werden (ficar). Er legte ein Geldstück (uma moeda) in den Kasten (caixa) (Hist. Perf.). Wir legten alles auf den Tisch (Imperf.). Er konnte nicht kommen (Hist. Perfekt). Er kann nicht kommen. Wenn du mir helfen könntest (conj. imperf.)! Lesen Sie mir den Brief vor! Bist du schon in die Stadt gegangen (Hist. Perf.)? Und wenn wir ins Kino gingen (conj. imperf., ir)? Wenn du nach Frankreich fahren solltest (conj. fut.), schick mir Briefmarken!

O Brasil

O Brasil é um dos países mais extensos do mundo: em terras contínuas, apenas a União Soviética e o Canadá ocupam áreas maiores. Os Brasileiros herdaram dos seus antepassados um admirável patrimônio territorial, cuja superfície vai um pouco além de 8.500.000 quilômetros quadrados.

Se compararmos o Brasil com outros países, poderemos verificar que seu território é quase 95 vezes maior que o de Portugal, 15 vezes maior que o da França, 3 vezes que o da República Argentina.

Até agora, infelizmente, a população que vive no Brasil é ainda muito escassa: corresponde somente a 6 habitantes por quilômetro quadrado, o que é uma cifra bastante pequena, comparada com a de outros países (na Itália, há 155, na Inglaterra, 209 habitantes por quilômetro quadrado). Por outro lado, acha-se distribuída de maneira muito desigual: concentra-se de forma sensível na região litorânea e suas vizinhanças, e deixa verdadeiros «desertos» humanos por todo o interior.

Por isso mesmo, é preciso que os 100 milhões de brasileiros venham a triplicar ou a quadruplicar, para que possam considerar-se verdadeiramente senhores da sua terra imensa e deixem de possuir áreas enormes como na Amazônia, onde a natureza domina ainda esmagadoramente e até onde não chegaram a civilização e o progresso.

As mais velhas cidades do Brasil datam do século XVI. Umas eram antigos aldeamentos de índios, que os missionários transformaram em centros de catequese. Outras eram feitorias ou vilas, quando não cidades desde a fundação. Nos séculos seguintes, os centros de mineração, os «pousos» criados pelos bandeirantes, os lugares fortificados, as fazendas, constituíram núcleos, em torno dos quais muitas cidades vieram a formar-se.

Assim nasceram e se desenvolveram muitas das cidades brasileiras. Mas seu crescimento apresenta contrastes acentuados: enquanto a maioria se desenvolveu normalmente e ainda guarda certo ar de vila, outras cresceram assombrosamente e assumiram o aspecto de verdadeiras metrópoles modernas, populosas, dinâmicas, febris. Embora em pequeno número, estas últimas se alinham entre as grandes cidades do mundo.

Exercícios

1. *Pôr as frases seguintes no imperfeito, pretérito perfeito simples, futuro e condicional:* O criado traz a conta. Vejo muito bem. Eles não vêm. Ele fere-me com a faca. Medimos a distância. Ouço os sinos (Glocken). Peço licença. Ela perde a paciência. Sigo o caminho. Serves-me uma cerveja. O dinheiro já não vale nada. Vestimo-nos depressa.

   Verifique os seus conhecimentos: (Bring mir) a cerveja! (Bringen Sie mir) o vinho! Ela (Hist. Perf., trazer) o troco. (1. P. S., fut. I, trazer) todos os discos. Queria que lhe (1. P. S., conj. imperf., trazer) a guitarra eléctrica. Escreve-lhes para (3. Pl., pers. Infinitiv, trazer) os brinquedos (Spielzeug). Eles não nos (Präs., ver). Eles não (Präs., vir). Não quero que eles (conj. pres., ver) a cave (Keller). Espero que (3. Pl., conj. pres., vir) muito cedo. Da nossa casa, (1. P. Pl., imperf., ver) toda a cidade. De tarde, (1. Pl., imperf., vir) sempre à praia. Eu queria que elas (conj. imperf., ver) o nosso jardim. Eu queria que eles (conj. imperf., vir) comigo. Ontem, (1. P. S., Hist. Perf., ver) uma peça bonita. Ontem, (1. P. S., Hist. Perf., vir) falar contigo. Creio que não me (Hist. Perf., ver). Creio que ainda não (3. P. S., Hist. Perf., vir). Eles já (Hist. Perf. vir)? Já (3. P. Pl., Hist. Perf., ver) isto? Ele (fut. I, ver) a nova piscina. Ela (fut. I, vir) muito tarde. Se ele não (conj. fut., ver) o novo teatro, tem de voltar. Se ele não (conj. fut., vir) a tempo, começaremos com o almoço.

2. *Traduzir:* Sie verletzen mich nicht mit Ihren Worten. Ich messe den Abstand bis zu deinem Hause. Ich höre Lärm. Hören Sie her! Ich bitte um Entschuldigung. Wir bitten um Entschuldigung. Bitten Sie mich um nichts mehr! Verlieren Sie keine Zeit mit mir! Verlieren Sie nicht Ihre Schnürsenkel! Ich verliere mich in Gedanken (pensamento). Ich ziehe mich langsam an. Ich will, daß er mir ein Bier bringt (servir). Wir folgen dem Weg (seguir hat den Akkusativ bei sich). Ich folge dir.

CARTAS COMERCIAIS

Alguns começos de cartas comerciais:

1. Acuso a recepção da v/prezada carta de 10 do corrente, de cujo conteúdo tomei boa nota.
2. Acuso a recepção da s/estimada carta de 5 de Abril p.p., que mereceu a m/ melhor atenção e à qual respondo.
3. Confirmo a m/ carta de 3 do corrente, e tenho o prazer de lhe comunicar . . .
4. Acabamos de receber a s/carta de 30 do corrente, bem como a guia de remessa Nº . . .
5. Em m/ poder a s/ prezada carta de 20 de Setembro p.p., a que passo a responder.
6. Conforme a s/o, acabámos de expedir, em grande velocidade, a encomenda que V.S.ª se dignou fazer-nos, em s/c de 20 do corrente.

Principais abreviaturas usadas na correspondência comercial

m/c	=	minha conta ou minha carta
n/c	=	nossa conta ou nossa carta
s/c	=	sua conta ou sua carta
n/r	=	nossa remessa
s/c/c	=	sua conta corrente
c/a	=	conta alheia
c/p	=	conta própria
m/o	=	minha ordem
s/o	=	sua ordem
d/d	=	dias de data
d/v	=	dias de vista
p/p^{to}	=	pronto pagamento
b.p.º	=	bom peso
S/	=	sacas
C/	=	caixa
s/d	=	sem desconto
n.º	=	número
Ca.	=	companhia
Lda.	=	Limitada
S.E.O.	=	salvo erro ou omissão

V.S.ª = Vossa Senhoria
p.bo. = posto a bordo
p.f. = próximo futuro
P.B.to = peso bruto

ALGUNS FECHOS DE CARTAS

1. Sem outro assunto, sou, com a devida atenção ...
2. Aguardando o favor duma resposta, sou (ou somos), com particular estima ...
3. Aguardando as s/prezadas ordens, sou, com muita consideração ...
4. Sem mais, somos ...
5. Com a mais profunda consideração, nos subscrevemos ...
6. Atentamente ...
7. Com os nossos melhores cumprimentos, subscrevemo-nos,
   muito atentamente ...
8. Com a mais elevada consideração, somos de V.S.ª,
   muito atentamente,
   Ramos & Rosa, Lda.
9. Ficamos aguardando o favor das suas estimáveis ordens, e subscrevemo-nos, com a mais elevada consideração,
   de V.S.ª,
   muito atentamente

EXEMPLOS DE CARTAS COMERCIAIS

Pedido de mercadorias

Londres, 20 de Março de 19 ...

Il.mo Sr. Alberto Nogueira

Lisboa

Am.º e Sr.

Sem carta alguma de V.S.ª, a que devamos resposta, rogamos-lhe a fineza de nos enviar, com a possível brevidade, Cif Londres, conforme condições das s/remessas anteriores:

12 cascos de vinho branco – 13 graus
10 cascos de vinho tinto – 11 graus
4 barris de aguardente – 30 graus

Segue para aí, pelo «Royston Grande», o respectivo vasilhame, a cujo desembarque desejamos que assista pessoa da s/confiança, pois receamos seja a cascaria abandonada, no cais, às intempéries e aos abusos de toda a casta, como já uma vez sucedeu.
Pelo montante da s/factura, pode V.S.ª sacar sobre nós, a 15 d/v.
Esperando que, como sempre, nos deixará contentes com a qualidade dos artigos, somos, com muita estima e atentamente

......

Aviso de expedição de mercadorias

Hamburg, 15 de Abril de 19...
Il.^mos^ Srs. Gonçalves e Pereira
Lisboa

Am.^os^ e Srs.
Recebi, em devido tempo, a prezada carta de V.S.^as^, datada de 10 do corrente, com a transmissão das s/ordens, que, prontamente, se executaram.
Junto encontrarão V.S.^as^ factura e conhecimento de todos os artigos da s/encomenda, embarcados a bordo do «Albert I», que levantou ferro, nesta data, às 9 da manhã.
Alterando um pouco as s/o, saquei s/V.S.^as^, a 3 m/d, por Esc. 12.400$00, importância líquida da factura inclusa.
Sei que V.S.^as^ prescindem, absolutamente, de atenções desta natureza; mas eu é que pretendo, alargando o prazo do m/saque, demonstrar-lhes o apreço e a consideração de quem é, com muita estima e reconhecimento,

de V.^as^ S.^as^
Amigo muito atento e grato
......

1 conhecimento
1 factura

Remessa duma conta de venda

Bordéus, 20 de Dezembro de 19...
Il.^mos^ Srs. Henrique Ferreira & C.ª
Lisboa

Am.^os^ e Srs.
A presente serve de capa à conta de venda dos vinhos generosos que V.S.^as^ nos consignaram, pelo «Moçâmedes», em 25 do mês p.p., para serem vendidos de s/conta e n/risco, conforme a s/carta, da mesma data.

A colocação fez-se rapidamente, e nas condições previstas por V. S.as É de esperar que fiquem plenamente satisfeitos e que continuarão a honrar-nos c/o favor das s/ordens.
No crédito de s/c, lançámos a quantia de 8.300 Escudos, importância líquida da conta de venda inclusa, tendo debitado a s/consignação, pela n/comissão, delcredere e despesas, de harmonia c/as s/o de 20 de Fevereiro do corrente ano.
Sem outro assunto, somos, com toda a consideração e mta estima,

Amigos Mto Obg.os

......

Grammatik

I. DER ARTIKEL

A. Der bestimmte Artikel (o artigo definido)

Mask.	**o**	Plural	**os**
Fem.	**a**	Plural	**as**

Beispiele:

o pai	der Vater	**os** amigos	die Freunde
a conta	die Rechnung	**as** amigas	die Freundinnen

Es gibt *kein* Neutrum: o mal das Übel

Zusammenziehungen des bestimmten Artikels mit Präpositionen

Der bestimmte Artikel bildet mit den Präpositionen a, de, em und por folgende kontrahierte Formen:

Singular

	Mask.	Fem.
mit a ...	**ao** pai (dem Vater)	**à** amiga (der Freundin)
mit de ...	**do** pai (des Vaters)	**da** amiga (der Freundin)
mit em ...	**no** quarto (im Zimmer)	**na** cozinha (in der Küche)
mit por ...	**pelo** quarto (durch das Zimmer)	**pela** cozinha (durch die Küche)

Plural

	Mask.	Fem.
	aos pais (den Eltern)	**às** amigas (den Freundinnen)
	dos pais (der Eltern)	**das** amigas (der Freundinnen)
	nos quartos (in den Zimmern)	**nas** cozinhas (in den Küchen)
	pelos quartos (durch die Zimmer)	**pelas** cozinhas (durch die Küchen)

B. Der unbestimmte Artikel (o artigo indefinido)

Mask.	**um**	Plural	**uns**
Fem.	**uma**	Plural	**umas**

Beispiele:

um café	ein Kaffee	**uns** dias	einige Tage
uma mesa	ein Tisch	**umas** famílias	einige Familien

Zusammenziehungen des unbestimmten Artikels mit Präpositionen

Der unbestimmte Artikel bildet mit den Präpositionen de und em folgende Formen:

Singular

	Mask.	Fem.
mit de ...	**dum** amigo (eines Freundes)	**duma** amiga (einer Freundin)
mit em ...	**num** quarto (in einem Zimmer)	**numa** casa (in einem Haus)

Plural

	Mask.	Fem.
	duns amigos (einiger Freunde)	**dumas** amigas (einiger Freundinnen)
	nuns quartos (in einigen Zimmern)	**numas** casas (in einigen Häusern)

C. Gebrauch des Artikels

Häufiger noch als im Deutschen wird im Portugiesischen der **bestimmte Artikel** verwendet.

1. vor Personennamen:
   O António é um bom amigo. A Maria é uma boa criada.
2. immer bei Namen von Ländern, Flüssen, Kontinenten, Bergen, Himmelsgegenden und Meeren:

a Ásia, o Brasil, o Tejo, o Elba (die Elbe), o Atlântico, os Alpes, o Algarve (die Provinz Algarve), o Sul.

Ausnahmen: Portugal, Castela (Kastilien), Marrocos, Cuba.
Auch bei einigen Städtenamen wird der Artikel gesetzt:
o Porto (Oporto), o Rio de Janeiro (Rio), a Haia (Den Haag), o Cairo (Kairo).

3. ebenso vor Titeln (außer in der Anrede):
   o senhor Santos, a senhora D.Maria, o Doutor Cidade, o padre Américo. Posso falar com o senhor Doutor Ramos? (Kann ich mit Herrn Doktor Ramos sprechen?). A senhora mora longe daqui? (Wohnen Sie weit entfernt?)

4. vor den Possessivpronomen:
   Aqui tem o seu dinheiro (hier haben Sie Ihr Geld). Eis a sua pasta (da ist Ihre Aktentasche).

   Merken Sie: Vor Verwandtschaftsbezeichnungen braucht kein Artikel zu stehen: falo com meu pai (oder: com o meu pai), conheço tua (mãe a tua mãe). Ebenso kein Artikel bei Anreden: Venha cá, meu amigo. Aqui tem, minha senhora (hier haben Sie es, gnädige Frau). Vossa Majestade. Vossa Excelência. Kein Artikel in überlieferten Formeln wie: em minha (tua usw.) casa, bei mir (dir usw. zu Hause); em meu poder (in meiner Macht); em meu nome (in meinem Namen); a meu cargo (meine Sache); por minha vontade (meinetwegen).

   Beispiele: Escreve uma carta em meu nome. Deixe isto a meu cargo (lassen Sie das meine Sache sein).

   Kein Artikel, wenn vor dem Possessivpronomen ein Demonstrativpronomen steht: esta tua carta, aquela tua caneta.

5. nach ambos (beide):
   ambos os pais, ambas as filhas.

6. nach todo, toda:
   todos os homens (alle Menschen), todo o mundo (die ganze Welt), toda a vida (das ganze Leben), toda a gente (alle Leute).

7. in einigen adverbialen Ausdrücken:
   aos gritos (schreiend), às escondidas (insgeheim), às escuras (im dunkeln), às cegas (blindlings) etc.

   Merken Sie: à portuguesa (nach portugiesischer Art).

Der **unbestimmte Artikel** wird **nicht** verwendet

1. vor meio (halb), certo (gewiß), semelhante (solch):
   meia hora (eine halbe Stunde), meio quilo (ein halbes Kilo), em certo momento (zu einem gewissen Augenblick), nunca vi coragem semelhante (nie habe ich einen ähnlichen Mut gesehen).

2. nach que . . . (welch ein . . .):
   que desgraça! (welch ein Unglück!), que vida! (was für ein Leben!), que maravilha! (welch ein Wunder, wie wunderbar!)

3. in bestimmten Ausdrücken:
   fazer barulho (lärmen), fazer exame (ein Examen machen), ter fim (ein Ende haben), fazer sinal (ein Zeichen geben), dar bom resultado (ein gutes Ergebnis erzielen), pôr termo a (ein Ende bereiten), morrer soldado (als Soldat sterben), eleger deputado (zum Abgeordneten wählen), nomear presidente (zum Präsidenten ernennen).

II. DAS SUBSTANTIV

Die portugiesischen Substantive sind männlich oder weiblich. Die verschiedenen Fälle werden nicht durch Endungen, sondern durch Präpositionen zum Ausdruck gebracht, nämlich der Genitiv durch die Präposition **de,** der Dativ durch die Präposition **a.**

Substantiv + bestimmter Artikel

	Mask.		Fem.	
Singular				
Nominativ	o pai	der Vater	a casa	das Haus
Genitiv	do pai	des Vaters	da casa	des Hauses
Dativ	ao pai	dem Vater	à casa	dem Hause
Akkusativ	o pai	den Vater	a casa	das Haus
Plural				
Nominativ	os pais	die Eltern	as casas	die Häuser
Genitiv	dos pais	der Eltern	das casas	der Häuser
Dativ	aos pais	den Eltern	às casas	den Häusern
Akkusativ	os pais	die Eltern	as casas	die Häuser

Substantiv + unbestimmter Artikel

	Mask.		Fem.	
Singular				
Nominativ	um pai	ein Vater	uma tia	eine Tante
Genitiv	de um pai (auch: **dum**)	eines Vaters	duma tia	einer Tante
Dativ	a um pai	einem Vater	a uma tia	einer Tante
Akkusativ	um pai	einen Vater	uma tia	eine Tante

Plural				
Nominativ	uns pais	einige Eltern	umas tias	einige Tanten
Genitiv	duns pais	einiger Eltern	dumas tias	einiger Tanten
Dativ	a uns pais	einigen Eltern	a umas tias	einigen Tanten
Akkusativ	uns pais	einige Eltern	umas tias	einige Tanten

Substantiv + Demonstrativpronomen

	Mask.		Fem.	
Singular				
Nominativ	este livro	dieses Buch	esta casa	dieses Haus
Genitiv	deste livro	dieses Buches	desta casa	dieses Hauses
Dativ	a este livro	diesem Buche	a esta casa	diesem Hause
Akkusativ	este livro	dieses Buch	esta casa	dieses Haus
Plural				
Nominativ	estes livros	diese Bücher	estas casas	diese Häuser
Genitiv	destes livros	dieser Bücher	destas casas	dieser Häuser
Dativ	a estes livros	diesen Büchern	a estas casas	diesen Häusern
Akkusativ	estes livros	diese Bücher	estas casas	diese Häuser

Das Substantiv + Possessivpronomen wird entsprechend abgewandelt: O meu amigo, do meu amigo usw.

A. Das Geschlecht der Substantive

1. Im allgemeinen sind die Obstbäume und ihre Früchte weiblich. Ist der Obstbaum jedoch ein männliches Wort, so ist auch seine Frucht männlich:

a laranjeira (der Orangenbaum),	a laranja (die Orange)
a pereira (der Birnbaum),	a pera (die Birne)
a macieira (der Apfelbaum),	a maçã (der Apfel)
o limoeiro (der Zitronenbaum),	o limão (die Zitrone)
o pessegueiro (der Pfirsichbaum),	o pêssego (der Pfirsich)

2. Die Buchstaben des Alphabets sind männlich: o a (das A)

3. Männlich sind auch die Himmelsrichtungen, Berge, Monate, Meere, Seen, Flüsse, substantivierte Verben und Adverbien:
o Sul (Süden), o Montblanc, o Agosto (o), o Pacífico (Pazifik), o Lago de Constança (Bodensee), o Mondego (Fluß bei Coimbra), o comer (das Essen), o como (das Wie), o sim (das Ja).

4. Im allgemeinen männlich sind die Wörter auf: o, i, á, ém, im, om, um, ume, u, éu, oi, ói, ão, r, az, oz: o livro (Buch), o javali (Wildschwein), o alvará (Genehmigung), o além (das Jenseits), o pudim (Pudding), o tom (Ton), o álbum (Album), o costume (Brauch), o bacalhau (Stockfisch), o céu (Himmel), o boi (Ochse), o herói (Held), o Verão (Sommer), o olhar (der Blick) o cartaz (das Plakat), o arroz (Reis) (o).

   Ausnahmen: a colher (Löffel), a cor (Farbe) (o), a dor (Schmerz) (o), a flor (Blume) (o), a paz (Friede), a voz (Stimme) (ɔ), a foz (Mündung) (ɔ).

5. Im allgemeinen weiblich sind die Hauptwörter auf: a, ê, ei, ice, iz, ez, gem, ção, dão, nde, ã, ade, viele auf e: a casa, a mercê (Gnade), a grei (Herde), a estupidez (Dummheit), a viagem (Reise), a atenção (Aufmerksamkeit), a escravidão (Sklaverei), a parvoíce (Dummheit), a raiz (Wurzel), a rã (Frosch), a vontade (Wille), a árvore (Baum).

   Ausnahmen: Fremdwörter griechischer Abstammung: o dilema (Dilemma), o clima (Klima), außerdem o nariz (Nase), o dente (Zahn), o vale (Tal).

6. Einige Substantive werden männlich oder weiblich gebraucht: o jornalista, a jornalista; o herege, a herege (Ketzer, Ketzerin).

B. Regeln für die Bildung weiblicher Substantive

1. Substantive auf -o oder Konsonant bilden das Femininum auf -a: aluno (Schüler), aluna (Schülerin), francês (Franzose), francesa; doutor, doutora;

deus (Gott), deusa (Göttin); leitor (Leser), leitora; espanhol (Spanier), espanhola.

Merken Sie: Ist der betonte Vokal des Substantivs ein geschlossenes o, öffnet er sich meistens in der weiblichen Form:
sogro (o) (Schwiegervater); sogra (ɔ) (Schwiegermutter)
Die Substantive auf -or, -ora behalten geschlossenes o in beiden Formen.

2. Die Substantive auf -ão können die Feminina auf verschiedene Weise bilden:
   a) durch Verwandlung des -ão zu -ã oder -ana (Herkunft von lat. Wörtern mit der Endung -anum):
   irmão (Bruder), irmã (Schwester); sultão (Sultan), sultana
   b) durch Verwandlung der Endung -ão in -oa oder -ona (lat. Wörter mit der Endung -onem):
   patrão (Chef), patroa; leão (Löwe), leoa; solteirão (Junggeselle), solteirona.
   Das o der Endungen -oa und -ona ist geschlossen.

3. *Besonderheiten:* o duque (Fürst), a duquesa; o conde (Graf), a condessa; o sacerdote (Priester), a sacerdotisa; o profeta (Prophet), a profetisa; o poeta (Dichter), a poetisa; o actor (Schauspieler), a actriz; o imperador (Kaiser), a imperatriz; o embaixador (Botschafter), a embaixatriz; o avô (Großvater), a avó; o réu (Angeklagter), a ré; o rei (König), a rainha; o boi (Ochse), a vaca; o carneiro (Schafbock), a ovelha (Schaf); o cão (Hund), a cadela; o barão (Baron), a baronesa; o tecelão (Weber), a teceloa (Weberin); o ladrão (Dieb), a ladra; o cônsul (Konsul), a consulesa; João (Hans), Joana (Johanna); o cavalo (Pferd), a égua (Stute); o genro (Schwiegersohn), a nora (Schwiegertochter); o macho (Männchen), a fêmea (Weibchen); judeu (Jude), judia; europeu (Europäer), europeia (Europäerin).
   Nach Geschlecht verschiedenen Sinn haben die Substantive:

o capital (das Kapital)	a capital (die Hauptstadt)
o lente (der Professor)	a lente (die Lupe)
o banho (Bad)	a banha (Tierfett)
o modo (Art und Weise)	a moda (Mode)
o troco (Wechselgeld)	a troca (Austausch)
o arco (Bogen)	a arca (Truhe)
o poço (Brunnen)	a poça (Pfütze)
o lenho (Holz)	a lenha (Brennholz)
o fruto (Frucht)	a fruta (Obst, eßbare Frucht)
o corte (Schnitt, Zuschnitt)	a corte (der Hofstaat)

C. Pluralbildung der Substantive und Adjektive

1. Folgende Substantive und Adjektive erhalten **-s:**
   a) auf Vokal: casa, casa**s**; livro, livro**s**; belo, belo**s**; bonita, bonita**s**
   b) auf Vokal außer -ão: maçã, maçã**s**; mãe, mãe**s** (Mutter); chapéu, chapéu**s**
   c) auf unbetontes -ão: órgão (Orgel), órgão**s**; órfão, órfão**s** (Waise)
   d) auf betontes -ão, falls sie auf lat. -anu zurückgehen: mão (Hand), mão**s**; irmão, irmão**s** (Bruder).

   Die übrigen Wörter auf -ão bilden, sofern sie auf lat. -ones zurückgehen, den Plural mit der Endung **õe**s: -
   liç**ões** (Lektion), liç**ões**; oração (Gebet), oraç**ões**.

   Merken Sie: cão, cães; pão (Brot), **pães.**
   Die meisten Wörter auf -ão haben zwei Formen im Plural:
   aldeão (Dörfler), alde**ãos** oder alde**ões**.
   Einige Wörter auf -o, deren betonter Vokal ein geschlossenes o ist, öffnen dieses o im Plural:
   ovo (Ei) (o), ovos (ɔ); jogo (Spiel) (o), jogos (ɔ); povo (Volk) (o), povos (ɔ); almoço (Mittagessen) (o), almoços (ɔ); olho (Auge) (o), olhos (ɔ); osso (Knochen) (o), ossos (ɔ); tijolo (Ziegel) (o), tijolos (ɔ).
   Ebenso die Adjektive auf -oso:
   formoso (schön) (o), formosos (ɔ); estudioso (fleißig) (o), estudiosos (ɔ)

2. die Wörter auf -r, -s, -z bilden den Plural auf **-es:**
   a colher (Löffel), colher**es**; português, portugues**es**; a voz (Stimme), as voz**es**

3. die Wörter auf -em, -im, -om, -um bilden den Plural auf **-ens, -ins, -ons, -uns:**
   armazém (Warenhaus), armaz**ens**; fim (Ende), f**ins**; tom (Ton), t**ons**; álbum, álb**uns**

4. die Wörter auf -al, -ol, -ul, -el bilden den Plural auf **-ais, -óis, -uis, -éis:**
   sal (Salz), s**ais**; sol (Sonne), s**óis**; azul (blau), az**uis**; o papel (Papier), os pap**éis**

5. die Wörter auf betontes -il bilden den Plural auf **-is:**
   o barril (Faß), barr**is**; vil (gemein), v**is**

6. unverändert bleiben auf unbetontes -es oder -is endende Wörter:
   o lápis, os láp**is**; o ourives (Goldschmied), os ouriv**es**

Merken Sie: avô (Großvater) hat zwei Pluralbedeutungen:
os avôs (Großeltern), os avós (Vorfahren)

7. Wörter auf unbetontes -il bilden den Plural mit **-eis:**
difíc**il** (schwierig), difíc**eis**; fác**il** (leicht), fác**eis.**

D. Zusammengesetzte Substantive

1. Besteht das Wort aus zwei nur mit Bindestrich verbundenen Substantiven, werden beide Bestandteile in den Plural gesetzt:
couve-flor (Blumenkohl), couves-flores; redactor-chefe (Chefredakteur), redactores-chefes.

2. Ebenso treten beide Teile in den Plural, wenn Substantiv und Adjektiv das Wort bilden:
obra-prima (Meisterwerk), obras-primas; amor-perfeito (Stiefmütterchen), amores-perfeitos.

3. Sind die Teile durch Präposition verknüpft, tritt nur das erste Wort in den Plural:
pão-de-ló (Biskuitkuchen), pães-de-ló.

4. Besteht das Wort aus Adjektiv mit folgendem Substantiv, tritt nur das Substantiv in den Plural:
grão-mestre (Großmeister), grão-mestres.
Eine Ausnahme bilden nur die Wochennamen:
segunda-feira, segundas-feiras, a má-língua (böse Zunge, üble Nachrede), as más-línguas und gentil-homem (Edelmann), gentil-dona (Edelfrau) = gentis-homens, gentis-donas.

5. Ebenso tritt nur das Substantiv in den Plural, wenn noch eine Verbform vorhanden ist:
mata-borrão, mata-borrões.
Bei Zusammensetzungen mit guarda ist zu beachten, ob es sich um Verbform oder Substantiv handelt:
o guarda-nocturno (Nachtwächter), os guardas-nocturnos, aber: o guarda-lama (Kotflügel), os guarda-lamas.

6. Besteht das zusammengesetzte Wort aus zwei Verben, tritt nur das zweite in den Plural:
o pisca-pisca (Blinklicht), os pisca-piscas; o chupa-chupa (Lutschstange), os chupa-chupas.

7. Besteht das zusammengesetzte Wort aus einem unveränderlichen und einem veränderlichen Wort, so tritt nur das veränderliche in den Plural: o recém-nascido (das Neugeborene), os recém-nascidos; o vice-rei (Vizekönig), os vice-reis.

E. Verkleinerungs- und Vergrößerungsformen

1. Vergrößerungsformen bildet man auf **-ão, -ona** und **-aço, -aça:** solteirão (eingefleischter Junggeselle), solteirona; rapaz (junger Mann), rapagão (kräftiger junger Mann); rico (reicher Mann), ricaço (schwerreicher Mann); mulher (Frau), mulheraça (Weibsbild).

2. Verkleinerungsformen bildet man auf **-inho, -inha, -ito, -ita, -ino, -ina** und **-ico, -ica:**
casa, casinha (kleines Häuschen); copo (Glas), copito (Gläschen); pequeno (klein), pequenino; burro (Esel), burrico (Eselchen).
Bei Wörtern, die auf Vokal enden, wird dabei ein **z** eingeschoben:
pai, paizinho (Väterchen); avô, avôzinho; chávena (Tasse), chavenazinha.
Der Gebrauch der Diminutivformen entspricht einer Grundneigung der Portugiesen. Die Umgangssprache wimmelt von Diminutivbildungen: coitado (armer Kerl), coitadinho (armer Teufel); amigo, amiguinho (kleiner Freund); adeus, adeusinho; perto (nahe), pertinho; devagar (langsam), devagarinho; obrigado, obrigadinho, pela tardinha (am späten Nachmittag), à noitinha (am frühen Abend).

III. DAS ADJEKTIV

A. Feminin- und Pluralbildung

Für die Bildung des Femininums und des Plurals gelten die gleichen Regeln wie für das Substantiv:

Singular		*Plural*	
alt**o** (hoch)	alt**a**	alt**os**	alt**as**
falad**or** (gesprächig)	falad**ora**	falad**ores**	falad**oras**
nu (nackt)	nu**a**	nu**s**	nu**as**
portugu**ês**	portugu**esa**	portugu**eses**	portugu**esas**
vão (nichtig)	**vã**	**vãos**	**vãs**

Adjektive mit betontem geschlossenem **o** öffnen diesen Vokal in allen übrigen Formen:

torto (schief) (o), aber: torta (ɔ), tortos, tortas (ɔ)
novo (neu) (o), aber: nova (ɔ), novos, novas (ɔ)
Ebenso, wie schon erwähnt, die Adjektive auf **-oso:**
generoso (großzügig) (o), aber: gener**osa,** gener**osos,** gener**osas** (ɔ)

Ausnahmen: gordo (dick), tolo (dumm) haben geschlossenes **o** in allen Formen.

Adjektive auf **-e, -a,** betontes **-o** oder **Konsonant** (außer **-ês** und **-or**) haben **nur eine Form:**
o livro **azul,** a caneta **azul;** o senhor **amável,** a senhora **amável;** o trabalho **comum,** a riqueza **comum;** o guia **indígena,** a mulher **indígena;** o cavalo **árabe,** a mulher **árabe;** um **só** livro, uma **só** pessoa.
Wenn só (allein) männlich oder weiblich unterschieden werden soll, müssen die Verkleinerungsform oder ein anderes Mittel der Unterscheidung verwandt werden:
estão sós oder estão **sozinhos,** estão sozinhas oder ele só, ela só neben ele sozinho, ela sozinha.

Sonderformen

1. *bom* (gut), boa; bons, boas; *mau* (schlecht), má, maus, más.

2. Das Adjektiv *Santo* (heiliger) wird vor Personennamen zu São, wenn sie mit Konsonanten (außer h) beginnen:
   Santo António, aber: São Paulo
   Santo Agostinho, aber: São João.

3. Das Adjektiv *grande* erscheint vor bestimmten Wörtern in Kurzform:
   Grão-Duque (Großherzog), Grã-Bretanha (Großbritannien).

4. Zusammengesetzte, mit Bindestrich verbundene Adjektive bilden in beiden Teilen den Plural:
   surdo-mudo (taubstumm), surdos-mudos.
   Bei einigen zusammengesetzten Adjektiven wird nur der zweite Teil verändert:
   luso-brasileiro (portugiesisch-brasilianisch), a amizade luso-brasileira (die port.-bras. Freundschaft), económico-social, as ciências económico-sociais.

B. Die Steigerung des Adjektivs

1. Der Komparativ wird mit **mais** oder **menos** gebildet:
   belo, mais belo, menos belo.
   Der Superlativ wird mit **bestimmtem Artikel + mais** gebildet:
   o mais novo.

2. Wenn der Superlativ nachgestellt ist, wird der Artikel **nicht** wiederholt:
   a caneta mais cara, o prédio mais moderno (das modernste Wohnhaus).

3. Bei Vergleichen steht **do que** oder einfach **que:**
   Esta casa é mais alta (do) que aquela; este aluno é mais estudioso (do) que aquele; este livro é menos útil (do) que aquele.
   Bei Vergleichen, in denen Verbformen auftreten, muß immer **do que** stehen:
   Ele é mais preguiçoso do que eu pensava.

4. Nach **anterior** (früher), **exterior** (äußerlich), **inferior** (unterlegen), **posterior** (später), **superior** (überlegen) steht im Vergleich die Präposition **a:**
   Este livro é inferior **à**quele; esta casa é superior **à**quela; estes livros são anteriores **à**queles.

5. Vergleiche gleichen Grades werden mit **tão-como** oder **tanto-como** ausgeführt:
   Gostamos tanto de ir ao teatro como vocês (ebenso-wie).
   Ele não trabalha tão bem como a sua irmã.
   Não tenho tanta pressa como vocês.
   Não tenho tantos livros como o meu amigo.

6. Der absolute Superlativ wird mit der Endung **-íssimo** gebildet. Er ist stärker als jede mit muito gebildete Form:
   belo, muito belo, bel**íssimo**; caro, car**íssimo**
   Gelehrte Sonderformen:
   são, saníssimo (gesund); comum, comuníssimo (allgemein); feliz, felicíssimo (glücklich); amável, amabilíssimo (liebenswürdig); livre, libérrimo (frei); difícil, dificílimo (schwierig); fácil, facílimo (leicht); largo, larguíssimo (breit).

Die Komparative auf -or sind im Maskulinum und Femininum gleich.
Neben máximo gibt es grandíssimo, neben mínimo pequeníssimo, neben supremo, altíssimo, neben ínfimo auch baixíssimo.

Unregelmäßige Steigerung

Positiv	*Komparativ*	*Superlativ*	*absoluter Superlativ*
bom (boa)	melhor	o, a melhor	óptimo, a
mau, má	pior	o, a pior	péssimo, a
grande	maior	o, a maior	máximo, a
pequeno, a	menor	o, a menor	mínimo, a
alto, a	superior	o, a superior	supremo, a
baixo, a	inferior	o, a inferior	ínfimo, a
muito	mais	o mais	muitíssimo
pouco	menos	o menos	pouquíssimo

Merken Sie: Paulo é maior (großjährig); Paulo é mais velho do que Pedro (älter); António é menor (minderjährig); António é mais novo do que Paulo (jünger).

Bei melhor, pior, maior und menor ist das o offen, in allen anderen Formen geschlossen.

C. Über die Verwendung des Adjektivs

Die portugiesische Sprache läßt eine relativ große Freiheit in der Stellung des Adjektivs vor oder nach dem Substantiv zu. Das nachgestellte Adjektiv gibt im allgemeinen eine unterscheidende Eigenschaft wieder, das vorangestellte Adjektiv ist stärker gefühlsbetont: uma velha amiga (eine langjährige Freundin), uma amiga velha (eine an Jahren alte Freundin).
Bei Ausrufen des Erstaunens, des Entzückens oder der Trauer wird das Adjektiv vorangestellt: Magnífico tempo! (großartiges Wetter). Lindo jardim! (hübscher Garten!)

Im allgemeinen tritt das schmückende Adjektiv vor das Hauptwort, das unterscheidende hinter das Hauptwort: Thomas Mann foi um grande escritor alemão (Th. M. war ein großer deutscher Schriftsteller). Ela vivia numa pequena casa mobilada (Sie lebte in einer kleinen möblierten Wohnung).
Das schmückende Adjektiv kommt der Neigung der iberischen Völker zu stehenden rhetorischen Floskeln entgegen: o eminente artista (der hervorragende Künstler), o sábio professor (der gelehrte Professor), a famosa actriz (die berühmte Schauspielerin).

IV. DAS VERBUM

A. Die Konjugation des Verbums

Das Portugiesische unterscheidet drei Konjugationen: die erste auf **-ar,** die zweite auf **-er,** die dritte auf **-ir.** Das Verbum pôr (setzen, stellen) gehört als Ausnahme mit seinen Ableitungen (compor, expor etc.) zur zweiten Konjugation. Von den drei Konjugationen hat heute nur die erste wortbildende Kraft. Alle Neubildungen enden auf -ar:
telefonar, telegrafar, dactilografar (mit der Maschine schreiben) etc.

1. Das Präsens (o presente)

I. Konjugation auf -ar:

lavar		*waschen*	
(eu) lav**o**	ich wasche	(nós) lav**amos**	wir waschen
(tu) lav**as**	du wäschst	(vós) lav**ais**	ihr wascht
(ele, ela) lav**a**	er, sie wäscht	(eles, elas) lav**am**	sie waschen

II. Konjugation auf -er:

bater		*schlagen*	
(eu) bat**o**	ich schlage	(nós) bat**emos**	wir schlagen
(tu) bat**es**	du schlägst	(vós) bat**eis**	ihr schlagt
(ele, ela) bat**e**	er, sie schlägt	(eles, elas) bat**em**	sie schlagen

III. Konjugation auf -ir:

abrir		*öffnen*	
(eu) abr**o**	ich öffne	(nós) abr**imos**	wir öffnen
(tu) abr**es**	du öffnest	(vós) abr**is**	ihr öffnet
(ele, ela) abr**e**	er, sie öffnet	(eles, elas) abr**em**	sie öffnen

Die Hilfsverben estar, ser, ter und haver

estar		*sein* (im Sinne von: sich befinden)	
estou	ich bin	estamos	wir sind
estás	du bist	estais	ihr seid
está	er, sie ist	estão	sie sind

ser		*sein* (dauerndes Sein)	
sou	ich bin	somos	wir sind
és	du bist	sois	ihr seid
é	er, sie ist	são	sie sind

ter		*haben*	
tenho	ich habe	temos	wir haben
tens	du hast	tendes	ihr habt
tem	er, sie hat	têm	sie haben

haver		*haben*	
hei	ich habe	havemos	wir haben
hás	du hast	haveis	ihr habt
há	er, sie hat	hão	sie haben

Merken Sie: In der Umgangssprache ist nur die Form há gebräuchlich: há vinho branco (es gibt Weißwein). Die übrigen Formen von haver werden nur für die periphrastische Konjugation benötigt.

Zum Gebrauch von ser und estar

ser, dem Wesen nach sein, bezeichnet dauernde Eigenschaften, Beruf, Konfession, Nationalität, und steht bei Zeitangaben:

sou português	ich bin Portugiese	*são* oito horas	es ist acht Uhr
sou professor	ich bin Lehrer	o filme *é* bom	der Film ist gut
ele *é* católico	er ist katholisch	*é* tarde	es ist spät
ela *é* simpática	sie ist sympathisch	que horas *são?*	wie spät ist es?

ser mit Possessivpronomen oder de zeigt den Besitz an:
esta quinta *é* minha (dieses Landgut gehört mir), esta casa *é* do senhor Campos (gehört Herrn . . .).

ser erscheint im Passiv, verbunden mit dem Partizip Perfekt:
o prédio *é* construído rapidamente (das Haus wird schnell gebaut).

estar, sich befinden, bezeichnet den vorübergehenden Zustand:

estamos em Portugal	Wir sind in Portugal	Isabel *está* cansada	Elisabeth ist müde
onde *está* a caneta?	Wo ist der Federhalter?	como *está?*	Wie geht es Ihnen?

estar a + *Infinitiv* bezeichnet die augenblicklich geübte Tätigkeit:
a criada *está a* dormir (schläft gerade)
estou a trabalhar (ich bin gerade bei der Arbeit).

In Brasilien verwendet man *estar* + *Gerundium:*
estou trabalhando
a criada *está dormindo* etc.

Beachten Sie die Bedeutungsunterschiede:

o vinho *é* engarrafado Der Wein wird eingefüllt (Passiv)	o vinho *está* engarrafado Der Wein ist eingefüllt
O meu amigo *é* muito amável; mas hoje ele não *está* amável Mein Freund ist — im allgemeinen — liebenswürdig, aber heute ist er — vorübergehend — nicht liebenswürdig	

Die gebräuchlichsten unregelmäßigen Verben

ir		*gehen*	
vou	ich gehe	vamos	wir gehen
vais	du gehst	ides	ihr geht
vai	er, sie geht	vão	sie gehen

dizer		*sagen*	
digo	ich sage	dizemos	wir sagen
dizes	du sagst	dizeis	ihr sagt
diz	er, sie sagt	dizem	sie sagen

fazer		*tun, machen*	
faço	ich tue	fazemos	wir tun
fazes	du tust	fazeis	ihr tut
faz	er, sie tut	fazem	sie tun

saber		*wissen*	
sei	ich weiß	sabemos	wir wissen
sabes	du weißt	sabeis	ihr wißt
sabe	er, sie weiß	sabem	sie wissen

dar		*geben*	
dou	ich gebe	damos	wir geben
dás	du gibst	dais	ihr gebt
dá	er, sie gibt	dão	sie geben

poder		*können, dürfen*	
posso	ich kann	podemos	wir können
podes	du kannst	podeis	ihr könnt
pode	er, sie kann	podem	sie können

pôr		*setzen, stellen, legen*	
ponho	ich stelle	pomos	wir stellen
pões	du stellst	pondes	ihr stellt
põe	er, sie stellt	põem	sie stellen

Merken Sie: Das betonte e der Endungen ist bei den regelmäßigen Verben immer geschlossen: *bater, batemos.* Ein Gleiches gilt für die Infinitiv- und Präsensformen der unregelmäßigen Verben: *ter, temos; ver, vemos.*

2. Das Imperfekt (o imperfeito)

Verben auf -ar

lav**ava**	ich wusch	lav**ávamos**	wir wuschen
lav**avas**		lav**áveis**	
lav**ava**		lav**avam**	

Verben auf -er

com**ia**	ich aß	com**íamos**	wir aßen
com**ias**		com**íeis**	
com**ia**		com**iam**	

Verben auf -ir

abr**ia**	ich öffnete	abr**íamos**	wir öffneten
abr**ias**		abr**íeis**	
abr**ia**		abr**iam**	

Das **-ar** des Infinitivs wird durch **-ava,** das **-er** und **-ir** durch die Endung **-ia** ersetzt.

Die Hilfsverben

ser		*estar*		*ter*	
era	ich war	estava	ich war	tinha	ich hatte
eras		estavas		tinhas	
era		estava		tinha	
éramos	wir waren	estávamos	wir waren	tínhamos	wir hatten
éreis		estáveis		tínheis	
eram		estavam		tinham	

haver		
havia		havíamos
havias		havíeis
havia	es gab	haviam

3. Das Historische Perfekt (o pretérito perfeito simples)

Verben auf -ar

lav**ei**	ich wusch	lav**ámos**	wir wuschen
lav**aste**		lav**astes**	(Akzent!)
lav**ou**		lav**aram**	

Verben auf -er

com**i**	ich aß	com**emos**	wir aßen
com**este**		com**estes**	
com**eu**		com**eram**	

Verben auf -ir

abr**i**	ich öffnete	abr**imos**	wir öffneten
abr**iste**		abr**istes**	
abr**iu**		abr**iram**	

Das **-ar** des Infinitivs wird ersetzt durch **-ei, -aste** usw., das **-er** durch **-i, este;** das **-ir** durch **-i, -iste** usw.

Die Hilfsverben

ser	*estar*	*ter*	*haver*
fui (ich war)	estive (ich war)	tive (ich hatte)	houve
foste	estiveste	tiveste	houveste
foi	esteve	teve	houve (es gab)
fomos	estivemos	tivemos	houvemos
fostes	estivestes	tivestes	houvestes
foram	estiveram	tiveram	houveram

4. Das Perfekt (o pretérito perfeito composto)

tenho tens tem temos tendes têm	lavado, comido, conduzido, sido, estado, tido

Das Partizip Perfekt ist *unveränderlich*, wenn es mit *ter* konjugiert wird. Es wird gebildet: bei Verben auf **-ar** mit **-ado,** bei Verben auf **-er** und **-ir** durch **-ido** (cant**ar** = cant**ado,** com**er** = com**ido,** part**ir** = part**ido**).

Merken Sie: Bei den Perfekt- und Plusquamperfektformen der Verben *estar*, *ter* und *haver* ist das betonte e der Endungen offen. Bei den Formen *esteve* und *teve* gehört das betonte e dagegen zum Stamm und ist geschlossen.

Unregelmäßige Formen des Partizip Perfekt (o particípio perfeito)

Einige Verben haben Doppelformen des Partizips des Perfekts.
Die gebräuchlichsten Formen sind:

absorver	(aufsaugen)	*absorto*	absorvido
aceitar	(annehmen)	*aceite*	aceitado
acender	(anzünden)	*aceso*	acendido
convencer	(überzeugen)	*convicto*	convencido
eleger	(wählen)	*eleito*	elegido
entregar	(übergeben)	*entregue*	entregado
envolver	(hineinziehen)	*envolto*	envolvido
expulsar	(ausstoßen)	*expulso*	expulsado
imprimir	(drucken)	*impresso*	imprimido
matar	(töten)	*morto*	matado
prender	(festnehmen)	*preso*	prendido
pagar	(zahlen)	*pago*	—

5. Das Plusquamperfekt I (o pretérito mais-que-perfeito simples)

Das Plusquamperfekt wird von der 3. Person Plural des Historischen Perfekts gebildet, indem man die Endung **-ram** durch die Endungen **-ra, -ras, -ra, ′-ramos, ′-reis, ′-ram** ersetzt. Der Akzent bleibt auf der gleichen Silbe.

lavar =	lava**ram,** davon:		
lava**ra**	ich hatte gewaschen	lav**áramos**	wir hatten gewaschen
lava**ras**		lav**áreis**	
lava**ra**		lava**ram**	

ter	*estar*	*ser*	*haver*
tiv**era**	estiv**era**	**fora**	houv**era**
tiv**eras**	estiv**eras**	**foras**	houv**eras**
tiv**era**	etc.	etc.	etc.
tiv**éramos**			
tiv**éreis**			
tiv**eram**			

Merken Sie: Bei den Plusquamperfektformen der Verben *ter*, *haver* und *estar* ist das betonte e der Endungen offen.

Diese Formen gehören der Schriftsprache an; in der Umgangssprache überwiegt das zusammengesetzte **Plusquamperfekt II** (o mais-que-perfeito composto):

tinha (havia) tinhas (havias) tinha (havia)	lavado	tínhamos (havíamos) tínheis (havíeis) tinham (haviam)	lavado

Es wird gebildet aus **tinha** und dem **Partizip des Perfekts.** Das zusammengesetzte Plusquamperfekt tritt auch in der Schriftsprache auf, vor allem wenn Verwechslungen mit anderen Zeiten auftreten könnten.
In gewissen Ausdrücken des Wünschens oder Erstaunens ersetzt das Plusquamperfekt den Konditional: Quem me dera ir também! (Wenn ich auch dorthin gehen könnte!) Tomara eu que chegasse a tempo! (Wenn er nur zur Zeit ankäme!)

6. Das Futur (o futuro)

Das Futur I (futuro imperfeito) wird gebildet aus dem **Infinitiv** und den **Endungen des Präsens von haver:**

ter			
ter**ei**	ich werde haben	ter**emos**	wir werden haben
ter**ás**		ter**eis**	
ter**á**		ter**ão**	

estar	
estarei **estarás** **estará**	**estaremos** **estareis** **estarão**

lavar	
lava**rei** lava**rás** lava**rá**	lava**remos** lava**reis** lava**rão**

Besonderheit: Die Verben *fazer, dizer, trazer* verwenden die verkürzten Formen *far, trar, dir:*

farei farás fará	faremos fareis farão	trarei trarás trará	traremos trareis trarão	direi dirás dirá	diremos direis dirão

Reflexive Verben

lavar-me-ei lavar-te-ás lavar-se-á	ich werde mich waschen	lavar-nos-emos lavar-vos-eis lavar-se-ão	wir werden uns waschen

Das Futur II (o futuro perfeito) wird gebildet aus dem **Futur I** von **ter** und dem **Partizip des Perfekts:**

terei terás terá	} trabalhado	teremos tereis terão	} trabalhado

7. Der Konditional

a) *Der Konditional I* (o condicional simples)

Der Konditional wird gebildet aus dem **Infinitiv** mit den **Endungen des Imperfekts von haver:**

lavaria ich würde waschen **lavarias** **lavaria**	**lavaríamos** **lavaríeis** **lavariam**

seria ich würde sein **serias** usw.	**teria** ich würde haben **terias** etc.	**estaria** ich würde sein **estarias** etc.

Sonderformen: dizer: *diria* ich würde sagen;
trazer: *traria* ich würde bringen;
fazer: *faria* ich würde tun

Regel: In der Umgangssprache wird der Konditional sehr häufig durch das Imperfekt ersetzt: *Tinha* (statt *teria*) muito prazer em conhecê-lo. (Ich würde ihn gern kennenlernen.)

b) *Der Konditional II* (o condicional perfeito)

teria (haveria) terias (haverias) teria (haveria)	(ich würde gewaschen haben) lavado	teríamos (haveríamos) teríeis (haveríeis) teriam (haveriam)	lavado

Statt dieses Konditional II verwendet die Umgangssprache häufig das Plusquamperfekt: *tinha sido* feliz = *teria sido* feliz (er wäre glücklich gewesen).

8. Die periphrastische Konjugation (a conjugação perifrástica)

a) Zum Ausdruck einer Verpflichtung verwendet man die Hilfsverben *ter* oder *haver* + *de* und dem *Infinitiv*. In der 1. Person des Singulars und des Plurals vermeidet man die Formen von *haver*, da sie kein «müssen», sondern lediglich eine Absicht ausdrücken.

Tenho de trabalhar até muito tarde	Ich muß arbeiten …
Temos que pagar a renda da casa	Wir müssen die Hausmiete bezahlen
Você haveria de contar tudo aos seus pais	Sie sollten alles den Eltern erzählen

In der 2. und 3. Person des Singulars und des Plurals verwandeln sich die Formeln der Verpflichtung in regelrechte Imperative:

Hão-de dizer-me tudo o que fizeram ontem	Sie müssen mir alles sagen ...
O senhor há-de devolver-me esse livro	Sie müssen mir dieses Buch wiedergeben

b) Oft zeigt die periphrastische Konjugation mit *ter* oder *haver* + *de* + *Infinitiv* nicht eine Verpflichtung, sondern Notwendigkeit oder Absicht an, eine bestimmte Handlung zu vollführen. Wird *haver* im Präsens oder Imperfekt verwendet, so bezeichnet es einfach ein Futur oder ein Konditional, das stärkeren Nachdruck erhalten soll:

Verás que hei-de ir lá um dia.	Du wirst sehen, daß ich eines Tages dort hingehen werde.
Hei-de pôr ordem neste assunto.	Ich werde — ganz sicher — Ordnung in diese Angelegenheit bringen.
Havias de ver aquele espectáculo.	Du solltest dieses Schauspiel sehen!

c) In Fragesätzen bezeichnet der periphrastische Ausdruck mit *haver* Ungläubigkeit oder Zweifel:

Se ele está doente, como hei-de ir lá?	... könnte ich dort hingehen?
Havemos de sair ou não?	Sollen wir ausgehen oder nicht?

d) Die unmittelbar bevorstehende Zukunft wird, vor allem in der Umgangssprache, sehr häufig durch *ir* + *Infinitiv* ausgedrückt:

Vamos sair depois do almoço	Wir werden ... gleich ausgehen.
Vou tratar deste assunto.	Ich werde diese Angelegenheit gleich erledigen.
Vou ler esta carta.	Ich werde ... gleich lesen.

e) Auch andere Verben werden in der periphrastischen Konjugation häufig als *Hilfsverben* behandelt, vor allem: acabar (beenden), cessar (aufhören), começar (beginnen), desatar (anfangen), continuar (fortfahren), chegar a saber (erfahren), chegar a conhecer (kennenlernen), deixar (lassen), ficar (bleiben), prosseguir (fortfahren), tornar, voltar (zurückkehren), levar (bringen).

Ficou a olhar a paisagem.	Er sah sich lange die Landschaft an.
O aluno voltou a escrever-me.	... schrieb mir wieder.
Continuei a ler o livro.	Ich setzte die Lektüre des Buches fort.
O homem desatou a correr.	Der Mann fing an zu laufen.

9. Der Konjunktiv

a) *Der Konjunktiv der Gegenwart* (o presente do conjuntivo)

Die regelmäßigen Verben leiten den Konjunktiv der Gegenwart von der **1. Person Singular** des **Indikativs** ab. Das **o** der Verben auf **-ar** wird ersetzt durch **-e, -es, -e, -emos, -eis, -em,** das der Verben auf **-er** und **-ir** durch **-a, -as, -a, -amos, -ais, -am.**

lavar		
lav**e**	ich möge waschen	lav**emos**
lav**es**		lav**eis**
lav**e**		lav**em**

partir		
part**a**	ich möge abreisen	part**amos**
part**as**		part**ais**
part**a**		part**am**

Unregelmäßige Formen haben:

ser			*estar*	
seja	ich sei	sejamos	esteja	estejamos
sejas		sejais	estejas	estejais
seja		sejam	esteja	estejam

ter			*haver*	
tenha	ich möge haben	tenhamos	haja	hajamos
tenhas		tenhais	hajas	hajais
tenha		tenham	haja	hajam

Merken Sie: Diphthongierende Verben verlieren den Diphthong in den endungsbetonten Formen: crer (glauben): creia, creias, creia, creamos, creais, creiam. Ebenso ler etc.

b) *Der Konjunktiv des Imperfekts* (o imperfeito do conjuntivo)

Der Konjunktiv des Imperfekts wird abgeleitet von der **3. Person Plural** des **Pretérito simples,** indem man die Endung **-ram** durch die Endungen **-sse, -sses, -sse, ′-ssemos, ′-sseis, -ssem** ersetzt.
Also: **estar** = esti**veram** = esti**vesse.**

esti**vesse**	ich wäre gewesen	esti**véssemos**
esti**vesses**		esti**vésseis**
esti**vesse**		esti**vessem**

c) *Der Konjunktiv des Futurs* (o futuro do conjuntivo)

Der Konjunktiv des Futurs wird von der **3. Person Plural** des **Prétérito simples** abgeleitet, indem man die Endung **-ram** durch die Endungen **-r, -res, -r, -rmos, -rdes, -rem** ersetzt.
Also: **estar** = esti**veram** = esti**ver**

esti**ver**	ich würde sein	esti**vermos**
esti**veres**		esti**verdes**
esti**ver**		esti**verem**

d) *Die Konjunktive II*

Die Perfektzeiten der Konjunktive bildet man mit den entsprechenden Formen von **ter** oder **haver** und dem **Partizip Perfekt.**

Konjunktiv des Perfekts:

tenha (haja) lavado ... daß ich gewaschen habe

Konjunktiv des Plusquamperfekts:
tivesse (houvesse) lavado ... daß ich gewaschen hätte

Konjunktiv des Perfekt-Futurs:
tiver (houver) lavado ... daß ich gewaschen haben würde.

10. **Der Imperativ** (o imperativo)

Der Imperativ wird durch Weglassen des **-s** bei der 2. Person Singular und Plural des Präsens gebildet:

lava(s) = lava (wasch!)	come(s) = come (iß!)	abre(s) = abre! (öffne!)

Der Plural des Imperativs wird gebildet, indem man das **r** des **Infinitivs** durch **i** ersetzt:

lavai(s) = lavai (wascht!)	comei(s) = comei (eßt!)	abri(s) = abri (öffnet!)

ter		*ser*	
tem cuidado!	gib acht!	sê feliz!	sei glücklich!
tende cuidado!	gebt acht!	sede felizes!	seid glücklich!

Imperativ von trazer: *traz!* (bring!); vir: *vem!* (komm!); fazer: *faz!*

Ausnahmen: Einsilbige Verben auf -er und -ir bilden die Pluralform des Imperativs auf -de: ir: *ide!* (geht!); ver: *vede!* (seht!) ler: *lede* (lest!); vir: *vinde!* (kommt!); crer: *crede!* (glaubt!); rir: *ride!* (lacht!).

Die übrigen Imperativformen werden mit dem Konjunktiv gebildet:

lave!	waschen Sie!	coma!	essen Sie!
lavemos!	laßt uns waschen!	comamos!	laßt uns essen!
lavem!	waschen Sie!	comam!	essen Sie!

In der Verneinung werden nur die Konjunktivformen verwendet:

não laves! wasch nicht!	não comas! iß nicht!	não abras! öffne nicht!
não laveis! wascht nicht!	não comais! eßt nicht!	não abrais! öffnet nicht!
não lave! waschen Sie nicht!	não coma! essen Sie nicht!	não abra! öffnen Sie nicht!

11. Das Gerundium (o gerúndio)

lavar	=	**lavando**	(waschend)
aprender	=	aprend**endo**	(lernend)
abrir	=	abr**indo**	(öffnend)

12. Der unpersönliche Infinitiv (o infinito)

a) kann wie im Deutschen mit bestimmtem oder unbestimmtem Artikel substantivisch gebraucht werden: O viajar traz sempre novas impressões; o muito beber é prejudicial à saúde.

b) tritt ohne Artikel als verbales Substantiv auf, das allgemein und auf keine Person bezüglich verwandt wird: Viver é lutar.

c) steht nach den Verben des Denkens, Sagens, Wünschens und Bemerkens: Desejo comprar este carro. Ele pensa fazer uma viagem. Vi passar muitos táxis.

d) tritt als Imperativ auf: Não cuspir no chão (nicht auf den Boden spucken); não fumar!

e) nach der Präposition **a** in der Bedeutung des Partizips des Präsens: Passou o seu tempo a trabalhar para a festa (arbeitend!);
nach **estar** mit der Präp. **a** in der Bedeutung eines Gerundiums: ele está a trabalhar (brasil. trabalhando) = er ist beim Arbeiten.

f) in den Verbindungen: **é de supor** (es ist zu vermuten), **é de desejar** (es ist zu wünschen), **é de esperar** (es steht zu hoffen).
Über die Verbindung des Infinitivs mit den Präpositionen unterrichten die entsprechenden Abschnitte im Kapitel Präpositionen.

Der persönliche Infinitiv (o infinito pessoal)

gehört zu den schwierigsten und eigentümlichsten Kapiteln der portugiesischen Sprache. Er wird gebildet, indem man an den **Infinitiv** folgende

Endungen anhängt: 1. Person -, 2. Person **-es**, 3. Person -, 1. P. Plural **-mos**, 2. P. Plural **-des**, 3. P. Plural **-em**.

Sing.	lavar
	lavar**es**
	lavar
Plur.	lavar**mos**
	lavar**des**
	lavar**em**

Der persönliche Infinitiv wird dann verwandt, wenn der Träger der Handlung stärker herausgehoben werden soll, als es der unpersönliche Infinitiv vermöchte.

a) Der Infinitiv soll das Subjekt hervorheben: Admiraram-se **serem** eles os últimos (sie wunderten sich, daß sie die letzten waren)
A **trabalhares** assim, estragas os teus olhos (wenn du so) ...
Emprestei-lhes os livros para **os lerem** (damit sie sie ...)
Antes de **partirmos** de Portugal ... (bevor wir)
Depois de **jantarmos** num bom restaurante ... (nachdem wir ...)

b) nach unpersönlichen Ausdrücken: **É pena** não **podermos** acompanhar-vos. **É tempo** de **voltarmos** para casa. **É preciso comeres** alguma coisa. **É bom aprendermos** línguas estrangeiras.

13. Besonderheiten

Verben mit orthographischen Verschiebungen

c wird vor **e** zu **qu**:	fi**c**ar, fi**qu**ei, fi**qu**e, fi**qu**em usw.
g wird vor **e** zu **gu**:	pa**g**ar, pa**gu**ei, pa**gu**e, pa**gu**em usw.
ç wird vor **e** zu **c**:	come**ç**ar, come**c**ei, come**c**em, come**c**e usw.
c wird vor **a** und **o** zu **ç**:	conhe**c**er, conhe**ç**a, conhe**ç**o, conhe**ç**amos
g wird vor **a** und **o** zu **j**:	fu**g**ir, fu**j**o, fu**j**amos, fu**j**am; diri**g**ir, diri**j**o, diri**j**a
gu wird vor **a** und **o** zu **g**:	distin**gu**ir, distin**g**o, distin**g**amos usw.
Die Endung **e** der 3. Person Singular entfällt nach **z**, wenn ein Vokal vorausgeht:	di**z**, condu**z**

Verben mit Besonderheiten der Konjugation

a) Verben auf **-ear** schieben bei stammbetonten Formen ein **i** ein:
passear: passeio, passeias, passeia, passeamos, passeais, passeiam.

Ebenso: *pentear* (kämmen), *cear* (zu Nacht essen), *lisonjear* (schmeicheln), *recear* (fürchten), *nomear* (ernennen), *semear* (säen).

Auf gleiche Weise werden manche Verben auf **-iar** konjugiert:
odiar (hassen), *remediar* (abhelfen).

b) Das betonte **e** und **o** der Verben der **1. Konjugation** ist meist offen; z. B. emprego, corto. Einzige Ausnahme: chego, chegas usw. haben geschlossenes e.

c) Verben auf **-er** mit Stammvokal **e** verändern ihre Aussprache:
beber: bebo (e), bebes (ɛ), bebe (ɛ), bebemos, bebeis, bebem (ɛ) also: geschlossenes e vor o und a, offenes e vor unbetontem e.

Ebenso: *dever* (sollen, müssen), *meter* (stellen), *receber* (empfangen), *temer* (fürchten), *verter* (gießen), *parecer* (scheinen), *padecer* (leiden), *tecer* (weben), *mexer* (mischen, einmischen), *crescer* (wachsen), *ceder* (weichen), *merecer* (verdienen).
Offenes e in allen Formen bewahren außer in der 1. Person Indikativ Präsens und Konjunktiv Präsens: *esquecer* (vergessen) und *aquecer* (heizen).

d) Verben auf **-er** mit Stammvokal **o** haben geschlossenes **o** vor den Endungen **o** und **a**, offenes **o** vor unbetontem **e**:
chover (u) aber: *chove* (ɔ), *como* (o), *comes* (ɔ), *come* (ɔ), *comemos* (u), *comeis* (u), *comem* (ɔ).
Ebenso: *colher* (pflücken), *coser* (nähen), *morrer* (sterben).

e) Verben auf **-ir** mit Stammvokal **e** bilden die **1. Person Singular** (und damit auch den Konjunktiv) mit **i**:
servir: sirvo (serves, serve, servimos etc.); Konjunktiv: sirva.
Dazu gehören folgende Verben: *conseguir* (verschaffen), *seguir* (folgen), *advertir* (warnen), *divertir* (unterhalten), *perseguir* (verfolgen), *sentir* (fühlen), *mentir* (lügen), *consentir* (zustimmen), *proferir* (aussprechen), *impelir* (antreiben), *competir* (konkurrieren), *digerir* (verdauen), *vestir* (anziehen), *despir* (ausziehen), *preferir* (vorziehen), *repetir* (wiederholen), *reflectir* (nachdenken, widerspiegeln), *referir-se a* (sich beziehen auf).

Merken Sie: Einige Verben auf **-ir** mit Stammvokal **e** bewahren das **e** in den **i**-betonten Endungen: *agredir* (angreifen): agrido, agrides, agride, agredimos, agredis, agridem.
Ebenso: *progredir* (fortschreiten), *transgredir* (überschreiten).

f) Bei den Verben mit Stamm-**o** oder **-u** findet ein Wechsel des Stammvokals nach folgendem Schema statt:

Stamm-**o** wird in der 1. Person Singular und im Konjunktiv Präsens zu **u**:
dormir: durmo (dormes, dorme usw.); Konjunktiv: durma, durmas usw.
Ebenso: *descobrir* (entdecken), *cobrir* (bedecken).
Einige Verben auf **-ir** mit Stammvokal **u** verwandeln ihn vor **unbetontem e** in **o**:
fugir: fujo, foges, foge, fugimos, fugis, fogem.
Ebenso: *sumir* (verschwinden), *cuspir* (spucken), *sacudir* (schütteln), *consumir* (verbrauchen).

g) Einige Verben auf **-ir** bilden die **1. Person Singular** mit **ç**:
ouvir: ouço (oiço), ouves, ouve usw.
pedir: peço, pedes, pede usw.
medir: meço, medes, mede usw.
Ebenso auch: *despedir-se* (sich verabschieden), *impedir* (verhindern).
Perder bildet die 1. Person Singular mit c: perco, perdes, perde usw.

h) Verben auf **-air** schieben nach dem Stammvokal **a** ein **i** ein, wenn **a** oder **o** folgen:
sair: saio, saia, saiamos
cair: caio, caia, não caiam usw.

i) Verben auf **-oer** bilden die **2.** und **3. Person Singular** auf **óis, ói**:
doo, dóis, dói usw.
Ebenso: *roer* (nagen), *moer* (mahlen).

Merken Sie: Bei Wechsel des Stammvokals treten 1. Person Singular (+ Konj.) und 2. und 3. Person Singular + 3. Person Plural auseinander, z. B. durmo, durma, dormes, dorme, dormem.

B. Der Gebrauch der Zeiten

a) Der Gebrauch des Imperfekts und des Historischen Perfekts

Das *Imperfekt* bezeichnet:

— Regelmäßig wiederholte Handlungen:
Em rapaz levantava-me cedo. (Als Junge stand ich immer früh auf.)

— Die begonnene Handlung, die noch andauert, wenn etwas anderes eintritt:
Eu estudava a lição quando tu entraste. (Ich lernte die Lektion, als du hereinkamst.)

— Zustände, die in der Vergangenheit andauern:
Ele estudava na Sorbona. (Er studierte an der Sorbonne.)

— Das Imperfekt vertritt in der Umgangssprache in Haupt- und Nebensätzen fast immer das Condicional:

Gostava muito de conhecer o senhor. (Ich würde Sie gern kennenlernen.)

Das *Historische Perfekt* bezeichnet:

— Die begrenzte, einmalige Handlung:
Ontem levantei-me tarde. (Gestern bin ich spät aufgestanden.)

— Die neu eintretende Handlung:
Eu estudava a lição quando tu entraste.

— Geschichtliche Ereignisse:
Vasco da Gama descobriu o caminho para a Índia. (Vasco da Gama entdeckte den Seeweg nach Indien.)

b) Der Gebrauch des Perfekts

Das Perfekt bezeichnet Handlungen, die in der Vergangenheit begonnen haben und in der Gegenwart andauern:
Tenho tido muito tempo. (Ich habe viel Zeit gehabt und habe sie noch.)
Tenho trabalhado muito. (Ich habe viel gearbeitet und tue das immer noch.)

c) Der Gebrauch des Konditionals und des Plusquamperfekts siehe Seite 125 und 127.

d) Der Gebrauch des Konjunktivs

Der Konjunktiv Präsens steht nach Ausdrücken des Gefühls, des Wollens und Zweifelns, also vor allem nach folgenden Verben: *desejar* (wünschen), *pedir* (bitten), *esperar* (hoffen), *exigir* (fordern), *permitir* (erlauben), *proibir* (verbieten), *ordenar* (befehlen), *preferir* (vorziehen).
Außerdem steht der Konjunktiv nach den unpersönlichen Ausdrücken:
é necessário que (es ist nötig), *é preciso que* (es ist nötig), *é possivel que* (es ist möglich), *é conveniente que* (es ist wünschenswert), *é bom que* (es ist gut), *é melhor que* (es ist besser), *é natural que* (es ist nur natürlich, daß ...).

Die Konjunktive des Futurs bezeichnen eine künftige und ungewisse Handlung: Se quiser, podemos ir à praia (wenn Sie wollen ...). Se amanhã eu não tiver aparecido, não espere mais tempo por mim (wenn ich morgen nicht erschienen sein werde ...). Aconteça o que acontecer, não faltarei à tua festa (geschehe, was geschehen mag ...).

Sie stehen gern nach den Konjunktionen: *quando, enquanto, assim que, logo que, conforme,* wenn eine ungewisse Zukunft gemeint ist:
Quando vier, já o verá (wenn Sie kommen ...). Conforme tiverem trabalhado, assim ganharão (wie Sie gearbeitet haben, so ...). Como quiser (wie Sie wollen ...). Enquanto não estiver em casa, não podemos sair (solange er nicht zu Hause ist, ...).
Über die bereits erwähnten Fälle hinaus steht der Konjunktiv im *Wunschsatz:* valha-me Deus! (helfe mir Gott!), nach *que:* que venha a conta! (Her mit der Rechnung!), nach *oxalá:* oxalá que não chova (eigentlich: wolle Allah, daß es nicht regnet!), nach *talvez:* talvez eu possa vir amanhã (vielleicht kann ich morgen kommen); geht das Verbum voran, so steht kein Konjunktiv: É talvez ainda cedo para tomar uma decisão (es ist vielleicht noch zu früh, eine Entscheidung zu treffen).
Im Nebensatz in Relativsätzen, die *Wunsch* oder *Absicht* ausdrücken:
Preciso de uma criada que saiba cozinhar; desejo um amigo que me compreenda bem.
Konjunktiv steht immer nach *sem que* (ohne daß), *para que* (damit), *contanto que* (vorausgesetzt, daß), *suposto que* (vorausgesetzt, daß), *a não ser que* (es sei denn, daß), *ainda que, embora* (obwohl).
In irrealen Bedingungssätzen steht für die Gegenwart:
se mit dem *Konjunktiv des Imperfekts,* im Hauptsatz der Konditional oder das Imperfekt:
Se tivéssemos o dinheiro para comprar um carro novo, venderíamos (vendíamos) o carro velho.
In irrealen Bedingungssätzen der Vergangenheit:
se mit dem *Konjunktiv des Plusquamperfekts,* im Hauptsatz der Konditional II oder das Plusquamperfekt:
Se os turistas se tivessem contentado com pensões modestas, a estadia teria ficado (tinha ficado) mais em conta.

e) Zum Gebrauch des Partizips des Perfekts

— Mit *ter* und seltener *haver* als Hilfsverben verbunden, ist das Partizip des Perfekts unveränderlich:
Temos escrito muitas cartas.
Geht das Akkusativobjekt dem Verbum voraus, so kann das Partizip verändert werden:
Tenho já três cartas escritas.

— Mit den Hilfsverben *ser* und *estar* wird das Partizip des Perfekts verändert:

As paredes da casa estão pintadas de fresco. Eles foram-nos apresentados por um amigo comum.

— Das Partizip des Perfekts muß in absoluten Partizipialsätzen mit seinem Subjekt in Geschlecht und Zahl übereinstimmen:
Acabados os discursos, começou a festa. Feitos os deveres, os alunos podem ir brincar.

f) Das Passiv

Das Passiv (a voz passiva) bildet man mit den Formen von *ser* und dem *Partizip des Perfekts:*
O trabalho é feito por especialistas (por = durch, von).
Wenn der Urheber nicht besonders hervorgehoben werden soll, bevorzugt man unpersönliche Wendungen:
Na Alemanha bebe-se muita cerveja (wird viel Bier getrunken). Em Portugal importam-se muitos artigos estrangeiros (werden eingeführt).

C. Die Zeitenfolge

1. Merksatz: Wenn im Hauptsatz Präsens, Futur oder Imperativ stehen, kann im Nebensatz jede beliebige Zeit verwendet werden:
Ele pensa (pensará), que estou (estava, estive, estarei, estaria) fora da cidade.

2. Merksatz: Steht im Hauptsatz ein Tempus der Vergangenheit (Imperfekt, Historisches Perfekt, Perfekt, Plusquamperfekt, Konditional II), so folgt im Nebensatz:

das Imperfekt — bei gleichzeitiger Handlung
ele tinha a certeza de que tu estavas lá

das Plusquamperfekt — bei früheren Geschehnissen
ele tinha a certeza de que tu estiveras lá

das Konditional I — bei künftiger Handlung
ele tinha a certeza de que tu estarias lá

3. Merksatz: Für konjunktivische Nebensätze:
Steht im Hauptsatz Präsens oder Futur, so steht im Nebensatz der Konjunktiv des Präsens oder des Perfekts:
Espero (esperarei) que venhas amanhã. Espero (esperarei) que tenhas chegado bem.

4. Merksatz: Steht im Hauptsatz ein Tempus der Vergangenheit oder Konditional, so steht im Nebensatz der Konjunktiv des Imperfekts:
Ele queria que lhe emprestasse o meu livro.

V. ÜBERSICHT ÜBER DIE KONJUGATIONEN

A. Die regelmäßigen Verben[1])

1. Verben auf -ar	**-er**	**-ir**
lavar (waschen)	**vender** (verkaufen)	**unir** (vereinigen)
Präsens (Presente)		
(eu) lavo (ich wasche)	vendo (ich verkaufe)	uno (ich vereinige)
(tu) lavas	vendes	unes
(ele) lava	vende	une
(nós) lavamos	vendemos	unimos
(vós) lavais	vendeis	unis
(eles) lavam	vendem	unem
Imperfekt (Imperfeito)		
lavava (ich wusch)	vendia (ich verkaufte)	unia (ich vereinigte)
lavavas	vendias	unias
lavava	vendia	unia
lavávamos	vendíamos	uníamos
laváveis	vendíeis	uníeis
lavavam	vendiam	uniam
Historisches Perfekt (Pretérito perfeito simples)		
lavei (ich wusch)	vendi (ich verkaufte)	uni (ich vereinigte)
lavaste	vendeste	uniste
lavou	vendeu	uniu
lavámos	vendemos	unimos
lavastes	vendestes	unistes
lavaram	venderam	uniram

[1]) Die 2. Person Plural wird nur der Vollständigkeit halber aufgeführt, obwohl sie aus der Umgangssprache fast ganz verschwunden und durch *vocês* mit der 3. Person Plural ersetzt worden ist.

Plusquamperfekt (Mais-que-perfeito simples)

lavara	(ich hatte	vendera	(ich hatte	unira	(ich hatte
lavaras	gewaschen)	venderas	verkauft)	uniras	vereinigt)
lavara		vendera		unira	
laváramos		vendêramos		uníramos	
laváreis		vendêreis		uníreis	
lavaram		venderam		uniram	

Futur (Futuro I)

lavarei	(ich werde	venderei	(ich werde	unirei	(ich werde
lavarás	waschen)	venderás	verkaufen)	unirás	vereinigen)
lavará		venderá		unirá	
lavaremos		venderemos		uniremos	
lavareis		vendereis		unireis	
lavarão		venderão		unirão	

Konditional I (Condicional I)

lavaria	(ich würde	venderia	(ich würde	uniria	(ich würde
lavarias	waschen)	venderias	verkaufen)	unirias	vereinigen)
lavaria		venderia		uniria	
lavaríamos		venderíamos		uniríamos	
lavaríeis		venderíeis		uniríeis	
lavariam		venderiam		uniriam	

Imperativ (Imperativo)

lava (tu)	vende	une
lavai (vós)	vendei	uni

Konjunktiv des Präsens (Presente do conjuntivo)

lave	(ich möge	venda	(ich möge	una	(ich möge
laves	waschen)	vendas	verkaufen)	unas	vereinigen)
lave		venda		una	
lavemos		vendamos		unamos	
laveis		vendais		unais	
lavem		vendam		unam	

Konjunktiv des Imperfekts (Imperfeito do conjuntivo)

lavasse	(daß ich wüsche)	vendesse	(daß ich	unisse	(daß ich
lavasses		vendesses	verkaufte)	unisses	vereinigte)
lavasse		vendesse		unisse	

lavássemos	vendêssemos	uníssemos
lavásseis	vendêsseis	unísseis
lavassem	vendessem	unissem

Konjunktiv des Futurs (Futuro do conjuntivo)

lavar	vender	unir
lavares	venderes	unires
lavar	vender	unir
lavarmos	vendermos	unirmos
lavardes	venderdes	unirdes
lavarem	venderem	unirem

Persönlicher Infinitiv (Infinito pessoal)

Der persönliche Infinitiv der regelmäßigen Verben gleicht dem Futuro do conjuntivo.

Gerundium (Gerúndio)

lavando (waschend)	vendendo (verkaufend)	unindo (vereinigend)

Partizip des Perfekts (Particípio perfeito)

lavado (gewaschen)	vendido (verkauft)	unido (vereinigt)

Die zusammengesetzten Zeiten (Os tempos compostos)

Perfekt (Pret. Perf. composto)

tenho (*od:* hei) lavado, vendido, unido (ich habe gewaschen usw.)
tens
tem
temos
tendes
têm

Plusquamperfekt II (Mais-que-perfeito composto)

tinha (*od:* havia) lavado, vendido, unido (ich hatte gewaschen usw.)
tinhas
tinha
tínhamos
tínheis
tinham

Futuro II (Futuro perfeito)

terei (*od:* haverei) lavado, vendido, unido (ich werde gewaschen usw. haben)
terás
terá
teremos
tereis
terão

Persönlicher Infinitiv II (Infinito pessoal composto)

ter (*od:* haver) lavado, vendido, unido usw. (gewaschen usw. haben)
teres
ter
termos
terdes
terem

Konjunktiv des Perfekts (Conjuntivo do pretérito perf. composto)

tenha (*od:* haja) lavado, vendido, unido (ich möge gewaschen usw. haben)
tenhas
tenha
tenhamos
tenhais
tenham

Konjunktiv des Plusquamperfekts II (Conjuntivo do mais-que-perfeito composto)

tivesse (*od:* houvesse) lavado, vendido, unido (ich hätte gewaschen usw.)
tivesses
tivesse
tivéssemos
tivésseis
tivessem

Konjunktiv des Futur II (Conjuntivo do futuro perfeito)

tiver (*od:* houver) lavado, vendido, unido
tiveres
tiver
tivermos
tiverdes
tiverem

Konditional II (Condicional perfeito)

teria (*od:* haveria) lavado, vendido, unido (ich würde gewaschen usw. haben)
terias
teria
teríamos
teríeis
teriam

2. Konjugation der Hilfsverben

Präsens

ter	haver	ser	estar
tenho (ich habe)	hei	sou (ich bin)	estou
tens	hás	és	estás
tem	há	é	está
temos	havemos	somos	estamos
tendes	haveis	sois	estais
têm	hão	são	estão

Imperfekt

tinha (ich hatte)	havia	era (ich war)	estava
tinhas	havias	eras	estavas
tinha	havia	era	estava
tínhamos	havíamos	éramos	estávamos
tínheis	havíeis	éreis	estáveis
tinham	haviam	eram	estavam

Historisches Perfekt

tive (ich hatte)	houve	fui (ich war)	estive
tiveste	houveste	foste	estiveste
teve	houve	foi	esteve
tivemos	houvemos	fomos	estivemos
tivestes	houvestes	fostes	estivestes
tiveram	houveram	foram	estiveram

Plusquamperfekt

tivera (ich hatte	houvera	fora (ich war	estivera
tiveras gehabt)	houveras	foras gewesen)	estiveras
tivera	houvera	fora	estivera

tivéramos	houvéramos	fôramos	estivéramos
tivéreis	houvéreis	fôreis	estivéreis
tiveram	houveram	foram	estiveram

Futur I

terei (ich werde	haverei	serei (ich werde	estarei
terás haben)	haverás	serás sein)	estarás
terá	haverá	será	estará
teremos	haveremos	seremos	estaremos
tereis	havereis	sereis	estareis
terão	haverão	serão	estarão

Konditional I

teria (ich würde	haveria	seria (ich würde	estaria
terias haben)	haverias	serias sein)	estarias
teria	haveria	seria	estaria
teríamos	haveríamos	seríamos	estaríamos
teríeis	haveríeis	seríeis	estaríeis
teriam	haveriam	seriam	estariam

Imperativ

tem	há	sê	está
tende	havei	sede	estai

Konjunktiv des Präsens

tenha (ich möge	haja	seja (ich möge	esteja
tenhas haben)	hajas	sejas sein)	estejas
tenha	haja	seja	esteja
tenhamos	hajamos	sejamos	estejamos
tenhais	hajais	sejais	estejais
tenham	hajam	sejam	estejam

Konjunktiv des Imperfekts

tivesse (ich hätte)	houvesse	fosse (ich wäre)	estivesse
tivesses	houvesses	fosses	estivesses
tivesse	houvesse	fosse	estivesse
tivéssemos	houvéssemos	fôssemos	estivéssemos
tivésseis	houvésseis	fôsseis	estivésseis
tivessem	houvessem	fossem	estivessem

Konjunktiv des Futurs

tiver	houver	for	estiver
tiveres	houveres	fores	estiveres
tiver	houver	for	estiver
tivermos	houvermos	formos	estivermos
tiverdes	houverdes	fordes	estiverdes
tiverem	houverem	forem	estiverem

Persönlicher Infinitiv

ter	haver	ser	estar
teres	haveres	seres	estares
ter	haver	ser	estar
termos	havermos	sermos	estarmos
terdes	haverdes	serdes	estardes
terem	haverem	serem	estarem

Gerundium

tendo (habend)	havendo	sendo (seiend)	estando

Partizip Perfekt

tido (gehabt)	havido	sido (gewesen)	estado

3. Das Passiv (A voz passiva)

ser lavado (a), vendido (a), unido (a) gewaschen, verkauft, vereinigt werden

Präsens

sou lavado, vendido, unido (lavada, vendida, unida)

Imperfekt

era lavado, vendido, unido (lavada, vendida, unida)

Historisches Perfekt

fui lavado (a), vendido (a), unido (a)

Plusquamperfekt I

fora lavado (a), vendido (a), unido (a)

Futur I

serei lavado (a), vendido (a), unido (a)

Konditional I

seria lavado (a), vendido (a), unido (a)

Konjunktiv Präsens

seja lavado (a), vendido (a), unido (a)

Konjunktiv des Imperfekts

fosse lavado (a), vendido (a), unido (a)

Persönlicher Infinitiv

ser lavado (a), vendido (a), unido (a)

Imperativ

sê lavado (a), vendido (a), unido (a)
sede lavados (lavadas), vendidos (vendidas), unidos (unidas)

Entsprechend die zusammengesetzten Zeiten

ter sido lavado, vendido, unido (gewaschen, verkauft, vereinigt worden sein)

Perfekt

tenho sido lavado, vendido, unido usw.

4. Die reflexiven Verben (Os verbos reflexos)

Merken Sie: Durch Anhängung der Personalpronomen wird die Betonung des Verbums nicht verändert. Hinsichtlich der Stellung des Reflexivpronomens vor oder nach dem Verb siehe S. 171/2.

lavar-se (sich waschen)

Präsens	lavo-me	(ich wasche mich)
	lavas-te	
	lava-se	
	lavamo-nos	
	lavais-vos	
	lavam-se	
Imperfekt	lavava-me	(ich wusch mich)
	lavavas-te	
	lavava-se	
	lavávamo-nos	
	laváveis-vos	
	lavavam-se	

Historisches Perfekt	lavei-me	(ich wusch mich)
	lavaste-te	
	lavou-se	
	lavámo-nos	
	lavastes-vos	
	lavaram-se	
Plusquamperfekt I	lavara-me	(ich hatte mich gewaschen)
	lavaras-te	
	lavara-se	
	laváramo-nos	
	laváreis-vos	
	lavaram-se	
Futur I	lavar-me-ei	(ich werde mich waschen)
	lavar-te-ás	
	lavar-se-á	
	lavar-nos-emos	
	lavar-vos-eis	
	lavar-se-ão	
Konditional I	lavar-me-ia	(ich würde mich waschen)
	lavar-te-ias	
	lavar-se-ia	
	lavar-nos-íamos	
	lavar-vos-íeis	
	lavar-se-iam	
Imperativ	lava-te!	
	lavai-vos!	
Konjunktiv des Präsens	que eu me lave	(daß ich mich wasche)
	que tu te laves	
	que ele se lave	
	que nós nos lavemos	
	que vós vos laveis	
	que eles se lavem	
Konjunktiv des Imperfekts	que eu me lavasse	(daß ich mich wüsche)
	que tu te lavasses	
	que ele se lavasse	
	que nós nos lavássemos	
	que vós vos lavásseis	
	que eles se lavassem	

Konjunktiv des Futurs	se eu me lavar	(wenn ich mich waschen werde)
	se tu te lavares	
	se ele se lavar	
	se nós nos lavarmos	
	se vós vos lavardes	
	se eles se lavarem	
Persönlicher Infinitiv	lavar-me	
	lavares-te	
	lavar-se	
	lavarmo-nos	
	lavardes-vos	
	lavarem-se	
Gerundium	lavando-se	

Zusammengesetzte Zeiten

	ter-se lavado	(sich gewaschen haben)
Perfekt	tenho-me lavado	(ich habe mich gewaschen)
	usw.	
	temo-nos lavado	
	usw.	
Plusquamperfekt II	tinha-me lavado	(ich hatte mich gewaschen)
	usw.	
	tínhamo-nos lavado	
	usw.	
Futur II	ter-me-ei lavado	(ich werde mich gewaschen haben)
	ter-te-ás	
	ter-se-á	
	ter-nos-emos	
	ter-vos-eis	
	ter-se-ão	
Konditional II	ter-me-ia lavado	(ich würde mich gewaschen haben)
	ter-te-ias	
	ter-se-ia	
	ter-nos-íamos	
	ter-vos-íeis	
	ter-se-iam	

Konjunktiv des Präsens	que eu me tenha lavado usw.	(daß ich mich gewaschen haben möge)
	que nós nos tenhamos lavado usw.	
Konjunktiv des Imperfekts	que eu me tivesse lavado usw.	(daß ich mich gewaschen hätte)
	que nós nos tivéssemos lavado usw.	
Konjunktiv des Futurs	se eu me tiver lavado usw.	(wenn ich mich gewaschen haben werde)
Persönlicher Infinitiv	ter-me lavado usw.	
	termo-nos lavado usw.	

5. Pronominale Konjugation (A conjugação pronominal)
Hinsichtlich der Regeln für die verbundenen Personalpronomen vergleiche S. 170!

transportá-lo (es transportieren)

Präsens	transporto-o	(ich transportiere es)
	transporta-lo	
	transporta-o	
	transportamo-lo	
	transportai-lo	
	transportam-no	
Imperfekt	transportava-o	(ich transportierte es)
	transportava-lo	
	transportava-o	
	transportávamo-lo	
	transportávei-lo	
	transportavam-no	
Historisches Perfekt	transportei-o	(ich transportierte es)
	transportaste-o	
	transportou-o	
	transportámo-lo	
	transportaste-lo	
	transportaram-no	

Plusquamperfekt I	transportara-o	(ich hatte es transportiert)
	usw.	
Futur I	transportá-lo-ei	(ich werde es transportieren)
	transportá-lo-ás	
	transportá-lo-á	
	transportá-lo-emos	
	transportá-lo-eis	
	transportá-lo-ão	
Konditional I	transportá-lo-ia	(ich würde es transportieren)
	usw.	
Konjunktiv des Präsens	que eu o transporte	(daß ich es transportiere)
	que tu o transportes	
	que ele o transporte	
	que nós o transportemos	
	que vós o transporteis	
	que eles o transportem	
Konjunktiv des Imperfekts	que eu o transportasse	(daß ich es transportierte)
	que tu o transportasses	
	que ele o transportasse	
	que nós o transportássemos	
	que vós o transportásseis	
	que eles o transportassem	
Konjunktiv des Futurs	se eu o transportar	(wenn ich es transportieren
	se tu o transportares	werde)
	usw.	
Persönlicher Infinitiv	transportá-lo	
	transportare-lo	
	transportá-lo	
	transportarmo-lo	
	transportarde-lo	
	transportarem-no	

B. Die unregelmäßigen Verben

Merken Sie: Wie bei den Hilfsverben estar, ter und haver ist auch bei den unregelmäßigen Verben das betonte e der Perfekt- oder Plusquamperfektendungen offen.

Caber (enthalten sein, fassen, zufallen).

Indikativ

Präsens: caibo, cabes, cabe, cabemos, cabeis, cabem
Imperfekt: cabia, cabias, cabia, cabíamos, cabíeis, cabiam
Hist. Perf.: coube, coubeste, coube, coubemos, coubestes, couberam
Plusquamperfekt I: coubera, couberas, coubera, coubéramos, coubéreis, couberam
Futur I: caberei, caberás, caberá, caberemos, cabereis, caberão
Konditional I: caberia, caberias, caberia, caberíamos, caberíeis, caberiam

Konjunktiv

Präsens: caiba, caibas, caiba, caibamos, caibais, caibam
Imperfekt: coubesse, coubesses, coubesse, coubéssemos, coubésseis, coubessem
Futur: couber, couberes, couber, coubermos, couberdes, couberem
Persönl. Infinitiv: caber, caberes, caber, cabermos, caberdes, caberem
Gerundium: cabendo
Partizip Perfekt: cabido

Crer (glauben)

Indikativ

Präsens: creio, crês, crê, cremos, credes, crêem
Imperfekt: cria, crias, cria, críamos, críeis, criam
Hist. Perfekt: cri, creste, creu, cremos, crestes, creram
Plusquamperfekt I: crera, creras, crera, crêramos, crêreis, creram
Futur I: crerei, crerás, crerá, creremos, crereis, crerão
Konditional I: creria, crerias, creria, creríamos, creríeis, creriam
Imperativ: crê, crede

Konjunktiv

Präsens: creia, creias, creia, creamos, creais, creiam
Imperfekt: cresse, cresses, cresse, crêssemos, crêsseis, cressem
Futur: crer, creres, crer, crermos, crerdes, crerem
Persönl. Infinitiv: crer, creres, crer, crermos, crerdes, crerem
Gerundium: crendo
Partizip Perfekt: crido

Dar (geben)

Indikativ

Präsens: dou, dás, dá, damos, dais, dão
Imperfekt: dava, davas, dava, dávamos, dáveis, davam
Hist. Perfekt: dei, deste, deu, demos, destes, deram
Plusquamperfekt: dera, deras, dera, déramos, déreis, deram
Futur I: darei, darás, dará, daremos, dareis, darão
Konditional I: daria, darias, daria, daríamos, daríeis, dariam
Imperativ: dá, dai

Konjunktiv

Präsens: dê, dês, dê, dêmos, deis, dêem
Imperfekt: desse, desses, desse, déssemos, désseis, dessem
Futur: der, deres, der, dermos, derdes, derem
Persönl. Infinitiv: dar, dares, dar, darmos, dardes, darem
Gerundium: dando
Partizip Perfekt: dado

Dizer (sagen)

Indikativ

Präsens: digo, dizes, diz, dizemos, dizeis, dizem
Imperfekt: dizia, dizias, dizia, dizíamos, dizíeis, diziam
Hist. Perfekt: disse, disseste, disse, dissemos, dissestes, disseram
Plusquamperfekt I: dissera, disseras, dissera, disséramos, disséreis, disseram
Futur I: direi, dirás, dirá, diremos, direis, dirão
Konditional I: diria, dirias, diria, diríamos, diríeis, diriam
Imperativ: diz, dizei

Konjunktiv

Präsens: diga, digas, diga, digamos, digais, digam
Imperfekt: dissesse, dissesses, dissesse, disséssemos, dissésseis, dissessem
Futur: disser, disseres, disser, dissermos, disserdes, disserem
Persönl. Infinitiv: dizer, dizeres, dizer, dizermos, dizerdes, dizerem
Gerundium: dizendo
Partizip Perfekt: dito

Fazer (tun, machen)

Indikativ

Präsens: faço, fazes, faz, fazemos, fazeis, fazem
Imperfekt: fazia, fazias, fazia, fazíamos, fazíeis, faziam
Hist. Perfekt: fiz, fizeste, fez, fizemos, fizestes, fizeram
Plusquamperfekt: fizera, fizeras, fizera, fizéramos, fizéreis, fizeram
Futur I: farei, farás, fará, faremos, fareis, farão
Konditional I: faria, farias, faria, faríamos, faríeis, fariam
Imperativ: faze ou faz, fazei

Konjunktiv

Präsens: faça, faças, faça, façamos, façais, façam
Imperfekt: fizesse, fizesses, fizesse, fizéssemos, fizésseis, fizessem
Futur: fizer, fizeres, fizer, fizermos, fizerdes, fizerem
Persönl. Infinitiv: fazer, fazeres, fazer, fazermos, fazerdes, fazerem
Gerundium: fazendo
Partizip Perfekt: feito

Ir (gehen)

Indikativ

Präsens: vou, vais, vai, vamos, ides, vão
Imperfekt: ia, ias, ia, íamos, íeis, iam
Hist. Perfekt: fui, foste, foi, fomos, fostes, foram
Plusquamperfekt: fora, foras, fora, fôramos, fôreis, foram
Futur I: irei, irás, irá, iremos, ireis, irão
Konditional I: iria, irias, iria, iríamos, iríeis, iriam
Imperativ: vai, ide

Konjunktiv

Präsens: vá, vás, vá, vamos, vades, vão
Imperfekt: fosse, fosses, fosse, fôssemos, fôsseis, fossem
Futur: for, fores, for, formos, fordes, forem
Pers. Infinitiv: ir, ires, ir, irmos, irdes, irem
Gerundium: indo
Partizip Perfekt: ido

Ler (lesen)

Indikativ

Präsens: leio, lês, lê, lemos, ledes, lêem
Imperfekt: lia, lias, lia, líamos, líeis, liam
Hist. Perfekt: li, leste, leu, lemos, lestes, leram
Plusquamperfekt I: lera, leras, lera, lêramos, lêreis, leram
Futur I: lerei, lerás, lerá, leremos, lereis, lerão
Konditional I: leria, lerias, leria, leríamos, leríeis, leriam
Imperativ: lê, lede

Konjunktiv

Präsens: leia, leias, leia, leamos, leais, leiam
Imperfekt: lesse, lesses, lesse, lêssemos, lêsseis, lessem
Futur: ler, leres, ler, lermos, lerdes, lerem
Pers. Infinitiv: ler, leres, ler, lermos, lerdes, lerem
Gerundium: lendo
Partizip Perfekt: lido

Poder (können, dürfen)

Indikativ

Präsens: posso, podes, pode, podemos, podeis, podem
Imperfekt: podia, podias, podia, podíamos, podíeis, podiam
Hist. Perfekt: pude, pudeste, pôde, pudemos, pudestes, puderam
Plusquamperfekt I: pudera, puderas, pudera, pudéramos, pudéreis, puderam
Futur I: poderei, poderás, poderá, poderemos, podereis, poderão
Konditional I: poderia, poderias, poderia, poderíamos, poderíeis, poderiam

Konjunktiv

Präsens: possa, possas, possa, possamos, possais, possam
Imperfekt: pudesse, pudesses, pudesse, pudéssemos, pudésseis, pudessem
Futur: puder, puderes, puder, pudermos, puderdes, puderem
Pers. Infinitiv: poder, poderes, poder, podermos, poderdes, poderem
Gerundium: podendo
Partizip Perfekt: podido

Pôr (stellen, legen, setzen)

Indikativ

Präsens: ponho, pões, põe, pomos, pondes, põem
Imperfekt: punha, punhas, punha, púnhamos, púnheis, punham
Hist. Perfekt: pus, puseste, pôs, pusemos, pusestes, puseram
Plusquamperfekt I: pusera, puseras, pusera, puséramos, puséreis, puseram
Futur: porei, porás, porá, poremos, poreis, porão
Konditional I: poria, porias, poria, poríamos, poríeis, poriam
Imperativ: põe, ponde

Konjunktiv

Präsens: ponha, ponhas, ponha, ponhamos, ponhais, ponham
Imperfekt: pusesse, pusesses, pusesse, puséssemos, pusésseis, pusessem
Futur: puser, puseres, puser, pusermos, puserdes, puserem
Pers. Infinitiv: pôr, pores, pôr, pormos, pordes, porem
Gerundium: pondo
Partizip Perfekt: posto

Prazer (gefallen) (nur in der 3. Person üblich)

Indikativ

Präsens: praz, prazem
Imperfekt: prazia, praziam
Hist. Perfekt: prouve, prouveram
Plusquamperfekt: prouvera, prouveram
Futur I: prazerá, prazerão
Konditional I: prazeria, prazeriam

Konjunktiv

Präsens: praza, prazam
Gerundium: prazendo
Partizip Perfekt: prazido

Querer (wollen, lieben)

Indikativ

Präsens: quero, queres, quer(e), queremos, quereis, querem
Imperfekt: queria, querias, queria, queríamos, queríeis, queriam
Hist. Perfekt: quis, quiseste, quis, quisemos, quisestes, quiseram
Plusquamperfekt I: quisera, quiseras, quisera, quiséramos, quiséreis, quiseram
Futur I: quererei, quererás, quererá, quereremos, querereis, quererão
Konditional I: quereria, quererias, quereria, quereríamos, quereríeis, quereriam

Konjunktiv

Präsens: queira, queiras, queira, queiramos, queirais, queiram
Imperfekt: quisesse, quisesses, quisesse, quiséssemos, quisésseis, quisessem
Futur: quiser, quiseres, quiser, quisermos, quiserdes, quiserem
Pers. Infinitiv: querer, quereres, querer, querermos, quererdes, quererem
Gerundium: querendo
Partizip Perfekt: querido

Rir (lachen)

Indikativ

Präsens: rio, ris, ri, rimos, rides, riem
Imperfekt: ria, rias, ria, ríamos, ríeis, riam
Hist. Perfekt: ri, riste, riu, rimos, ristes, riram
Plusquamperfekt I: rira, riras, rira, ríramos, ríreis, riram
Futur I: rirei, rirás, rirá, riremos, rireis, rirão
Konditional I: riria, ririas, riria, riríamos, riríeis, ririam
Imperativ: ri, ride

Konjunktiv

Präsens: ria, rias, ria, riamos, riais, riam
Imperfekt: risse, risses, risse, ríssemos, rísseis, rissem
Futur: rir, rires, rir, rirmos, rirdes, rirem
Pers. Infinitiv: rir, rires, rir, rirmos, rirdes, rirem
Gerundium: rindo
Partizip Perfekt: rido

Saber (wissen, können, schmecken)

Indikativ

Präsens: sei, sabes, sabe, sabemos, sabeis, sabem
Imperfekt: sabia, sabias, sabia, sabíamos, sabíeis, sabiam
Hist. Perfekt: soube, soubeste, soube, soubemos, soubestes, souberam
Plusquamperfekt I: soubera, souberas, soubera, soubéramos, soubéreis, souberam
Futur I: saberei, saberás, saberá, saberemos, sabereis, saberão
Konditional I: saberia, saberias, saberia, saberíamos, saberíeis, saberiam
Imperativ: sabe, sabei

Konjunktiv

Präsens: saiba, saibas, saiba, saibamos, saibais, saibam
Imperfekt: soubesse, soubesses, soubesse, soubéssemos, soubésseis, soubessem
Futur: souber, souberes, souber, soubermos, souberdes, souberem
Pers. Infinitiv: saber, saberes, saber, sabermos, saberdes, saberem
Gerundium: sabendo
Partizip Perfekt: sabido

Trazer (herbringen)

Indikativ

Präsens: trago, trazes, traz, trazemos, trazeis, trazem
Imperfekt: trazia, trazias, trazia, trazíamos, trazíeis, traziam
Hist. Perfekt: trouxe, trouxeste, trouxe, trouxemos, trouxestes, trouxeram (x = ss)
Plusquamperfekt I: trouxera, trouxeras, trouxera, trouxéramos, trouxéreis, trouxeram
Futur I: trarei, trarás, trará, traremos, trareis, trarão
Konditional I: traria, trarias, traria, traríamos, traríeis, trariam
Imperativ: traze ou traz, trazei

Konjunktiv

Präsens: traga, tragas, traga, tragamos, tragais, tragam
Imperfekt: trouxesse, trouxesses, trouxesse, trouxéssemos, trouxésseis, trouxessem
Futur: trouxer, trouxeres, trouxer, trouxermos, trouxerdes, trouxerem
Pers. Infinitiv: trazer, trazeres, trazer, trazermos, trazerdes, trazerem
Gerundium: trazendo
Partizip Perfekt: trazido

Ver (sehen) **vir** (kommen)

Indikativ des Präsens

vejo (ich sehe)	vemos	venho (ich komme)	vimos
vês	vedes	vens	vindes
vê	vêem	vem	vêm

Konjunktiv des Präsens

veja	vejamos	venha	venhamos
vejas	vejais	venhas	venhais
veja	vejam	venha	venham

Imperfekt

via	víamos	vinha	vínhamos
vias	víeis	vinhas	vínheis
via	viam	vinha	vinham

Konjunktiv des Imperfekts

visse	víssemos	viesse	viéssemos
visses	vísseis	viesses	viésseis
visse	vissem	viesse	viessem

Historisches Perfekt

vi	vimos	vim	viemos
viste	vistes	vieste	viestes
viu	viram	veio	vieram

Plusquamperfekt I

vira	víramos	viera	viéramos
viras	víreis	vieras	viéreis
vira	viram	viera	vieram

Futur I

verei	veremos	virei	viremos
verás	vereis	virás	vireis
verá	verão	virá	virão

Konditional I

veria	veríamos	viria	viríamos
verias	veríeis	virias	viríeis
veria	veriam	viria	viriam

Konjunktiv des Futurs

vir	virmos	vier	viermos
vires	virdes	vieres	vierdes
vir	virem	vier	vierem

Persönlicher Infinitiv

ver	vermos	vir	virmos
veres	verdes	vires	virdes
ver	verem	vir	virem

Imperativ

vê	vem
vede	vinde

Gerundium

vendo	vindo

Partizip Perfekt

visto	vindo

Nur unregelmäßig in der **1. Person Präsens Indikativ,** im **Konjunktiv des Präsens** und den **Pluralformen des verneinten Imperativs** sind folgende Verben und ihre Komposita:

	Präsens Indikativ	*Konjunktiv des Präsens*
ferir (schlagen, verwunden)	firo, feres, fere ferimos, feris, ferem	fira, firas, fira firamos, firais, firam
medir (messen)	meço, medes, mede medimos, medis, medem	meça, meças, meça meçamos, meçais, meçam
ouvir (hören)	ouço, (oiço), ouves, ouve ouvimos, ouvis, ouvem	ouça, (oiça), ouças, ouça ouçamos, ouçais, ouçam
pedir (bitten, verlangen)	peço, pedes, pede pedimos, pedis, pedem	peça, peças, peça peçamos, peçais, peçam
perder (verlieren)	perco, perdes, perde perdemos, perdeis, perdem	perca, percas, perca percamos, percais, percam
seguir (folgen)	sigo, segues, segue seguimos, seguis, seguem	siga, sigas, siga sigamos, sigais, sigam
servir (dienen)	sirvo, serves, serve servimos, servis, servem	sirva, sirvas, sirva sirvamos, sirvais, sirvam
valer (gelten)	valho, vales, vale valemos, valeis, valem	valha, valhas, valha valhamos, valhais, valham
vestir (kleiden)	visto, vestes, veste vestimos, vestis, vestem	vista, vistas, vista vistamos, vistais, vistam

VI. DAS ADVERB

A. Allgemeines

1. Die Adverbien der Art und Weise werden gebildet, indem man an die weibliche Form des Adjektivs die Endung -mente anhängt: alt**o** = alt**amente.** Hat das Adjektiv nur eine Endung, so wird -mente an diese angehängt: simpl**es** = simpl**esmente.**
2. Weist die weibliche Form des Adjektivs eine Tilde auf, so wird diese beim Adverb beibehalten: cristi**ãmente** (auf christliche Weise).
3. Adjektive der Nationalität bilden das Adverb von der männlichen Form: **francês = francêsmente, português = portuguêsmente.**

4. Bei Verdoppelung von Adverbien erhält nur das letzte die Endung -mente: firme e calma**mente,** directa ou indirecta**mente.**
5. In einigen Fällen wird das männliche Adjektiv selber zum Adverb, so in den stehenden Wendungen: falar **alto,** falar **baixo,** gostar **imenso,** vender **caro.**
6. Sonderformen der Adverbien der Art und Weise:
bom = **bem,** mau = **mal,** cheio = **plenamente.**
7. Einige Adverbien können wie die Adjektive gesteigert werden: Devemos tratá-lo **o mais dignamente** possível (wir müssen ihn so würdig wie möglich behandeln).
bem steigert **melhor** (besser); mal steigert **pior** (schlechter).
Diese beiden Komparative werden vor Partizipien nicht verwandt: Este prédio parece **mais bem** construído do que o outro (dieses Haus scheint besser gebaut zu sein als das andere).
8. Einige Adverbien kontrahieren mit der Präposition **de: daí** (von hier), **dali** (von dort), **daqui** (von hier), **donde** (woher).

B. Die wichtigsten Adverbien

1. Adverbien der Art und Weise

de cor (kɔr) (auswendig), *de facto* (in der Tat), *em vão* (vergeblich), *de repente* (plötzlich,) *a sós* (allein), *de súbito* (plötzlich), *de bom grado* (gern), *de mau grado* (ungern), *de joelhos* (auf den Knien), *de pé* (stehend), *às escondidas* (heimlich), *às cegas* (blindlings), *às escuras* (im Dunkeln), *ao de leve* (leichthin), *à antiga* (auf alte Weise), *à vontade* (nach Belieben), *em geral* (im allgemeinen), *à moda* (nach der Mode), *a torto e a direito* (kreuz und quer), *a trouxe-mouxe* (kreuz und quer, durcheinander); *no fim de contas*, *afinal* (letzten Endes), *ainda assim*, *mesmo assim* (selbst so), *em resumo* (kurz und gut); *aliás* (im übrigen), *assim* (so), *depressa* (rasch), *devagar* (langsam); *de propósito* (absichtlich), *até* (sogar), *de mais* (zuviel), *de menos* (zu wenig).

2. Adverbien der Zeit

hoje (heute), *amanhã* (morgen), *ontem* (gestern), *anteontem* (vorgestern), *agora* (jetzt), *já* (schon), *ora* (jetzt), *nunca* (niemals), *sempre* (immer), *cedo* (früh), *tarde* (spät), *então* (dann), *depois* (später), *jamais* (jemals), *ainda* (noch), *logo* (gleich), *entretanto* (unterdessen), *quando* (als), *outrora* (einstmals); *depois de amanhã* (übermorgen), *por enquanto* (im Augenblick); *por agora* (im Augenblick); *de vez em quando* (zuweilen), *às vezes* (zuweilen), *amiúde* (häufig), *hoje em dia* (heutzutage), *quanto antes* (so früh wie möglich), *daqui a pouco* (binnen kurzem); *daqui em diante* (von nun an) etc.

3. Adverbien des Ortes

aqui (hier), *cá* (hier), *lá, aí* (dort, beim Sprechenden), *ali* (dort, bei einem Dritten), *acolá* (dort drüben), *dentro* (innerhalb), *fora* (außerhalb), *atrás, detrás* (hinten), *perto* (nahe), *onde* (wo), *donde* (woher), *aonde* (wohin), *nenhures* (nirgendwo), *em parte alguma* (nirgendwo), *para trás* (rückwärts); *ao pé* (nebenan), *longe* (weit); *em frente* (gegenüber), *ao lado* (nebenan).

4. Adverbien der Menge

muito (sehr), *pouco* (wenig), *nada* (nichts), *mais* (mehr), *menos* (weniger), *bastante* (genug); *assaz* (hinreichend), *apenas* (nur), *mal* (kaum), *tão* (so), *tanto* (soviel); *quanto* (wieviel); *quase* (fast), *mesmo* (sogar), *algo* (etwas), *de mais* (zu viel); (stets hinter dem Substantiv), *ao todo* (insgesamt), *a meias* (halb), *nem tão-pouco* (auch nicht), *tão-só* (einzig und allein), *ao menos* (wenigstens), *pelo menos* (mindestens).

5. Adverbien der Ordnung

primeiro (erstens), *segundo* (zweitens), usw., *sucessivamente* (aufeinanderfolgend), *em primeiro lugar* (erstens), *em segundo lugar* (zweitens) usw.

6. Adverbien der Bejahung

sim (ja), *decerto* (gewiß), *certamente* (gewiß); *realmente* (wirklich); *também* (auch), *sem dúvida* (ohne Zweifel); *com certeza* (ganz gewiß), *possivelmente* (möglicherweise); *provavelmente* (wahrscheinlich), *pois não* (nun gewiß). (Não quer vir comigo? Pois não! gewiß!)

7. Adverbien der Verneinung

não (nein), *nunca* (niemals), *jamais* (jemals), *nunca mais* (nie wieder); *de modo algum* (keineswegs), *de nenhuma maneira* (keineswegs), *antes pelo contrário* (ganz im Gegenteil), *nem sequer* (nicht einmal), *quiçá*, *quem sabe* (vielleicht).

8. Adverbien des Zweifels

talvez (vielleicht); *porventura* (vielleicht).

9. Adverb des Hinweises

Aqui tem o seu dinheiro (hier haben Sie Ihr Geld), in der Schriftsprache: *eis* (da ist ...), *aqui está* oder *eis* o livro (da ist das Buch).

10. Adverbien der Ausschließung

só (nur), *somente* (lediglich), *apenas* (nur), *unicamente* (einzig), *senão* (außer, wenn nicht).

11. Besonderheiten

sempre (immer) kann die Bedeutung von **realmente** annehmen: Sempre queres comprar o carro? (willst du wirklich den Wagen kaufen?); **depois** (darauf) kann den Sinn von **além disso** annehmen: Não saímos da cidade, estávamos cansados, depois fazia muito calor (wir gingen nicht aus der Stadt heraus, ... außerdem war es sehr heiß); **cá** und **lá** werden oftmals als bloße Füllwörter verwandt: ouve cá ... (hör mal her), cá por mim não vejo dificuldades (was mich angeht ...); ela lá sabe o que quer (sie weiß ja selbst kaum, was sie will); sei lá (ich weiß es nicht genau); diga lá (sagen Sie mal)

acolá (dort drüben) wird verwandt, wenn verschiedene entfernte Gegenstände gemeint sind: **ali** fica o município, **acolá** o teatro (dort liegt das Rathaus, dort drüben das Theater)

além (jenseits) nimmt, gefolgt von **de,** die Bedeutung von **außer** an.

mais folgt unmittelbar dem Verb: Não quer **ficar mais** algumas semanas? (Wollen Sie nicht weitere Wochen bleiben?)

de mais wird immer nachgestellt: É tarde **de mais** para pensarmos nisso (es ist zu spät, um daran zu denken)

apenas (nur) erscheint weit häufiger als **somente:** Neste colégio andam **apenas** rapazes (in diese Schule gehen nur Jungen)

também não (auch nicht): Não compro bilhetes. E tu? —**Também não.** (Ich kaufe keine Karten. Und du? — Ich auch nicht.)

tão-pouco (nicht einmal): **Tão-pouco** há vinho. (Es gibt auch keinen Wein)

In der Umgangssprache sind die Redensarten **pois sim, pois não** sehr häufig: Que bonito é este chapéu! — **Pois é.** — Amanhã vamos para Cascais. — **Pois sim** (pois claro).

VII. DIE PRONOMINA

A. Das Possessivpronomen

Singular

Mask.	Fem.
meu (mein)	**minha** (meine)
teu (dein)	**tua** (deine)
seu (sein, Ihr)	**sua** (seine, Ihre)
nosso (unser)	**nossa** (unsere)
vosso (euer)	**vossa** (eure)
seu (ihr, Ihr)	**sua** (ihr, Ihr)

Plural

Mask.	Fem.
meus	**minhas**
teus	**tuas**
seus	**suas**
nossos	**nossas**
vossos	**vossas**
seus	**suas**

Da das Possessivpronomen der 3. Person (seu, sua) Anlaß zu Verwechslungen geben könnte, verwendet man hierbei häufig die genauer bestimmenden Formen **dele** (von ihm), **dela** (von ihr), also z. B.: isto é o livro **dele** (das ist sein Buch). **De você** não li nada (von Ihnen habe ich nichts gelesen.)
Ohne Artikel erscheint das Possessivpronomen auch bei tadelnder oder scherzhafter Anrede: seu malandro! Sie Schlingel! Meu bem – (mein Liebling).
Feststehende Ausdrücke: ele tem muito de seu (er ist sehr reich), ela fez uma das suas (sie leistete sich einen ihrer Streiche), os meus (meine Familienangehörigen).

Stellung des Possessivpronomens

Im Portugiesischen wird das Possessivpronomen vorangestellt: o seu carro. Es **kann** nachgestellt werden, wenn das Substantiv mit einem unbestimmten Artikel oder Demonstrativpronomen verbunden ist: é um colega meu (oder: é um meu colega); aqueles amigos seus são muito amáveis (oder: aqueles seus amigos são muito amáveis).

B. Das Relativpronomen

Veränderliche Formen

Singular

	cujo	dessen		**cuja**	deren
Mask.	**quanto**	wieviel	Fem.	**quanta**	
	o qual	welcher		**a qual**	welche

Plural

Mask.	**cujos** **quantos** **os quais**	deren wieviele welche	Fem.	**cujas** **quantas** **as quais**

Unveränderliche Formen

que	der, die, das;
quem	welcher, welche, welches

Gebrauch des Relativpronomens

1. **que** bezieht sich auf Personen und Sachen, Nominativ und Akkusativ, Singular und Plural:
   As cidades **que** eu conheço (die Städte, die ich kenne)
   O professor **que** me ensina (der Lehrer, der mich unterrichtet)
   O aluno **que** está sentado á mesa ...
   wird gern zu Beginn einzelner Abschnitte wiederholt:
   o quadro **que** eu pintei e **que** mostrei aos meus amigos
   (Das Gemälde, das ich gemalt und meinen Freunden gezeigt habe)

2. **qual** wird auf Personen und Sachen angewandt und mit Präpositionen verbunden. Der bestimmte Artikel darf nicht fehlen:
   (**o** qual, **a** qual, **os** quais, **as** quais)
   Es tritt an die Stelle von **quem** oder **que**, gehört jedoch mehr zur Schrift- als zur Umgangssprache. Nach mehrsilbigen Präpositionen und nach sob (unter) wird es auch in der Umgangssprache verwendet:
   O tribunal **perante o qual** teve que comparecer
   (Das Gericht, vor welchem er erscheinen mußte)
   A influência **sob a qual** estiveste prejudicou-te
   (Der Einfluß, unter dem du gestanden hast, hat dir geschadet)

3. Nach einsilbigen Präpositionen (a, com, de, em, por, sem) steht normalerweise **que** oder **quem:**
   O quarto **em que** moro vai ser pintado
   A revista **de que** te falei publica o seu último número
   O amigo **de quem** te falei
   A pessoa **com quem** me vou encontrar

4. Ist kein Bezugswort vorhanden, so verwendet man das neutrale Relativpronomen **o que** (was):
   Ele é uma pessoa doente, **o que** eu não sabia.
   Pelo que me dizes posso imaginar o resto.

5. **Cujo** (dessen) ist veränderlich in Geschlecht **(cuja)** und Zahl **(cujos, cujas),** wirkt als Possessiv- und Relativpronomen und richtet sich immer nach dem zugehörigen Substantiv:
   O autor **cujo romance** apareceu ùltimamente
   (Der Autor, dessen Roman jüngst erschienen ist)
   A escola **cujos alunos** são na maioria portugueses
   (Die Schule, deren Schüler zur Mehrzahl Portugiesen sind)

6. **Quantos, as** (wieviele) erscheint als Relativpronomen in Verbindung mit **todos, as:**
   É comprado por **todos quantos** o possam
   (Wird von allen, die es können, gekauft)

C. Die Interrogativpronomen

Alle Relativpronomen, außer **cujo**, können auch als **Fragepronomen** verwandt werden. **Que** wird als Fragepronomen, vor allem im abhängigen Satz, gern mit bestimmtem Artikel verwendet:
Que (od. **o que**) me dizes? (Was sagst du mir da?)
Sabe **o que** aconteceu? (Wissen Sie, was geschehen ist?)

Am Satzende nimmt **que** den circunflexo an:
O **quê**? Não leste o jornal? (Was? Du hast die Zeitung nicht gelesen?)

Quem wird nur für Personen und personifizierte Dinge gebraucht:
Quem é o teu professor?
Por **quem** me tomas? (Für wen hältst du mich?)

Qual (Plural **quais**) bezeichnet die Auswahl zwischen mehreren Gegenständen:
Qual destes carros é mais caro?
(Welcher von diesen Wagen ist teurer?)
Dos dois livros com **qual** ficas?
(Welches der beiden Bücher behältst du?)

Aber:
Que carro tens? (Was für einen Wagen hast du?)
Que livros são estes? (Was für Bücher sind das?)

Quanto (a, os, as) tritt adjektivisch oder als Fragewort auf:
Quantos livros tem?
Quantos são?

D. Die Demonstrativpronomen

Veränderliche Formen

Singular

Mask.	Fem.
este (dieser; nahe vom Sprecher): **este homem**	**esta senhora** (diese Dame)
esse (dieser dort; nahe bei der angesprochenen Person): **esse homem**	**essa senhora** (diese Dame dort)
aquele (der dort; weiter entfernt): **aquele homem**	**aquela senhora** (die Dame dort)

Plural

Mask.	Fem.
estes homens	**estas senhoras**
esses homens	**essas senhoras**
aqueles homens	**aquelas senhoras**

Unveränderliche Formen

isto (dies)	**(O) que é isto? Isto é um lápis.**
isso (dies; in der Nähe des Angeredeten)	**(O) que é isso? Isso é um candeeiro.**
aquilo (das dort; weiter entfernt)	**(O) que é aquilo? Aquilo é uma torre.**

Merken Sie: Maskuline Formen geschlossenes e, feminine Formen offenes e!

Kontraktionen mit Präpositionen

mit **de:**

deste, desta usw., **desse, dessa ..., daquele, daquela**

O condutor **deste** autocarro (Der Schaffner dieses Autobusses)

O governo **daquele** povo (die Regierung jenes Volkes); **disto, disso, daquilo**

mit **em:**

neste, nesta, nestes, nestas; nesse, nessa ...; naquele, naquela ...; nisto, nisso, naquilo

A família mora **naquela** casa. (Die Familie wohnt in dem Hause dort.)

Não penses **nisso**! (Laß bloß die Finger davon!)

mit **a:** kontrahiert nur **aquilo:**

àquele, àquela, àqueles, àquelas

Dou uma esmola **àquele** mendigo. (Ich gebe dem Bettler dort ein Almosen.)

mit **outro** (ein anderer): (nur literarisch!)

estoutro, estoutra ..., essoutro, essoutra ..., aqueloutro, aqueloutra ...

Este lavrador é muito rico, **aqueloutro** é pobre. (Dieser Bauer ist reich, der andere arm.)

Zum Gebrauch der Demonstrativpronomen

Nisto im Sinne von *da, in diesem Augenblick* drückt den Eintritt einer neuen Handlung aus.

Estava lendo o livro. **Nisto** alguém bateu à porta.
(Ich las gerade das Buch. Da pochte jemand an die Tür.)

Aquilo hat häufig herabsetzenden Sinn:

Porque perdes o teu tempo com **aquilo?** (Warum verlierst du deine Zeit mit diesem Unsinn?)

Stehende Wendungen sind: **isto é** = d. h. (das heißt); **por isso** (deshalb); **nem por isso** (gleichwohl, trotzdem)

Ele gastou o dinheiro nas tabernas, mas **nem por isso** sentiu remorsos. (Er verausgabte sein Geld in den Kneipen, aber gleichwohl fühlte er keine Gewissensbisse.)

Einige Demonstrativpronomen können umgangssprachlich isoliert gebraucht werden, z. B.: **essa é boa!** (was für ein Einfall!), **essa agora!** (das hat gerade noch gefehlt!), **ora essa!** (als Antwort auf «dankeschön» in der Bedeutung von «bitte»), **essa não perdoo!,** (dies kann ich nicht verzeihen), **fia-te nessa!** (verlaß dich darauf!), **espera por essa!** (darauf kannst du lange warten).

Das Substantiv kann durch nachfolgendes Demonstrativpronomen verstärkt werden: A Maria, **essa** é que é linda! (Ja, die Maria, die ist hübsch!)

E. Das Personalpronomen

1. DAS UNVERBUNDENE PERSONALPRONOMEN

Singular

Nominativ	Obliquus
eu (ich)	**mim** (mich)
tu (du)	**ti** (dich)
ele (er)	**ele** (ihn)
ela (sie)	**ela** (sie)
você (Sie)	**você** (Sie)

Plural

nós (wir)	**nós** (uns)
vós (ihr)	**vós** (euch)
eles (sie)	**eles** (sie)
elas (sie)	**elas** (sie)
vocês (Sie)	**vocês** (Sie)

Der Nominativ wird nur zur Hervorhebung oder zur Vermeidung von Unklarheiten verwandt: **Ele** diria a mesma coisa (**er** würde dasselbe sagen), **eu** defendo este ponto de vista (**ich** verteidige diesen Standpunkt). Außerdem bei Gegenüberstellungen: **eu** trabalho, **tu** dormes (ich arbeite, du hingegen schläfst).
Der Obliquus erscheint in Verbindung mit Präpositionen: Penso **em ti** (ich denke an dich). Não falo **de mim** (ich spreche nicht von mir). In Verbindung mit **a** vertritt er sowohl das Akkusativ- wie das Dativobjekt: Ele viu-me **a mim** (mich). Deu-mo **a mim** (mir). Die Präpositionen **de** und **em** werden kontrahiert mit **ele, ela, eles, elas** zu **dele, dela** usw., **nele, nela** usw. Gosto **dele** (er gefällt mir). Penso **neles** (ich denke an sie).
Die Präposition **com** verschmilzt mit dem Personalpronomen zu: **comigo** (mit mir), **contigo** (mit dir), **consigo** (mit Ihnen), **connosco, convosco.** Statt **connosco** verwendet die Umgangssprache lieber: **com a gente** (mit uns). Almoça **com a gente!** (Iß mit **uns** zu Mittag!)
Statt **convosco** bevorzugt man: **com vocês, com as meninas** usw.
Está bem, vamos **com vocês.** (Gut, wir gehen mit euch.)

2. DAS VERBUNDENE PERSONALPRONOMEN

Es erscheint nur im Dativ und präpositionslosen Akkusativ.

Singular

Dativ	Akkusativ
me (mir)	**me** (mich)
te (dir)	**te** (dich)
lhe (ihm, ihr)	**o, a** (ihn, sie, es)

Plural

nos (uns)	**nos** (uns)
vos (euch)	**vos** (euch)
lhes (ihnen)	**os, as** (sie)

1. Verbinden sich Verbformen auf **r, s** oder **z** mit **o, a, os** oder **as,** so ergeben sich folgende Formen:
   á-lo (das **r** entfällt, statt dessen **agudo**), **á-la, á-los, á-las** (libert**á-lo** ihn befreien)
   ê-lo (das **e** nimmt **circunflexo** zu sich), **ê-la, ê-los, ê-las**
   Quem pode faz**ê-lo?** (wer kann es tun?)
   i-lo, i-la, i-los, i-las
   Vou reun**i-los** (ich werde sie zusammenbringen)
   traz + o = trá-lo (bring es!) (schriftsprachlich: traze-o), **diz + o = di-lo** (sag es!) (umgangssprachlich: dize-o), **fez + o = fê-lo** (er tat es)
   Bei der 1. Person Plural verschwindet auslautendes **s** vor folgendem **o,** das sich in **lo** verwandelt: cantam**o-lo** (wir singen es);
   ähnlich: passam**o-los** (os dias) wir verbringen sie
   fecham**o-la** (a porta) wir schließen sie

   Merken Sie: Nach dem Adverb **eis** (hier ist ...) und den Pronomen **nos** und **vos** erscheinen gleichfalls die Formen **lo, la, los, las.**
   Ei-lo (da ist er), se **no-lo** tivesse dito (wenn er es uns gesagt hätte)
2. **Endungs-m** verändert **o, a, os, as** in **no, na, nos, nas.**
   Eles dize**m-no** (sie sagen es), guarda**m-no** bem (sie hüten es gut).
3. Wenn im gleichen Satz zwei unbetonte Pronomen aufeinanderstoßen, verschmelzen sie nach folgenden Regeln:

me + **o** = **mo**	ele disse-**mo** (er sagte es mir) (ebenso: **ma, mos, mas**)
te + **o** = **to**	não sei se já **to** disse (ich weiß nicht, ob ich es dir schon sagte) (ebenso: **ta, tos, tas**)
lhe + **o** = **lho**	entregaste-**lho**? (hast du es ihm/ihr übergeben?) (ebenso **lha, lhos, lhas**)
nos + **o** = **no-lo**	se **no-lo** tivesse dito (ebenso: **no-la, no-los, no-las**)
vos + **o** = **vo-lo**	se **vo-lo** tivesse dito (entsprechend: **vo-la, vo-los, vo-las**)
lhes + **o** = **lho**	dei-**lho** (ich gab es ihnen) (entspr.: **lha**)

4. Die Formen **me, te, nos, vos** dienen gleichzeitig als **Reflexivpronomen** (levanto-**me,** levantas-**te** etc.)
   Für die 3. Person erscheinen die Formen:
   ohne Präposition:
   se sich O bébé sujou-**se** (das Baby hat sich beschmutzt)
   mit Präposition:
   si O egoísta só vive para **si** (der Egoist lebt nur für sich)
   in Verbindung mit **com:**
   consigo Desejava falar **consigo** (ich möchte mit Ihnen sprechen)

Stellung der verbundenen Personalpronomen

a) *in Portugal:*

Die Stellung der verbundenen Personalpronomen im portugiesischen Sprachgebrauch gehört zu den größten Schwierigkeiten der portugiesischen Syntax. Die Hauptregeln sind folgende:

1. Normalerweise wird das verbundene Pronomen im Hauptsatz **nachgestellt:**
   Você deu-lhe o livro? (Haben Sie ihm das Buch gegeben?)
   Leu-o devagar (er las es langsam)
   Ele levantava se cedo (er stand immer früh auf)
2. Nur für das brasilianische Portugiesisch gilt die Regel:
   Enthält das Subjekt ein Zahlwort oder die Pronomen **ambos** (beide) oder **mesmo** (selbst), wird das Personalpronomen **vorangestellt:**
   Ambos se conheciam há muito tempo. (Beide kannten sich seit langer Zeit.)
   Cinco músicos se sentaram no palco. (Fünf Musiker setzten sich auf der Bühne nieder.)

Ist jedoch die normale Wortfolge (Subjekt, Prädikat, Objekt) durchbrochen, so wird das Personalpronomen **nachgestellt:**
Sentiam-se ambos mal. (Beide fühlten sich schlecht.)
No palco sentaram-se cinco músicos.

3. Das Personalpronomen wird **vorangestellt,** wenn das Subjekt die Wörter **todo** (ganz, all), **muito** (viel), **pouco** (wenig), **alguém** (jemand), **cada qual** (jeder), **qualquer** (irgendein), **outro** (anderer), **quanto** (wieviel) enthält:
Todos o recordam com veneração. (Alle erinnern sich an ihn mit Verehrung.)
Alguém vos ajudará. (Irgendjemand wird euch helfen.)
Ist die normale Wortfolge durchbrochen, so heißt es auch hier:
Recordam-no todos com veneração (alle ...)

4. Geht ein **verneinendes Wort voran,** so wird das Personalpronomen **vorgestellt:**
Ele não me cumprimenta (er grüßt mich nicht)
Nunca me disse a verdade (er hat mir nie die Wahrheit gesagt).

5. Nach Relativpronomen oder Adverbien, sowie in Nebensätzen, wird das Personalpronomen **vorgestellt:**
Já te falei desse assunto (ich habe schon mit dir über diese Angelegenheit gesprochen). Por isso te dou este conselho (deshalb gebe ich dir diesen Rat). Disseram-me que ela te escreveu (man sagte mir, daß sie dir geschrieben hat). Escrevo-te para que o convides. (Ich schreibe dir, damit du ihn einlädst.)

6. Nach **mas** (aber), **porém** (jedoch), **todavia** (gleichwohl), **contudo** (indessen) wird das Personalpronomen im allgemeinen **nachgestellt:**
Não dormiu muito, mas levantou-se antes do jantar. (Er schlief nicht lange, sondern stand vor dem Abendessen auf.)
Nach den übrigen Konjunktionen steht das Personalpronomen **vor** dem Verbum:
Ora nos compreendemos, ora nos zangamos. (Bald verstehen wir uns, bald zanken wir uns.)

7. Nach der Präposition **a** wird das Personalpronomen immer **nachgestellt:**
Ela começou a levantar-se quando entrámos. (Sie begann aufzustehen, als wir eintraten.)
Bei allen anderen Präpositionen wird das Personalpronomen in der Regel **vorangestellt:**

Esforçam-se por se verem livres dele. (Sie strengen sich an, um ihn loszuwerden.)

b) *in Brasilien:*

weicht die Stellung der Personalpronomen von der in Portugal üblichen ab.

1. **Nach Verneinungen** wird es oft **nachgestellt: Não** contou-**me** esta história.
2. In **Hauptsätzen** wird es **vorangestellt: te** permito sair.

4. Im **Nebensatz** wird das Personalpronomen häufig **nachgestellt:** São as minhas despesas **que** deves-**me** pagar.

Verstärkung des Personalpronomens

erfolgt durch **mesmo (a, os, as)** oder **próprio (a, os, as)**:
Eu **próprio** penso de maneira diferente (ich selbst denke anders)
Eles trabalham por si **mesmos** (sie arbeiten für sich selbst)

Das Personalpronomen in der Anrede

Die Anrede in der dritten Person überwiegt in Portugal das **tu,** das kaum über den Familienkreis hinausgelangt. Zwar reden die Eltern ihre Kinder, die Großeltern die Enkel mit du an, wollen aber selbst zum überwiegenden Teil in der dritten Person angesprochen werden: O avô está cansado? (Großpapa, bist du müde?)

Die Anrede mit Vor- oder Nachnamen des Angesprochenen ist sehr üblich: O Manuel está em casa? Gleichwertig dieser Anrede ist **você:** Você está a brincar comigo, Santos (Sie wollen sich über mich lustig machen, Santos). Neuerdings besteht gerade in Portugal die Neigung, die Anrede auf den Gebrauch der 3. Person zu beschränken (und dabei consigo mit Ihnen zu verwenden): Quer falar comigo? (Wollen Sie mit mir sprechen?) Porque não escreveu? (Warum haben Sie nicht geschrieben?)
Im höflichen Umgang heißt die Anrede: **O senhor ..., a senhora ..., a menina ...,** gefolgt von der dritten Person Singular: O senhor leu o jornal? (Haben Sie ...?). Plural: As senhoras estão em casa? Wenn akademische oder Adelstitel bekannt sind, werden sie nach diesem senhor oder senhora eingeschoben: O Senhor Doutor gosta deste quadro? (Gefällt Ihnen dieses Bild, Herr Doktor?) In Verbindung mit einem Titel oder einem Eigennamen wird die Anrede groß geschrieben.

A Senhora Condessa não se lembra de mim? (Erinnern Sie sich nicht an mich, Frau Gräfin?). O Senhor Engenheiro já foi a Roma? (Waren Sie schon in Rom, Herr Diplom-Ingenieur?). Doktoren nennt man in Portugal alle Akademiker mit Staatsexamen; die zahlreichen studierten Damen jedoch werden gleichwohl a senhora, minha senhora angeredet.

Sehr zeremoniös ist die Anrede **Vossa Excelência,** die im Geschäftsleben (in den Läden), sowie im Umgang mit hochgestellten Persönlichkeiten sehr üblich ist. V.ª Ex.ª já viu a exposição bovina, Sr. Embaixador? (Haben Sie schon die Rindviehausstellung gesehen, Herr Botschafter?)

Als Plural von **tu** wird heute nicht mehr **vós,** sondern **vocês** verwandt: Que estão **vocês** a fazer? (Was macht ihr da?)

In Brasilien ist die Anrede bedeutend vereinfacht: einer intimen Form – **você** – entspricht eine Höflichkeitsform: – **o senhor, a senhora.** Innerhalb der Familie verwenden nicht nur die Älteren você im Umgang mit den Jüngeren, sondern auch die Jüngeren, wenngleich die Älteren hier und dort noch auf dem traditionellen o Senhor, a Senhora bestehen.

Você está cansado, papai?
O papai está cansado? (Bist du müde, Papa?)
O senhor está cansado?

Auch sich selbst redet der Brasilianer mit **você** an: Costumo dizer a mim mesmo: toma cuidado, Fernando. Você já tem levado muito coice. (Ich pflege zu mir zu sagen: paß auf, Fernando. Du hast schon viele Schläge abbekommen).

Das Wort **senhorita** ersetzt in der Anrede das portugiesische **menina.** A Senhorita Luísa voltou para casa? (Sind Sie nach Hause gegangen, Fräulein Luise?) Die Formel **Vossa Senhoria** erscheint nur in zeremoniösen offiziellen Schriftstücken, das **Vossa Excelência** ist nur dem kleinen Kreis wirklich führender Persönlichkeiten des öffentlichen Lebens vorbehalten.

Besonderheiten im Gebrauch des Personalpronomens

1. Die Personalpronomen **ele, ela, eles, elas** werden in Brasilien umgangssprachlich in allen Klassen als Akkusativobjekt verwandt: Vi **ele** (ich sah Sie) statt portug.: Vi-**o**, encontrei **elas** (ich habe Sie getroffen) statt encontrei-**as.**
2. Die Kontraktionen der Personalpronomen (**mo, to, lho** etc.) unterbleiben in Brasilien:
   Ele **te** vendeu o chapéu? – Vendeu-**me** (statt port. vendeu-**mo**) (er verkaufte ihn mir).
3. Für das Personalpronomen **nós** tritt in der Umgangssprache häufig der unpersönliche Ausdruck **a gente** auf: Porque não vêm com **a gente?**

(Warum kommen sie nicht mit **uns?**) **A gente** vai (auch: vamos) amanhã ao teatro (Morgen gehen **wir** ins Theater).
Dieses **a gente** kann auch auf den Sprecher selbst bezogen sein: **A gente** não pode com este frio (**Ich** kann diese Kälte nicht aushalten). A gente wird auch unpersönlich als «man» gebraucht: A gente enquanto pode dominar, domina em absoluto. (Solange man herrschen kann ...)

4. Der Plural der Reflexivpronomen kann durch **uns aos outros** verstärkt werden: matai-vos **uns aos outros** (bringt einander um!) (Romantitel)

F. Die unbestimmten Pronomen

Die wichtigsten portugiesischen unbestimmten Pronomen sind:

veränderlich/adjektivisch

algum, a, alguns, algumas	irgendeiner
nenhum, a, nenhuns, nenhumas	kein
todo, a, os, as	ganz, alle, jeder
outro, a, os, as	ein anderer, andere, die übrigen
certo, a, os, as	ein gewisser
um, a, uns, umas	ein, einige
muito, a, os, as	viel
pouco, a, os, as	wenig
ambos, as	beide
mesmo, a, os, as	selbst
próprio, a, os, as	selbst
quanto, a, os, as	wieviel
qualquer, quaisquer	jede(r) beliebige
tal, tais	solcher
tanto, a, os, as	so viel

unveränderlich/substantivisch

alguém	irgend jemand
ninguém	niemand
tudo	alles
nada	nichts
algo	etwas
outrem	jemand anderes
cada	jeder

quem quer	wer auch immer
mais	mehr
demais	zu viel
menos	weniger
a gente	die Leute, unsereiner

Zum Gebrauch der unbestimmten Pronomen

1. **algum** (immer **nachgestellt**) ist kräftiger als **nenhum**, das **vor-** oder **nach**gestellt werden kann: o meu irmão não me ofereceu **nenhuma** coisa (coisa **nenhuma**), kräftiger: não me ofereceu coisa **alguma.**

2. **todo** kann auf folgende Weise verwendet werden: **toda** a família morreu no acidente (die ganze), ofereço-te isto de **todo** o coração, **todo** o aluno pode fazer o exame (jeder), seríamos **ao todo** 50 pessoas (insgesamt), **nem todo** o belo é caro (alles), **todo o restante** não vale a pena (alles übrige), **todo o que** aparecer será bemvindo (jeder, der)
tudo steht bei **isto, isso** und **aquilo:** Quero **isto tudo; tudo aquilo** era uma mentira. Wird verwandt im Sinne von **alle Leute:** Ia **tudo** com guarda-chuva (alle gingen mit Regenschirm).

4. **ambos, as** führt vor einem Substantiv den Artikel: **Ambas as** casas estavam iluminadas. Es kann nicht für entgegengesetzte Personen oder Dinge verwandt werden: Os dois inimigos lutavam desesperadamente.

5. **mesmo, a** kann das Personalpronomen verstärken **(eu mesmo),** aber auch adverbial verwandt werden: fica tudo **na mesma** (es bleibt alles beim alten). O **mesmo (próprio)** chanceler não pode fazer milagres (nicht einmal der Kanzler), os **mesmos** livros não servem para toda a gente **(dieselben).**

6. **cada** erscheint mit **um** (jeder), **qual** oder **Substantiv: cada dia** chove. **Cada um** faça o seu dever; **cada qual** contribui segundo as suas forças.

7. **de mais** kann mit Artikel **die übrigen** bedeuten: **os de mais** ficavam em casa. **Os de mais** membros da família. Nach Substantiv oder Adjektiv heißt es «**zu viel**»: Tens tempo **de mais.** Não é tarde **de mais** para resolver este assunto.

8. **Mais,** normalerweise «**mehr**», kann gleichfalls im Sinne von **de mais** verwandt werden: as **mais** pessoas (die übrigen), os **mais** dos rapazes (die meisten).

9. **tal** tritt in folgenden Verbindungen auf: telefonou-me um **tal** Santos (ein gewisser), **tais** homens não deviam existir (solche), nunca me contaste **tal**

coisa (so etwas), ele não disse **tal** (so etwas), custou cento e **tal** escudos (mehr als ...), são três e **tal** (es ist nach drei); nach **outro que** heißt es **«desgleichen»**: Pedro é inteligente e o irmão **outro que tal;** Pedro, José e **outros que tais** foram apanhados pela polícia; este fato é **tal qual** o meu (gleicht genau).

10. **a gente** wird in der Umgangssprache statt **nós wir** verwandt, aber mit der **3. Person Sing.** des Verbums verbunden: amanhã, **a gente vai** à praia. Vocês também? Porque não **vem** com **a gente?** (mit uns).

VIII. DIE ZAHLWÖRTER

Kardinalzahlen	Ordinalzahlen
0 zero	
1 um, uma	primeiro, a
2 dois, duas	segundo, a
3 três	terceiro, a
4 quatro	quarto, a
5 cinco	quinto, a
6 seis	sexto, a
7 sete	sétimo, a
8 oito	oitavo, a
9 nove	nono, a
10 dez	décimo, a
11 onze	undécimo ou décimo primeiro
12 doze	duodécimo, a; décimo segundo
13 treze	décimo terceiro, a
14 catorze	décimo quarto, a
15 quinze	décimo quinto, a
16 dezasseis	décimo sexto, a
17 dezassete	décimo sétimo, a
18 dezoito	décimo oitavo, a
19 dezanove	décimo nono, a
20 vinte	vigésimo, a
21 vinte e um, a	vigésimo primeiro, a
22 vinte e dois	vigésimo segundo, a
30 trinta	trigésimo, a
40 quarenta	quadragésimo, a
50 cinquenta	quinquagésimo, a

60 sessenta	sexagésimo, a
70 setenta	septuagésimo, a
80 oitenta	octogésimo, a
90 noventa	nonagésimo, a
100 cem	centésimo, a
101 cento e um, a	centésimo primeiro
183 cento e oitenta e três	
200 duzentos, as	ducentésimo, a
300 trezentos, as	trecentésimo, a
400 quatrocentos, as	quadrigentésimo, a
500 quinhentos, as	quingentésimo, a
600 seiscentos, as	seiscentésimo, a
700 setecentos, as	septigentésimo, a
800 oitocentos, as	octingentésimo, a
900 novecentos, as	nongentésimo, a
1000 mil, um milhar	milésimo, a
10 000 dez mil	décimo milésimo
100 000 cem mil	centésimo milésimo
1 000 000 um milhão	milionésimo, a
um bilião	
um trilião	

Besonderheiten

1. **um, dois** und die Hunderter ab 200 richten sich nach dem Geschlecht des Substantivs: duzent**as** pesso**as**, um**a** dúzi**a** de ovos, du**as** raparig**as.**
2. 100 heißt **cem** vor großen Zahlen und Substantiven: **cem** livros, **cem** mil, sonst: **cento.** 144 = **cento** e quarenta e quatro.
3. Bindestriche werden überall gesetzt, ausgenommen zwischen Tausendern und Hundertern: 1200 = mil e duzentos.
4. Für die Daten werden die Kardinalzahlen benutzt: Lisboa, em doze de Julho. Aber: 1 de Janeiro = **um** (oder **primeiro**) de Janeiro.
5. Nicht genau bestimmbare Zahlen werden mit **tal** wiedergegeben: ele tem cinquenta e **tal** anos (er steht in den Fünfzigern), são quatro e **tal** (es ist nach vier Uhr).
6. Die Ordinalzahlen werden bei Herrschern bis 10 verwendet: João II (segundo), Carlos Quinto usw. Ab 10 verwendet man die Kardinalzahlen: Pio XII (doze).

Multiplikativzahlen

duplo, a – dobro	doppelt
triplo, a	dreifach
quádruplo, a	vierfach
quíntuplo, a	fünffach
sêxtuplo, a	sechsfach
séptuplo, a	siebenfach
décuplo, a	zehnfach
cêntuplo, a	hundertfach
múltiplo	vielfach

Außer **dobro, duplo, triplo, décuplo** und **cêntuplo** bevorzugt die Umgangssprache Wendungen wie 5 **vezes tão grande como ..., dez vezes maior,** etc.

Sammelbegriffe

um par	ein Paar
uma dezena	etwa zehn
uma dúzia	ein Dutzend
um centenar	etwa hundert
uma centena	etwa hundert
um milhar	tausend
uma quinzena	14 Tage

Brüche

$\frac{1}{2}$ meio kilo, meia hora, aber a metade do tempo!

$\frac{1}{3}$ um terço, $^2/_3$ dois terços

Brüche von $\frac{1}{4}$ bis $^1/_{10}$ haben im Zähler die Grundzahl, im Nenner die Ordnungszahl: $^1/_6$ um sexto, $^4/_5$ quatro quintos.

Ab $^1/_{11}$ erscheint im Nenner, angehängt an die Grundzahl, die Endung **avo:** $^{11}/_{13}$ onze treze **avos,** $^{22}/_{23}$ vinte e dois vinte e três **avos.**

Ausgenommen sind: um vigésimo ($^1/_{20}$), um cinquentavo ($^1/_{50}$), um centavo ($^1/_{100}$), um milésimo, um milionésimo.

IX. DIE PRÄPOSITIONEN

Die wichtigsten Präpositionen sind:

a	nach, zu	**entre**	zwischen
após	nach	**para**	für, nach

até	bis	**por**	durch
com	mit	**perante**	vor im übertrag. Sinne
contra	gegen	**sem**	ohne
de	von, aus	**sob**	unter
desde	seit	**sobre**	über
em	in	**trás**	nach

Dazu treten einige Wörter verbalen oder nominalen Ursprungs:

conforme	gemäß, je nach	**segundo**	gemäß
durante	während	**excepto**	ausgenommen
mediante	vermittels	**salvo**	außer

Die häufigsten zusammengesetzten Präpositionen sind:

ao pé de	neben	**acima de**	oberhalb von
junto a, junto de	neben	**abaixo de**	unterhalb von
dentro de	innerhalb von	**por causa de**	auf Grund von
fora de	außerhalb von	**longe de**	fern von
ao largo de	längs	**perto de**	nahe bei
além de	außer	**em vez de**	statt
em torno de	ringsherum	**em lugar de**	statt, anstelle von
depois de	nachdem	**por baixo de**	unterhalb von
diante de	vor	**em cima de**	oberhalb
quanto a	im Hinblick auf	**a respeito de**	im Hinblick auf
apesar de	trotz	**em volta de**	ringsum
através de	durch / hindurch	**a propósito de**	im Hinblick auf
mercê de	dank	**em virtude de**	kraft

Zum Gebrauch der Präpositionen

1. Die Präposition **a** ist die häufigste. Sie wird in folgender Weise verwendet:
   a) nach den Verben **aconselhar** (raten), **acudir** (beistehen), **agradar** (gefallen), **ajudar** (helfen), **assistir** (beiwohnen), **faltar** (fehlen), **obedecer** (gehorchen), **ordenar** (befehlen), **pedir** (bitten), **perdoar** (verzeihen), **permitir** (erlauben), **proibir** (verbieten), **prometer** (versprechen), **recusar** (verweigern), **renunciar** (verzichten), **resistir** (widerstehen), **responder** (antworten), **rogar** (bitten), **sacrificar** (opfern), **sobreviver** (überleben), **suceder** (nachfolgen), **suplicar** (bitten). Não **permito a**os meus filhos que fumen. O velho **sobreviveu a** todos os seus amigos. Devemos **obedecer a**os nossos pais, etc.

b) vor Eigennamen und vor **quem,** wenn sie im Akkusativ stehen: Amo **a Deus.** O rapaz **a quem** vi brincar na rua.
c) zur Ortsbezeichnung: vou **a casa** (ich gehe nach Hause für kurze Zeit); vou **para** casa (ich gehe nach Hause für längere Zeit), vou à Alemanha (für kurze Zeit), vou **para** a Alemanha (für längere Zeit), está **à** porta da casa (an der Haustür); Portugal é um jardim **à** beira-mar plantado (am Meeresrand); este capítulo vem **a** páginas 230 (auf Seite 230)
d) zur Feststellung des Zeitpunktes: **às** duas em ponto, **a** 13 de Maio, **aos** domingos, **às** segundas (montags), **à** tarde
e) mit dem Infinitiv der Verben zur Bezeichnung des Gerade-dabei-Seins: estava **a jantar,** quando bateram à porta (ich war gerade beim Abendessen), **ao encontrarem-se,** alegraram-se muito (als sie sich trafen)
f) nach den Adjektiven: **acessível a** (zugänglich), **agradável a** (angenehm), **disposto a** (geneigt zu), **favorável a** (günstig), **fiel a** (treu), **alheio a** (fremd), **leal a** (treu), **pronto a, prestes a** (bereit zu), **oposto a** (entgegengesetzt), **prejudicial a** (schädlich für), **sujeito a** (unterworfen), **útil a** (nützlich für), **igual a** (gleich)
g) nach Ausdrücken des Mittels, der Ursache: morrer **à** fome, cheirar **a** rosas, passar **a** ferro (bügeln)
h) nach einigen Verben des Bezweckens: **aprender a** (lernen), **atrever-se a** (wagen), **começar a** (beginnen), **continuar a** (fortfahren), **animar a** (ermutigen zu), **apressar-se a** (sich beeilen), **correr a** (laufen), **demorar-se a** (verweilen), **aspirar a** (streben nach), **pôr-se a** (sich anschicken), **obrigar a** (verpflichten zu), **habituar a** (gewöhnen an), **estimular a** (anregen zu), **resolver-se a, decidir-se a** (sich entschließen zu), **convidar a** (auch **para**) (einladen zu)

2. Die Präposition **até** wird im modernen Portugiesisch häufig von **a** gefolgt: Ele ficou ali **até ao** fim do verão. Fomos **até à** praia.
3. Die Präposition **de:**
a) erscheint in der periphrastischen Konjugation und in Verbindung mit **ter: tenho de** sair (ich muß fortgehen), **hei-de** escrever-te
b) steht als Verbindungsglied bei Vergleichen, obwohl es nicht obligatorisch ist: ele é **mais inteligente do** que tu
c) ersetzt oft desde: **da** casa vê-se toda a paisagem (von Hause aus)
d) bezeichnet die Herkunft: o senhor vem **do** Brasil, a cerveja é **de** Lisboa
e) bezeichnet den Besitz: de quem é este carro? É **do** Sr. Santos.
f) bezeichnet das Material, aus dem etwas gemacht ist: este muro é feito **de** tijolos (aus Ziegeln)

g) bezeichnet den Zweck: a máquina **de** escrever, o ferro **de** engomar, a sala **de** estar

h) bestimmt eine Tages- oder Jahreszeit: **de** dia (tagsüber), **de** noite, **de** tarde, **de** Inverno, aber: **na Primavera, no Outono!**

i) steht in folgenden Ausdrücken: andar **de** carro, **de** comboio, **de** avião, **de** eléctrico (aber **a pé, a cavalo**), estar **de** cama (bettlägrig sein), **de** chapéu, **estar de boa saúde** (bei guter Gesundheit sein), **vestir de azul, coroar de êxito** (mit Erfolg krönen), surdo **de** um lado, espanhol **de** nascimento, coitado **dele** (der Ärmste!), coitada **da** filha

k) steht nach den Verben: **acusar** (anklagen), **admirar-se** (sich wundern), **alegrar-se** (sich freuen), **apoderar-se** (sich bemächtigen), **arrepender-se** (bereuen), **convencer** (überzeugen), **desesperar** (verzweifeln), **enamorar-se** (sich verlieben), **gozar** (genießen), **gostar** (Gefallen haben an), **jactar-se** (prahlen mit), **maldizer** (fluchen), **prevenir** (warnen), **prezar-se** (sich rühmen), **servir de** (dienen als), **persuadir** (überreden), **tratar** (behandeln), **triunfar** (triumphieren), **vingar-se** (rächen), **cuidar** (sorgen für), **deixar** (aufhören), **acabar** (fertig werden mit, soeben etwas getan haben), **precisar, necessitar** (benötigen), **lembrar-se** (sich erinnern), **desconfiar** (mißtrauen), **desistir** (aufgeben), **carecer** (entbehren)

4. Die Präposition **em**:

a) steht bei Gerundien, um das unmittelbare Vorausgehen der Handlung des Gerundiums gegenüber dem Hauptverb zu unterstreichen: **em** o **ouvindo,** ficarás satisfeito (wenn du ihn hörst ...)

b) beantwortet die Frage **wo**? zeitlich und räumlich: **em** casa (zu Hause), **na** sexta-feira, **em** (no ano de) 1960, **no** dia 3 de Março

c) steht nach den Verben: **confiar** (vertrauen auf), **consentir** (zustimmen), **aumentar** (zunehmen an), **crer** (glauben an), **avaliar, estimar** (schätzen auf), **pensar** (denken an), **pegar** (ergreifen), **meditar** (nachdenken über), **reparar** (achtgeben auf), **diminuir** (abnehmen um)

5. Die Präposition **para**:

a) steht bei Verben der Bewegung, um, im Gegensatz zu **a,** einen längeren Aufenthalt anzudeuten: Vamos hoje **a** Coimbra e amanhã **para** o Porto.

b) kann die Annäherung ausdrücken: **para** o ano já não estarei cá (im nächsten Jahr ...), **para** a semana mandar-te-ei a revista (nächste Woche)

c) drückt **Ziel,** Absicht, Zweck aus: estudar **para** engenheiro; prepara o almoço **para** quando voltarmos, **caminhar** (wandern), **fugir** (flüchten), **navegar** (per Schiff fahren), **partir** (abreisen), **seguir** (weiterfahren), traduzir **para o alemão,** ir **para férias**

d) **para com** bezeichnet ein persönliches Verhältnis: a empregada foi sempre muito amável **para comigo** (zu mir)

6. Die Präposition **por:**

a) steht nach den Verben: **anelar por** (sich sehnen nach), **ansiar por** (glühend wünschen), **lutar** (kämpfen für), **chamar, gritar** (rufen, schreien nach), **morrer** (sterben für), **rogar, rezar** (beten für), **perguntar** (fragen nach), **velar** (wachen über), **interceder** (sich einsetzen für)

b) bezeichnet Mittel und Wege: olhar **pela** janela. **Por** aqui vai-se ao aeroporto. Chamar **por** telefone; comprou o carro **por** 40 contos.

c) steht beim Passiv: a casa foi construída **pelo** Engenheiro Santos.

d) steht für je, pro: três vezes **por** semana, 50 kilos **por** saco

f) bezeichnet den Grund: fugiu **por** medo **à** justiça

7. Die Präposition **sobre:**

kann außer der Bedeutung **über** auch den Sinn von **ungefähr** annehmen: **Sobre** a tarde começou a trovoada (Gewitter).

Manchmal kann es im Sinne von **außerdem** verwendet werden: **Sobre** avaro é também rancoroso (gehässig)

X. DIE KONJUNKTIONEN

Die wichtigsten portugiesischen Konjunktionen sind

1. **koordinierend** (Hauptsätze verbindend):

e (und)
mas (aber)
quc (denn)
nem (nicht einmal, auch nicht):
Ele nem amigos tinha.
mas antes (sondern eher):
A senhora não estava doente, mas antes muito cansada.
no entanto (gleichwohl):
No entanto, fomos muitas vezes ao cinema.
contudo (jedoch)
porém (jedoch, gleichwohl) wird meist nachgestellt:
Ele, porém, ia sempre sozinho.

não ... senão (nur):
O carteiro não trouxe senão dois impressos (Drucksachen).
todavia (gleichwohl)
não só ... mas também (nicht nur, sondern auch):
Ele tinha não só dinheiro, mas também uma saúde resistente.
não apenas ... mas também (nicht allein, sondern auch)
quer ... quer (sei es ... wie es)
seja ... seja (sei es ... sei es):
Venham ver-nos, seja de manhã ou seja de tarde.
nem ... nem (weder ... noch):
Nesta cidade não tínhamos nem amigos nem bons conhecidos.
ou ... ou (entweder ... oder)
já ... já, ora ... ora (bald ... bald):
Ora chovia, ora havia nevoeiro.

2. **subordinierend** (Haupt- und Nebensatz verbindend):
se (wenn):
Venha, se quiser.
que (da, weil, daß, so daß, damit)
contanto que (falls):
A festa será no domingo, contanto que não surja uma dificuldade imprevista.
salvo se (ausgenommen wenn):
A festa será no domingo, salvo se estiver mau tempo.
quando (als, wenn):
Quando estiver bom tempo, sairemos.
como se (wie wenn, als ob) (Konjunktiv!):
Tratavam-me, como se fosse o seu próprio filho.
a não ser que (es sei denn, daß)
Ela chegará ainda esta semana, a não ser que se tenha demorado em Paris.
caso (falls) (Konjunktiv!):
Caso tiver tempo, apareça em nossa casa!
suposto que (vorausgesetzt daß) (Konjunktiv!):
Ele partirá daí a pouco, suposto que obtenha o passaporte a tempo.
porque (weil)
pois (denn):
Não saímos, pois está a chover.
já que (da ja):
Já que estamos em Coimbra, podemos visitar a Universidade.
visto que (da):

Visto que já não precisas de mim, vou-me embora.
uma vez que (da ja):
Uma vez que já conhece o segredo (Geheimnis), é melhor dizer-lhe a verdade toda.
enquanto, enquanto que (während):
Enquanto lia o jornal, fumava um cigarro.
logo que (sobald):
Vem ter connosco, logo que tenhas tempo.
desde que (seitdem):
Desde que partiram os meus filhos, vivo sòzinho.
até que, enquanto não (bis):
Não me incomodes, até que tenha terminado o meu trabalho.
mal, apenas (kaum):
Mal tinham saído do quarto, abrimos logo as janelas
antes que, primeiro que (bevor) (Konjunktiv!):
Antes que te sentes à mesa, lava as tuas mãos!
depois que (nachdem):
Depois que lhe nasceu um filho, ficou muito mais contente.
ao passo que (während):
Ele ganhava bem, ao passo que o seu amigo ganhava muito mal.
sempre que, cada vez que (immer wenn):
Sempre que posso, vou à praia.
por conseguinte (infolgedessen):
Tive muito trabalho, por conseguinte não pude escrever-te.
por isso (deshalb):
Estava a chover. Por isso não saímos de casa.
conforme (wie):
Conforme tínhamos pensado, o nosso amigo comprou um carro muito caro.
do mesmo modo que (ebenso wie):
Comprou muitos livros, do mesmo modo que comprou muitas revistas estrangeiras.
para que, a fim de que (um ... zu) (Konjunktiv!):
Castiga-o, para que saiba comportar-se melhor!
de maneira que, de modo que, de forma que (damit, derart daß)
(Konjunktiv beim Ausdruck einer Absicht, Indikativ bei reiner Folge):
Fala mais alto de modo que a gente te possa entender. Ele fez o exame do sétimo ano, de modo que pôde inscrever-se na universidade.
de tal maneira que (derart, daß):

Chovia de tal maneira que a cave estava inundada.
de tal modo que (derart, daß)
embora, ainda que (obwohl) (mit Konjunktiv):

Embora tenha muitas relações, vive bastante isolado.
apesar de que (obwohl)
por mais que (so viel auch ...):
Por mais que faça, não vencerá.
posto que (obwohl)

XI. DIE VERWENDUNG VON QUE

1. Relativpronomen: Os sapatos **que** vimos na montra. O polícia **que** nos mostrava o caminho; **pelo que** = wodurch.
2. unübersetzbares Füllwort: não digo **que** não. Acho **que** sim. Penso **que** não. Espero **que** sim.
3. Ausruf = welch ein, wie! **Que** vida! (Was für ein Leben!) **Que** pena! (wie schade!). **Que** vista esplêndida! (welch eine ...)
4. in selbständigen Wunschsätzen: **que** venha! (er soll kommen!) **Que** queiram **que** não queiram (sie mögen wollen oder nicht)
5. als Satzeinleitung: é **que** tenho muita fome (denn ich habe großen Hunger)
6. als Fragewort: **que** dizes? (was sagst du?), em **que** posso servir-te? (womit kann ich dir dienen?), de **que** falas? (wovon?)
7. als Konjunktion: acende o candeeiro, **que** já está escuro (zünde die Lampe an, weil es schon dunkel ist); comprei tantos livros **que** fiquei sem dinheiro (ich habe so viele Bücher gekauft, daß ...). Leva o guarda-chuva, **que** está a chover (nimm den Regenschirm mit, denn es regnet gerade.)
8. **de que** = daß: tenho a certeza **de que** há-de pagar-nos. Temos a esperança **de que** virá esta noite.
9. als verstärkte Wiederholung: corre **que** corre (er läuft und läuft)

XII. DER AUSRUF

1. Ausrufe der Freude: **oh!, ah!, óptimo!, magnífico!, estupendo!**
2. Ausrufe des Schmerzes: **ai!, ai, meu Deus!**

3. Ausrufe des Unbehagens: **ai Jesus!, valha-me Deus!, coitadinho!, ai de mim!, que pena!, coitada da mulher!**
4. Ausrufe der Überraschung: **olá!, caramba!, ena!** (Teufel auch!), **essa é boa!** (das fehlte noch), **viva!** (hallo!)
5. Ausrufe der Entrüstung: **abaixo!** (nieder mit ihm!), **fora!** (raus!), **alto!** (halt!), **credo!** (unglaublich!), **apre!** (Donnerwetter!), **irra!** (zum Kuckuck!), **rua!** (raus!), **livra!** (das ist doch nicht die Möglichkeit!)
6. Ausrufe, die zum Schweigen auffordern: **psiu!** (psst!), **silêncio! Cala-se!** (halten Sie den Mund!), **pouco barulho!** (Ruhe!), **chitão!** (leise!)
7. Ausrufe des Wunsches: **oxalá!, tomara eu!** (wenn ich doch ...), **Deus queira!** (Gott wolle es), **quem me dera!** (wenn ich doch auch!), **bem haja!** (viel Glück!)
8. Anrufe oder Hilferufe: **olá!** (hallo!), **escute!, oiça lá!, cuidado!** (aufgepaßt!), **olhe lá!** (sehen Sie mal!), **cautela!** (Vorsicht!), **socorro!** (Hilfe!).

VOCABULÁRIO

Lições preparatórias

I.

são	sind
conte!	Zählen Sie!
até	bis
para trás	rückwärts
primeiro aluno	erster Schüler
segundo	zweiter
que é isto?	was ist das?
é um livro	es ist ein Buch
um caderno [kɐ'ðɛrnu]	ein Heft
um lápis	ein Bleistift
um tinteiro	ein Tintenfaß
um quadro ['kwaðɾu]	eine Tafel, ein Gemälde
um banco	eine Bank
um mata-borrão	ein Löschblatt
um candeeiro [kẽn'djeiɾu]	eine Lampe
uma mesa [-e-]	ein Tisch
uma cadeira	ein Stuhl
uma janela [ʒɐ'nɛlɐ]	ein Fenster
uma borracha	ein Radiergummi
uma caneta (de tinta permanente)	ein [Füll]-Federhalter
uma porta	eine Tür
uma régua	ein Lineal
uma parede [-e-]	eine Wand
uma secretária	ein Schreibtisch, eine Sekretärin
uma pasta	eine Aktentasche
tem	hat, haben Sie
sim	ja
não	nein

II.

de que cor é? [koɾ]	Welche Farbe hat...?
o papel	das Papier
branco, a	weiß
castanho, a	braun
verde [-e-]	grün
cinzento, a	grau
azul	blau
amarelo, a	gelb
preto, a [e]	schwarz
encarnado, a	rot

III.

que horas são? [-ɔ-]	Wie spät ist es?
outro, a	ein anderer
meia (hora)	halb[e] [Stunde]
meio-dia	Mittag
meia-noite	Mitternacht
a que horas...?	um wieviel Uhr...?
começa	beginnt
a aula	die Unterrichtsstunde
termina	endet
leia!	lesen Sie!
(os) seguintes	[die] folgenden
quantos minutos?	wie viele Minuten?
o segundo	die Sekunde
um quarto de hora	eine Viertelstunde
o dia	der Tag
a semana	die Woche
o mês	der Monat
o ano	das Jahr
têm	haben, 3. Person Plural

IV.

bom dia!	Guten Tag!
boa tarde!	Guten Nachmittag [Abend]!
boa noite!	Gute Nacht!
como está?	wie geht es Ihnen?
passou bem?	ist es Ihnen gut ergangen?
bem, muito obrigado	danke, gut
tens tempo?	hast du Zeit?
tenho	ich habe
você	Sie [bei nahen Bekannten]
nenhum, a	kein, e
adeus!	Auf Wiedersehen!
até amanhã!	bis morgen!
até logo! [ˈlɔɣu]	bis gleich!
se Deus quiser	so Gott will

V.

o número	die Zahl
como se chama...?	wie heißen [Sie]?
chamo-me	ich heiße ...
como te chamas?	wie heißt du?
onde mora ...?	wo wohnen [Sie]?
moro [ɔ]	ich wohne
na rua	in der Straße
na avenida	in der Avenue
na praça	am Platz
donde vem?	woher kommen Sie?
venho de ...	ich komme aus ...
a Alemanha	Deutschland
o dia da semana	der Wochentag
que dia é hoje? [-o-]	welcher Tag ist heute?
domingo	Sonntag
segunda-feira	Montag
terça-feira [teɾ ...]	Dienstag
quarta-feira [kw-]	Mittwoch
quinta-feira [ˈkĩtɐ]	Donnerstag
sexta-feira [ˈseiʃtɐ]	Freitag
sábado	Sonnabend
terceiro, a	dritte
o quarto, a	der vierte
o quinto, a	der fünfte
o sexto, a	der sechste
o sétimo, a	der siebente
qual é ... [kw-]	welches ist ...?
o ano	das Jahr
quantos dias? [kw-]	wie viele Tage?
quais são ...? [kw-]	welches sind ...?
a estação, as estações	die Jahreszeit, die Jahreszeiten
a Primavera [-ˈvɛɾɐ]	der Frühling
o Verão	der Sommer
o Outono [oˈtonu]	der Herbst
o Inverno [ĩˈvɛrnu]	der Winter

VI.

que dia foi ontem?	welcher Tag war gestern?
anteontem	vorgestern
será	wird sein
amanhã	morgen
depois de amanhã	übermorgen
quantos são hoje?	den wievielten haben wir heute?
serão	werden sein
em que dia	an welchem Tage
o aniversário	der Geburtstag
a data	das Datum
que língua se fala ...	welche Sprache spricht man
em (no, na)	in
fala-se	man spricht
o Brasil	Brasilien

o alemão	der Deutsche, deutsch
a França	Frankreich
francês	französisch
a Espanha	Spanien
espanhol	spanisch
a Inglaterra	England
inglês	englisch
a Itália	Italien
italiano, a	italienisch
a Suíça	die Schweiz
a União Soviética	die Sowjetunion
o russo	der Russe, russisch
os Estados Unidos	die Vereinigten Staaten
onde?	wo?
a Áustria	Österreich
a pessoa	die Person
o habitante	der Einwohner
o Ultramar	[das] Übersee-[gebiet]

VII.

como está o tempo?	wie ist das Wetter?
está bom	[es] ist gut
mau tempo	schlechtes Wetter
está calor [-o-]	es ist heiß
está frio	es ist kalt
está vento	es ist windig
está a chover [ʃuˈveɾ]	es regnet eben
está fresco [-e-]	es ist kühl
na Primavera	im Frühling
no Verão	im Sommer
no Outono [o]	im Herbst
no Inverno [ɛ]	im Winter

Primeira lição

a casa	das Haus
Pedro [-e-]	Peter
a família	die Familie
Lisboa	Lissabon
grande	groß
moderno, a [-ɛ-]	modern
a divisão	das Zimmer
a varanda	die Veranda
a cozinha	die Küche
a casa de banho	das Badezimmer
a sala de estar	das Wohnzimmer
a sala de jantar	das Eßzimmer
o quarto das crianças	das Kinderzimmer
o escritório	das Arbeitszimmer, das Büro
o pai	der Vater
o quarto de dormir	das Schlafzimmer
o quarto da criada	das Dienstmädchen-zimmer
paga	bezahlt
a renda	die Miete
por mês	monatlich
elevado, a [iləˈvaðu]	hoch
mas	aber
o engenheiro	der Diplom-Ingenieur
ganha	verdient
bem	gut
vive	lebt
o andar	das Stockwerk
do lado direito	auf der rechten Seite
o prédio	das Wohnhaus
também	auch
o elevador	der Aufzug, Lift
funciona mal	funktioniert schlecht
o rés-do-chão	das Erdgeschoß
a porteira	die Portiersfrau
o gato	die Katze
o fadista	Fado-Sänger
o cão	der Hund
o aquário [-kw-	das Aquarium
com	mit
o peixe [ˈpeiʃə	der Fisch
o janota [-ɔ-]	der Stutzer, Geck
a mãe	die Mutter

Dona	Frau
a irmã	die Schwester
ela	sie
Isabel	Elisabeth
muito, a	viel
a conversação	die Unterhaltung
que	der, die, das; daß
quanto?	wieviel?
o exercício [izəɾ'sisju]	die Übung
a maçã	der Apfel
o órgão	die Orgel
o irmão	der Bruder
a lição	die Lektion
o osso ['osu]	der Knochen
o almoço [-'osu]	das Mittagessen
o olho ['o-], os olhos [ɔ-]	das Auge
o bolo [-'o-], os bolos [-'o-]	der Kuchen
o gosto [-o-]	der Geschmack
a voz [vɔʃ]	die Stimme
o fim	der Zweck
o álbum	das Album
o sol [sɔɫ]	die Sonne
o barril	das Faß
fácil	leicht
difícil	schwierig

Segunda lição

levantar-se	aufstehen
depois	danach
o filho, os filhos	der Sohn, die Söhne [Kinder]
eles correm	sie laufen
para	nach, für
o vencedor	der Sieger
fechar à chave	abschließen [mit dem Schlüssel]
ficar	bleiben [Infinitiv]
muito contente	sehr zufrieden
bater	schlagen [Inf.]
gritar	schreien [Inf.]
não tens vergonha?	schämst du dich nicht?
pegar em	etwas anfassen, ergreifen [Inf.]
a esponja [iʃ'põʒɐ]	der Schwamm
lavar-se	sich waschen
a água	das Wasser
o sabonete	die Waschseife
impaciente	ungeduldig
vá! Despacha-te!	mach zu! Beeil dich!
devagar	langsam
limpar	reinigen
o dente	der Zahn
a escova [-'o-]	die Bürste
a pasta dentífrica	die Zahnpaste
a boca [-'o-]	der Mund
cheio, a	voll
a calma	die Ruhe
calma!	Ruhe!
já vou	ich komme schon
pentear	kämmen
o cabelo [-'elu]	das Haar
em frente de	vor
o espelho [iʃ'peʎu]	der Spiegel
aborrecido, a	ärgerlich
vais ver	du wirst sehen
diz	sagt [3. P. Sing. Präs.]
rir-se	lachen [Infinitiv]
vai	geht [3. Pers. Sing. Präs.]
põe a mesa	deckt den Tisch [3. P. Sing. Präs.]
o que . . .	was . . .?
com que?	womit?
para onde?	wohin?
contar	erzählen
empregar	verwenden
a criança	das Kind
alegre [ɐ'lɛɣɾə]	fröhlich, heiter
responder	antworten
à maneira portuguesa	auf portugiesische Art
pôr no plural	in die Mehrzahl setzen
conveniente	angemessen, richtig

a forma	die Form
cantar	singen
a canção	das Lied
beber	trinken
o leite	die Milch
a garrafa	die Flasche
suiço, a	Schweizer [-in]

Terceira lição

o pequeno almoço [-ˈosu]	das Frühstück
a campainha [kɐ̃mpɐˈiɲɐ]	die Klingel
tocar [tuˈkar]	schellen, spielen, berühren
o padeiro [paˈðeiɾu]	der Bäcker
entregar	übergeben
o pãozinho (a carcaça)	das Brötchen
fresco, a [-e-]	frisch
o cesto [-e-]	der Korb
levar	tragen, abholen
esperar	warten
poder	können
mais	mehr
depressa [-ˈɛsɐ]	rasch
chamar	rufen
traga!	bringen Sie!
o café	der Kaffee
a paciência	die Geduld
censurar	rügen
comprar	kaufen
primeiro	zuerst
o jornal [-u-]	die Zeitung
o terraço	die Terrasse
o rapaz	der Junge
passar	vorbeigehen
o diário	die Tageszeitung
o século	das Jahrhundert
acenar	winken
o ardina	der Zeitungsjunge
este (e), esta [ˈɛʃtɐ], **estes (e), estas** [ˈˈɛʃtɐʃ]	dieser, e
atirar	[hinauf]werfen
deitar	[hinunter]werfen
ainda	noch
a cama	das Bett
faça favor!	bitte sehr!
já	schon
tudo	alles
faltar	fehlen
observar	bemerken, beobachten
no mesmo momento	im gleichen Augenblick
outra vez [veʃ]	abermals
lá vem	da kommt
a leiteira	die Milchfrau, der -krug
trazer	bringen
o jarro	der Krug
a jarra	die Vase
todos, as [ˈtoðuʃ, ˈtoðɐʃ]	alle
comer	essen
o apetite	der Appetit
a manteiga	die Butter
a chávena	die Tasse
o açúcar	der Zucker
sem	ohne
aonde?	wohin?
de manhã	morgens
o giz [ʒiʃ]	die Kreide
barato, a	billig
caro, a	teuer
estudar	studieren
a pronúncia	die Aussprache
generoso, a [-o-], Plur. [-ɔ-]	großzügig
o homem	der Mensch, Mann
gordo, a [ˈgoɾdu]	dick
a mulher	die Frau
a escola [-ɔ-]	die Schule
o trabalho	die Arbeit

Quarta lição

o mercado	der Markt
fazer compras	Einkäufe machen
o almoço [-o-], **almoços** [-'ɔsuʃ]	das Mittagessen
ouvir	hören
ouvem-se	man hört
o vendedor	der Verkäufer
há	es gibt
o tomate saloio	die frische Tomate
o saloio	der Bauer der Umgebung Lissabons
olhe!	sehen Sie!
a uva	die Weintraube
lindo, a	hübsch
venha cá!	kommen Sie her!
a freguesa [frɛɣezɐ]	die Kundin
o talho	der Fleischerladen
o bife	das Beefsteak
tenro, a	zart
só	nur
a costeleta [-'le-]	das Rippchen
o porco [-o-]	das Schwein
o lombo	der Rücken
a vitela [-'ɛlɐ]	das Kalb
o preço [-e-]	der Preis
então	dann
dê-me!	geben Sie mir!
pesar	wiegen
a carne	das Fleisch
a balança	die Waage
embrulhar	einwickeln, verpacken
o lugar do peixe	der Fischstand
a pescada	der Schellfisch
parecer	scheinen
a hortaliça	das Gemüse
a fruta	das Obst
querer	wollen, wünschen
o feijão verde [-e-]	die grüne Bohne
a batata	die Kartoffel
a alface	der Kopfsalat
a couve portuguesa [-e-]	der [port.] Grünkohl
mais nada?	sonst noch was?
por fim	endlich
a dúzia	das Dutzend
a banana	die Banane
o ovo (o), **os ovos** ['ɔvuʃ]	das Ei
o saco	die Einholtasche
cabaz [-'aʃ]	der Einholkorb
voltar	zurückkehren
o frigorífico	der Eisschrank
feliz [-ʃ]	glücklich
amável	liebenswürdig
brutal	roh, brutal
a má língua	die böse Zunge
o comboio	der Eisenbahnzug
a nação	die Nation
trabalhador, a	fleißig
os pais	die Eltern
o carro	der Wagen, das Auto
novo, a ['novu, 'nɔvɐ]	neu, jung
o vinho tinto	der Rotwein
o amigo	der Freund
aprender	lernen
a classe	die Klasse
em cima de	auf . . .
isto	dies
aquele, a [-'elə, -'ɛlɐ]	jener, e
brincar	spielen
a filha	die Tochter
a expressão [iʃpɾə'sɐ̃u]	der Ausdruck
interessante	interessant

Quinta lição

a toalha (de mesa)	das Tischtuch
a toalha (de mão)	das Handtuch
o prato	der Teller
o copo ['kɔpu]	das Glas
o talher	das Besteck
a faca	das Messer

o garfo	die Gabel
a colher [ku'λεr]	der Löffel
ajudar	helfen
preparar	vorbereiten
a comida [-u-]	das Essen
tire-me	ziehen Sie mir!
a panela [-'nɛlɐ]	der Kochtopf
o fogão	der Herd
pronto, a	fertig, bereit
a travessa [-'vɛsɐ]	die Schüssel
quente [k-]	heiß
avisar	verständigen, Bescheid geben
a sopa [-o-]	die Suppe
sentar-se	sich setzen
o guardanapo	die Serviette
o caldo verde	die Grünkohlsuppe
seguir [-'γiɾ]	folgen
cozido	gekocht
assado, a	gebraten
encher	füllen
a água mineral	das Mineralwasser
o abridor de garrafas	der Flaschenöffner
sair	herausgehen, herauskommen
a violência	die Gewalt, die Heftigkeit
salpicar	bespritzen
a cara	das Gesicht
tem cuidado!	paß auf!
nisto	in diesem Augenblick
queimar	verbrennen
o dedo [-e-]	der Finger, Zehe
dar um grito	einen Schrei ausstoßen
exclamar	ausrufen
bem feito!	das geschieht dir recht!
coitado!	der Ärmste!
pouca sorte	wenig Glück
a sobremesa	der Nachtisch
o pudim flan	der Eierpudding
ladrar	bellen

está à espera	wartet auf
a papelaria	das Papierwarengeschäft
a dona [-ɔ-]	die Besitzerin
velho, a	alt
a mania da bola [-ɔ-]	der Fußballfimmel
graças a Deus!	Gott sei Dank!
que tal vai?	wie geht es ...?
desejar	wünschen
a folha [-o-]	das Blatt
a máquina (de escrever)	die Schreibmaschine
grosso, a ['gɾosu, 'gɾɔsɐ]	dick
fino, a	fein, dünn
médio, a	mittel
o postal	die Postkarte
a vista	die Ansicht
a preto e branco	schwarz-weiß
colorido (a cores)	bunt
mandar	schicken
saber	wissen
as férias	die Ferien
o país, os países	das Land, die Länder
bonito, a	hübsch
agora [-ɔ-]	jetzt
o envelope [-ɔ-]	der Umschlag
ganhar	gewinnen, verdienen
claro, a	klar
o quê? [-e-]	wie bitte?
aqui	hier
acabar com o desconto	Schluß machen mit dem Rabatt
ver	sehen
representar	aufführen, darstellen
a cena [-e-]	die Szene
semelhante	ähnlich
a pergunta	die Frage
o avô [-o-]	der Großvater
a avó [-ɔ-]	die Großmutter
custar	kosten
a capital	die Hauptstadt
a rapariga	das Mädchen

(in Brasilien: **a moça**)

Sexta lição

o correio	die Post
a carta	der Brief
a encomenda	das Päckchen, der Auftrag
o coleccionador de selos ['seluʃ]	der Briefmarkensammler
possuir	besitzen
diverso, a [-ɛ-]	verschieden
estimular o interesse por ...	das Interesse für ... anregen, fördern
mesmo, a	selbst, sogar
colar	kleben
a cola [-ɔ-]	der Klebstoff
por isso	deshalb
dirigir-se a	sich wenden ...
logo	sogleich
o guiché	der Schalter
interessar-se por	sich interessieren für ...
a série	die Reihe
exposto, a [-'oʃtu, -ɔʃtɐ]	ausgestellt
perto de	nahe bei
a entrada	der Eingang
só	nur, erst
lembrar-se de	sich erinnern an
pedir	bitten
a empregada	die Angestellte
registado, a	eingeschrieben
o avião	das Flugzeug
ou	oder
peso a mais [-e-]	Übergewicht
rebuscar	wühlen
o porta-moedas ['mwɛðɐʃ]	die Geldbörse
impacientar-se	ungeduldig werden
por detrás de	hinter
muita gente	viele Leute
o talão	Abschnitt
a caixa (do correio)	der [Brief]kasten
a secção [-ks-]	die Abteilung
o pacote [-ɔ-]	das Paket
o vale	die Postanweisung
a bicha	die Menschenschlange
quase [kw-]	fast
perder	verlieren
chega a sua vez	er kommt an die Reihe
o dinheiro	das Geld
para quê?	wozu?
precisar de	müssen
a colecção [-ɛ'sɐ̃u]	die Sammlung
a redacção [-s-]	der Aufsatz
tarde	spät
determinar	bestimmen
o género	das Geschlecht
o arroz [-'oʃ]	der Reis
a paz	der Friede
o olhar	der Blick
a dor [-o-]	der Schmerz
a viagem	die Reise
a raiz	die Wurzel
o nariz	die Nase
a vontade	der Wille

Sétima lição

o autocarro	der Autobus
comigo	mit mir
a Baixa	die Innenstadt von Lissabon
pequeno, a [-'enu]	klein
demorar-se	sich aufhalten, trödeln
já são horas!	es wird Zeit!
a pastelaria	die Konditorei
talvez	vielleicht
ter juízo	vernünftig sein
porta-te bem!	betrag dich gut!
a paragem	die Haltestelle
enorme	riesig
ir de eléctrico [-'lɛtr]	mit der Straßenbahn fahren

gostar de	gern etwas tun, gern haben, lieben
tanto	so sehr
tão	so
subir	hochsteigen
o andar de cima	der obere Stock
aproximar-se (de) [-s-]	sich nähern
o condutor [-u'tor]	der Schaffner
o bilhete [-'ʎetə]	die Fahr-, Eintrittskarte
furar	lochen
o passageiro	der Fahrgast
o movimento	die Bewegung
a camioneta [-'netɐ]	der Lastwagen
o táxi [-ks-]	das Taxi
o polícia sinaleiro	der Verkehrspolizist
suar	schwitzen
debaixo de [-ʃ-]	unter . . .
o toldo [-o-]	das Schutzdach
o tráfego	der Verkehr
exigir [izə'ʒir]	verlangen, fordern
a atenção	die Aufmerksamkeit
parar (estacionar)	halten, parken
parado	geparkt
a tabacaria	der Tabakladen
ora essa! [ɔ-]	na, hör mal!
vender	verkaufen
o modelo [-e-]	das Modell
não digas disparates!	red' keinen Unsinn!
a última estação	die Endstation
o Rossio	einer der Hauptplätze Lissabons
descer	aussteigen, herabsteigen
o motorista	der Chauffeur
fumar	rauchen
o cigarro	die Zigarette
porquê?	warum?
de que marca?	von welcher Marke?
a sapataria	das Schuhgeschäft
passear	spazierengehen
defronte de	vor
a montra	das Schaufenster
o tamanho	die Größe
o feitio	die Form, die Wesensart
a sandália	die Sandale
acorrer	herbeilaufen
pressuroso, a	eilfertig
pesado, a	schwer [an Gewicht]
pôr de parte	beiseite stellen
o par	das Paar
a medida	das Maß
achar	finden
feio, a	häßlich
apontar para	zeigen, deuten auf
o cabedal	das Leder
a qualidade [kw-]	die Qualität
nem . . . nem	weder . . . noch
apresentar	vorstellen, vorführen
apenas [ɐ'penɐʃ]	nur
a pomada	die [Schuh]-Krem
os atacadores	die Schnürsenkel
às escondidas	insgeheim
a careta [-'etɐ]	die Grimasse
a contrariedade	die Verärgerung, Unannehmlichkeit
o vestido	das Kleid

Oitava lição

esta tem graça	diese [Geschichte] hat Witz
a terra	die Erde, das Gebiet
igual a	gleich dem . . .
quanto a	was . . . anbetrifft
o agradecimento	der Dank
o guardador de carros	der Autowächter, Parkwächter
usar-se	in Gebrauch sein
a tabela [-'βɛlɐ]	die Tabelle, Liste
gostosamente	mit Vergnügen
a gorjeta [-'ʒetɐ]	das Trinkgeld
escutar	hören, horchen
oferecer	anbieten, schenken
se forem . . .	wenn es sind . . .

„cair"	„herausrücken", eigentlich: fallen
às suas ordens	zu Ihren Diensten
o cinema [-ˈnemɐ]	das Kino
ir a . . .	gehen zu . . .
o filme policial	der Kriminalfilm
a bilheteira	die Kino-, Theaterkasse
conseguir	erreichen
o balcão	der Balkon[platz]
a plateia	das Parkett
esgotado, a	ausverkauft
o arrumador	der Platzanweiser
conduzir	führen [auch: Autofahren]
o lugar	der Platz, Ort
receber	erhalten
algum tempo	einige Zeit
ficar às escuras	dunkel werden
o pano	das Tuch, der Vorhang
o „écran"	die Leinwand, Bildschirm
aparecer	erscheinen
as actualidades [at-]	die Wochenschau
o espectador	der Zuschauer
assistir a	beiwohnen . . .
a inundação	die Überschwemmung
o desfile militar	die Truppenparade
a fuga	die Flucht, die Fuge
o elefante	der Elefant
o circo	der Zirkus
o mundo	die Welt
o desenho animado	der Zeichenfilm
o rato	die Maus
o pugilista	der Boxer
lutar	kämpfen
o Pavilhão dos Desportos	der Sportpalast
a luta	der Kampf
tremendo, a	gewaltig, fürchterlich
pobre	arm
meio-morto, a	halbtot
quando	als, wenn
surgir	auftauchen
de repente	plötzlich
castigar	bestrafen
o murro	der Faustschlag
voar	fliegen
o neto [ˈnɛtu]	der Enkel
administrar uma tareia	eine Tracht Prügel verabfolgen
magistral	meisterhaft
imenso, a	riesig, unermeßlich
a velhota [-ɔ-]	die Alte
a máscara	die Maske
negro, a [-e-]	schwarz
o enredo [-ˈeðu]	die Handlung, Verwicklung
complicado, a	kompliziert, verworren
a certa altura	zu einem gewissen Augenblick, endlich
o procedimento	das Verfahren
compreender	verstehen
nada	nichts
ora, ora [ɔ]	nanu
perceber	begreifen
o assassino	der Mörder
matar	töten
simpático, a	sympathisch
não faço ideia nenhuma	ich habe keine Ahnung
com certeza [-ˈezɐ]	ganz gewiß
por	durch, wegen
o tirotcio	die Schießerei
entre	zwischen
a polícia	die Polizei
o canal subterrâneo	der unterirdische Kanal
apanhado, a	erwischt
a palavra	das Wort
o intervalo	die Pause
o gelado de fruta	das Fruchteis
o caramelo [-ˈɛlu]	das Bonbon
o chocolate	die Schokolade
a sessão	die Sitzung, Vorstellung
bem disposto, a	gut gelaunt
menos	außer

as dores de cabeça [-e-]	die Kopfschmerzen
estupendo, a	großartig
comentar	bemerken, kommentieren
o comprimido	die Pille, Tablette
a aspirina	das Aspirin
acerca de [-e-]	über . . .
o acidente	der Unfall
a verdade	die Wahrheit
a sede [ˈseðə]	der Durst

Nona lição

realmente	wirklich, in der Tat
passar-se	sich abspielen
o trânsito	der Verkehr
intenso, a	belebt
o sujeito	der Mensch, Mann
pretender	vorhaben, hier: wollen
a gravata	die Krawatte
a camisaria	das Herrenwäschegeschäft
em frente	gegenüber
igual	gleich
calmo, a	ruhig, gelassen
arriscar-se	wagen, die Gefahr auf sich nehmen
atravessar	überqueren
ridículo, a	lächerlich
o jardim zoológico	der Zoo
passado	vergangen
dar uma volta	einen Bummel machen
acompanhar	begleiten
aturar	aushalten
„bichos raros"	seltene Tiere (hier: komische Käuze)
assim	so
livre	frei
o colo [ˈkɔlu]	der Schoß, der Hals
o soldado	der Soldat
enfim	schließlich, kurz und gut
a multidão	die Menschenmenge
demorar-se	sich aufhalten
o recinto	das Gehege
a fera [ˈfɛɾɐ]	das Raubtier
achar graça a	Gefallen finden an ...
o urso	der Bär
o leão	der Löwe
o tigre	der Tiger
o hipopótamo	das Flußpferd
sonolento, a	schläfrig
nem tão-pouco	ebensowenig, auch nicht
ensinar	lehren, abrichten
apanhar	erwischen, aufheben
a tromba	der Rüssel
depositar	ablegen
em seguida	anschließend
puxar um sino [puˈʃaɾ]	eine Glocke ziehen
em sinal de	zum Zeichen des . . .
encaminhar-se	sich auf den Weg machen
directamente	unmittelbar
o macaco	der Affe
construir	erbauen
sobre [-o-]	auf
a rocha [-ɔ-]	der Felsen
o babuíno	der Pavian
ocupado, a	beschäftigt
catar as pulgas	die Flöhe absuchen, flöhen
o vizinho	der Nachbar
a cabeleira	die Haarmähne
comprido, a	lang
o pianista	der Pianist
pasmar	erstaunen
natural	natürlich
o chefe	der Führer, der Chef
obedecer	gehorchen
fazer mal	Böses tun
impor respeito	Respekt einflößen
alto, a	hoch
o guincho [g-]	das Kreischen, Heulen
obrigar a	nötigen zu

retirar-se	sich zurückziehen
o chimpanzé	der Schimpanse
o barulho	der Lärm, Krach
furioso, a [-o-]	wütend
estender	hinstrecken
o bicho	das Tier
a casca	die Schale
os amendoins	die Erdnüsse
através de	durch . . . hindurch
as grades	die Gitterstäbe
em direcção a	in Richtung auf
o susto	der Schreck
ter razão	recht haben
irritar	reizen
o animal	das Tier
o animal preferido	das Lieblingstier
aplaudir	Beifall klatschen
a princesa [-e-]	die Prinzessin
o palácio	der Palast
o admirador	der Bewunderer
doente	krank
sentir-se	sich fühlen
a missa	die Messe
o plano	der Plan
tomar conta de	sich kümmern um
o sobrinho	der Neffe

Uma poesia

palrar	schwatzen
a pega [-e-]	die Elster
o papagaio	der Papagei
cacarejar	gackern
a galinha	das Huhn
gemer	seufzen (gurren)
arrulhar	gurren
o pombo	die Taube
a rola [-o-]	die Turteltaube
inocente	unschuldig
mugir	brüllen
berrar	brüllen
a vaca	die Kuh
o touro	der Stier, Bulle
grasnar	quaken
a rã	der Frosch
rugir	brüllen
miar	miauen
uivar	heulen
o lobo [ˈloβu]	der Wolf
relinchar	wiehern
nobre [-ɔ-]	edel, vornehm
o cavalo	das Pferd
dar urros	trompeten
tímido, a	schüchtern
a ovelha [-e-]	das Schaf
balar	blöken
zurrar	iahen, schreien
é próprio	ist eine Eigentümlichkeit
o burro	der Esel
regougar	bellen
sagaz	schlau, verschmitzt
a raposa [-o-]	der Fuchs
matreiro, a	gewitzt, durchtrieben
o ramo	der Zweig
a ave	der Vogel
piar	piepen
o mocho [-ˈoʃu]	der Kauz
agoureiro, a	prophetisch
ligeiro, a	leicht (an Gewicht)
variar	abwechseln, variieren
o canto	der Gesang
às vezes	zuweilen
o gorjeio	das Zwitschern, Trillern
chilrar	zwitschern, schwatzen
o pardal	der Spatz
daninho, a	schädlich
ervas daninhas	Unkraut
a doninha	das Frettchen
chiar	quietschen, piepen
o corvo [-o-]	der Rabe
crocitar	krächzen
zunir	summen
o mosquito	die Stechmücke
enfadonho, a	langweilig, ärgerlich
a serpente	die Schlange

o deserto [-ˈzɛrtu]	die Wüste
soltar	loslassen
o assobio	das Zischen
medonho, a [-o-]	fürchterlich
a lebre [-ɛ-]	der Hase
o pato	die Ente
grunhir	grunzen
libar	schlürfen, nippen
o suco	der Saft, das Mark
a flor [-o-]	die Blume, Blüte
costumar	(zu tun) pflegen
a abelha [-e-]	die Biene
zumbir	summen
bramar	brüllen
a onça	der Leopard, Jaguar
o pintainho	das Küken
cucuricar	krähen
o galo	der Hahn
latir	bellen
ganir	winseln
o cachorro [-o-]	der junge Hund
o cordeiro	das Lamm
o vagido	das Säuglingsgeschrei
a fala	die Sprache
foi dada	wurde gegeben
o rei	der König
o verso [-ɛ-]	der Vers
acima lidos	oben gelesene
encontrar-se	sich finden, sich treffen
a rima	der Reim
principal	hauptsächlich
decorar [-u-]	auswendig lernen

Décima lição

a cerca [-e-]	der (Schul)hof
avistar	bemerken, gewahren
o avião a jacto	das Düsenflugzeug
rectificar	berichtigen
distinguir-se	sich unterscheiden
o diedro [-ɛ-]	der Winkel
a asa	der Flügel
a milha	die Meile
„picar"	stechen, zum Sturzflug ansetzen
a barreira sonora	die Schallmauer
extraordinário, a	außerordentlich
a pressão	der Druck
atingir	erreichen
suspirar	seufzen
o garoto [-o-]	der Junge, der Milchkaffee
maldito, a	verwünscht
a tabuada	das Einmaleins
o criado	der Ober
o freguês [-ɐˈɣeʃ]	der Kunde
o salão de cabeleireiro	der Frisiersalon
cortar	schneiden
separar-se	sich trennen
vazio, a	leer
o cabeleireiro	der Frisör
atender alguém	jem. bedienen
a demora [-ɔ-]	die Verzögerung
o penteador	der Frisiermantel
a maneira	die Art und Weise
o corte [-ɔ-]	der Haarschnitt
o barbeiro	der (Herren)frisör
sorrir	lächeln
a tesoura	die Schere
o pente	der Kamm
libertar	befreien
tilintar	klimpern, klappern
usar a risca	den Scheitel tragen
à esquerda	links
entabular uma conversa [-ˈvɛrsɐ]	ein Gespräch anknüpfen
o totobola	das Fußballtoto
o desafio	das (Fußball)spiel
próximo, a [-s-]	nächster
o prémio	der Preis
valer a pena [ˈpenɐ]	die Mühe lohnen
render	einbringen
estar com ideias	die Absicht haben
o fato	der Anzug
o aborrecimento	der Ärger

entretanto	unterdessen
superlotado, a	überfüllt
folhear	blättern
a revista	die Zeitschrift, Revue
a permanente	die Dauerwelle
a ponta	die Spitze
apressar-se	sich beeilen
enrolar	einrollen
o rolo	der Lockenwickler
o secador	der Haartrockner
ir à tosquia [-k-]	zur Schur gehen (Schafe!)
contemplar	betrachten
satisfeito, a	befriedigt, satt
o penteado	die Frisur
a peça [ˈpɛsɐ]	das (Theater)stück
a mala	der Koffer

devolver	zurückgeben
a história	die Geschichte
a máquina fotográfica	der Fotoapparat
substituir	ersetzen, vertreten
sublinhar	unterstreichen
a parte	der Teil
a sardinha	die Sardine
emprestar	leihen
o comerciante	der Kaufmann
preceder	voranstellen
reparar em	achten auf
a fusão	die Verschmelzung
o erro [-e-]	der Irrtum
a licença	die Erlaubnis
o prazer	das Vergnügen
conhecer	kennen, erkennen

Décima primeira lição

o gago	der Stotterer
míope	kurzsichtig
o ruído	der Lärm, Krach
infernal	höllisch
ambos, as	beide
o hospital	das Krankenhaus
o desastre	das Unglück, der Unfall
antes de	vor ...
a passagem de nível	der Bahnübergang
o guarda	der Wächter
a lógica	die Logik
o ferro [-ɛ-]	das Eisen
quanto mais ...	je mehr ...
esquecer	vergessen
servir	dienen, auftragen
deixar [-ʃ-]	lassen
notar	feststellen, bemerken
agradável	angenehm
a surpresa [-e-]	die Überraschung
em primeiro lugar	zuerst, erstens
agradecer	danken
prezado, a	geschätzt
a saúde	die Gesundheit
a companhia	die Gesellschaft

estimado, a	geschätzt, verehrt
estamos a tratar	wir kümmern uns eben um ...
tratar	verhandeln
o passaporte [-ɔ-]	der Paß
a passagem	die Überfahrt
marcar	reservieren, belegen (telef. wählen)
a agência de viagens	das Reisebüro
entusiasmado, a	begeistert
o prospecto [-ˈɛtu]	der Prospekt
afirmar	behaupten, versichern
a praia	der Strand
lindo, a	hübsch, schön
consultar	zu Rate ziehen, befragen
infeliz(mente)	unglücklich(erweise)
a bagagem	das Gepäck
evitar	vermeiden
a despesa [-ˈezɐ]	die (Geld)ausgabe
arranjar	beschaffen
o casal	das Ehepaar
a pensão (residencial)	die Pension (für Dauergäste)

possível	möglich	**largo**	breit
a perspectiva	die Aussicht (Perspektive)	**são, sã**	gesund
		o princípio	der Anfang
a ocasião	die Gelegenheit	**o fecho duma carta** [ˈfeʃu]	der Briefschluß
aperfeiçoar	vervollkommnen		
praticar	üben, praktizieren	**profundo, a**	tief
o cumprimento	der Gruß	**o assunto**	die Angelegenheit
o abraço	die Umarmung	**a estima (a consideração)**	die Wertschätzung
sempre	immer		
dedicado, a	ergeben	**subscrever-se**	unterzeichnen
	—	**a saudade**	die Sehnsucht
apagar	löschen (Licht)	**afectuoso, a**	herzlich
baixo, a [-ʃ-]	niedrig	**grato, a**	dankbar
belo, a [-ɛ-]	schön		

Décima segunda lição

cuidadoso, a	sorgfältig	**o dever escolar**	die Schularbeit
altas horas da madrugada	spät im Morgengrauen	**portanto**	infolgedessen
		o problema [-ˈemɐ] **de matemática**	die Rechenaufgabe
completo, a [-ɛ-]	vollständig		
embriagado, a	betrunken		
a esquina [-k-]	die Straßenecke	**fazer tudo à última da hora**	alles im letzten Augenblick tun
apoiar-se	sich stützen		
tirar	ziehen	**o tempo o dirá**	das hängt vom Wetter ab
o bolso [-o-]	die Tasche		
o fósforo	das Streichholz	**a regata**	die Regatte
riscar	anreißen, stricheln	**formidável**	großartig
acontecer	geschehen	**o veleiro**	das Segelboot
manter -se	(bestehen) bleiben	**querido**	Liebling
acender	anzünden	**a modista**	die Modistin, Schneiderin
guardar	behalten, bewahren		
surdo, a	taub	**urgente**	dringend
irra!	zum Kuckuck!	**por causa de**	wegen . . ., auf Grund von . . .
	—		
impedido!	besetzt!	**fazer a ligação**	die Verbindung herstellen
a lista telefónica	die Telefonliste		
apontar	aufschreiben, hinweisen auf	**conversar**	(sich) unterhalten
		o marido	der Ehemann, Gatte
o aeroporto [ɐɛrɔˈportu]	der Flugplatz	**o cinzeiro**	der Aschenbecher
		rápido, a	schnell, rasch
o auscultador	der Hörer	**declarar**	erklären
pousar	(auf)legen	**resignado, a**	gefaßt, ergeben, resigniert
a manobra [-ɔ-]	das Manöver, die Handlung		
		mais uma vez	noch einmal
inútil	unnütz, nutzlos	**tentar**	versuchen
a linha	die Linie, Leitung	**o milagre**	das Wunder
o charuto	die Zigarre	**errado, a** [iˈʀaðu]	irrtümlich, falsch

o fio	der Draht, Faden
a cadeia penitenciária	das Zuchthaus
desculpar	entschuldigen
o engano	der Irrtum, Betrug
murmurar	murmeln
arre!	zum Teufel!
é de mais!	das ist zu viel!

desistir de	ablassen von, verzichten auf
a chamada	der Anruf
	—
combinar	vereinbaren
o curso	der (Sprach)kurs
a igreja [-e-]	die Kirche

Décima terceira lição

esperto, a [-ɛ-]	gescheit, schlau
o negócio	das Geschäft (Handel)
morrer	sterben
subitamente	plötzlich
importante	wichtig
o cliente	der Kunde
enviar	schicken, senden
falecido, a	verstorben
justificar	rechtfertigen
por baixo de	unter ...
a assinatura	die Unterschrift
o patrão	der Arbeitgeber, Chef
acrescentar	hinzufügen
depois de ...	nachdem ...
	—
o motivo	der Grund, Anlaß, das Motiv
a festa [-ɛ-]	das Fest
o convidado	der Gast
além de	außer ...
o tio	der Onkel
a tia	die Tante
ter à sua volta [-ɔ-]	um sich haben
o primo	der Vetter, Cousin
a prima	die Kusine
a sobrinha	die Nichte
supor [-o-]	vermuten
o filho adoptivo	der Adoptivsohn
o viúvo	der Witwer
adoptar	annehmen, adoptieren
após	nach
a morte [-ɔ-]	der Tod

consta-me que	soviel ich weiß
casar	heiraten
a madrasta	die Stiefmutter
os bisavôs	die Urgroßeltern
a fortuna	das Vermögen
a mina de diamantes	die Diamantenmine
a fazenda	das Landgut, Anzugstoff
a quinta [k-]	das Landgut
legar	vererben
o tio-avô	der Großonkel
o solteiro	der Junggeselle
a solteirona [soł-]	die alte Jungfer
rico, a	reich
bastante	ziemlich
entender-se	sich verstehen
nunca	niemals
agarrado, a	geizig, knauserig
gastar à larga	mit vollen Händen Geld ausgeben
a sogra [-ɔ-]	die Schwiegermutter
o genro	der Schwiegersohn
a nora [-ɔ-]	die Schwiegertochter
calar o bico	den Schnabel halten
já não é sem tempo	es wird höchste Zeit
enumerar	aufzählen
o pé	der Fuß
a cabeça [-e-]	der Kopf
anoitecer	dunkel (Nacht) werden
publicar	veröffentlichen
a notícia	die Nachricht
a conta	die Rechnung

Décima quarta lição

o gelo [-e-]	das Eis
ao fim de	nach ...
avariar-se	entzweigehen, versagen
o transatlântico	der Überseedampfer
a falta	das Fehlen
dispensar	verzichten auf
o uísque	der Whisky
o pedaço	das Stück
o espertalhão	der Schlauberger
o bocado	das Stück
encantado, a	entzückt
impossível	unmöglich
atravessar	überqueren
o trópico	der Wendekreis
tirar	ziehen, wegnehmen
estragar	verderben
	—
a doença	die Krankheit
terrível	schrecklich
assustado, a	erschreckt
lamentar-se	klagen
doer	wehtun, schmerzen
o peito	die Brust
a perna [-ɛ-]	das Bein
espirrar	niesen
o vidro	die (Fenster)scheibe
tremer	zittern
forte	stark
a constipação	die Erkältung
apoquentar-se	sich beunruhigen
aceitar	annehmen
a explicação	die Erklärung
simples	einfach
piegas [-ɛ-]	empfindlich, wehleidig
aguentar [-gw-]	aushalten, ertragen
ter muita pena de alguém [ˈpenɐ]	jemanden bemitleiden
de tal maneira que	derart, daß
pelo menos	wenigstens
a pneumonia	die Lungenentzündung
estoirar	platzen

firme	fest, sicher
embora (Konj.) [-ɔ-]	obwohl
a hora de consulta	die Sprechstunde
o médico	der Arzt
nem por isso	gleichwohl
queixar-se [-ʃ-]	sich beklagen, sich beschweren
vivo, a	lebhaft, lebendig
tomar o pulso	den Puls fühlen
o doente	der Kranke
tirar a temperatura	die Temperatur messen
auscultar	abhorchen
o ar	die Miene, die Luft
preocupado, a	besorgt
o caso	der Fall
grave	ernst
a gripe	die Grippe
febril	fiebrig
desiludido, a	enttäuscht
vulgar	gewöhnlich
a angina	die Mandelentzündung
a injecção [-ɛˈsɐ̃u]	die Spritze
imperturbável	unerschütterlich
expor [-o-]	auseinandersetzen, darstellen
diferente	verschieden(artig)
tranquilizar -kw-]	beruhigen
a receita	das Rezept
o serviço	der Dienst
o chá	der Tee
aviar uma receita	ein Rezept anfertigen
caro, a	lieb, wert
o dentista	der Zahnarzt
breve [-ɛ-]	kurz
obturar	plombieren
amargurar	verbittern
a vida	das Leben
	—
quieto, a [ˈkjɛtu]	ruhig

tranquilo, a [-kw-] ruhig
sossegado, a ruhig
decorrer verlaufen

a cantora [-o-] die Sängerin
o turista der Tourist

Décima quinta lição

o céu der Himmel
jogar o golfe Golf spielen
a tacada der Schlag, Stoß (Golf, Billard)
introduzir hineinbringen, einführen
o buraco das Loch
a distância die Entfernung
surpreender überraschen
o mortal der Sterbliche
qualquer [kwał'kɛr], **quaisquer** irgendein

—

a alfaiataria die Schneiderei
passar uma vista de olhos por etwas durchsehen
o vestuário die Garderobe, Kleidung
escolher auswählen
limpar säubern, reinigen
passar a ferro bügeln
sujo, a schmutzig
a nódoa der Schmutzfleck
a tinturaria die Färberei, Reinigungsanstalt
limpar quimicamente chemisch reinigen
a revisão die Durchsicht, Kontrolle
não estar para maçadas nicht für Unannehmlichkeiten zu haben sein
a impressão der Eindruck
concordar übereinstimmen
o padrão das Muster, die Vorlage
o tecido das Gewebe, der Anzugstoff
a fibra sintética die Kunstfaser

o alfaiate der Schneider
tal solch(es)
examinar [izɐ-] prüfen
o mestre [-ɛ-] der Meister
elogiar loben, rühmen
despir ausziehen
o casaco das Jackett
tomar as medidas Maß nehmen
verificar feststellen, kontrollieren
engordar (an Gewicht) zunehmen
emagrecer (an Gewicht) abnehmen
o botão der Kopf
abotoar zuknöpfen
forrar füttern (mit Stoff!)
a calça die Hose
estreito, a eng
impecável tadellos
a prova [-ɔ-] die Anprobe, das Examen
o cetim der Satin, Atlas
os suspensórios die Hosenträger
o cinto der Gürtel
as presilhas die Schlaufen
ficar descansado beruhigt sein
os esposos [-o-] die Gatten, das Ehepaar
a chapelaria der Hutladen
o boné [bɔ'nɛ] die Mütze
a pala der (Mützen)schirm
o equipamento [-k-] die Ausstattung

—

curto, a kurz
dar-se bem com sich gut vertragen mit ...
a fracção [-s-] der Bruch

Décima sexta lição

passar revista	die Front abschreiten
o regimento	das Regiment
o coronel [-o-]	der Oberst
o recruta	der Rekrut
faltar	fehlen
a farda	die Uniform
coser	annähen
a tropa [-ɔ-]	die Truppe, das Militär
o fardamento	die Uniform
importar-se	sich kümmern
o passeio	der Ausflug
o imprevisto	die Überraschung, das unvorhergesehene Vorkommnis
o piquenique	das Picknick
a praia	der Strand
o super mercado	der Supermarkt
o frango assado	das gebratene Hähnchen
a batata frita	Pommes frites
a azeitona [-o-]	die Olive
o queijo	der Käse
o bolo [-o-]	der Kuchen
o garrafão	die Korbflasche
a gasosa [-ɔ-]	die Limonade, das Sprudelwasser
o cesto [-ɛ-]	der Korb
o plástico	der Kunststoff
a garagem	die Garage
a inspecção [-ɛs-]	die Überholung, Inspektion
a lavagem	die Waschung, Wagenwäsche
a lubrificação	das Abschmieren
a mudança de óleo	der Ölwechsel
ir buscar	abholen
declarar	erklären
a conta	die Rechnung
pegar	anspringen (b. Motor); sonst: anpacken
a bateria	die Batterie
ir a baixo	sich erschöpfen
barafustar	schimpfen
o vizinho	der Nachbar
emprestar	leihen
triunfante	triumphierend
o volante	das Steuerrad
pôr em marcha	in Gang setzen
o veículo	das Fahrzeug
a Estrada Marginal	die Küstenstraße Lissabon-Cascais
avançar	vorrücken
devagar	langsam
a velocidade	die Geschwindigkeit, der Gang
o incidente	der Zwischenfall
tremer	zittern
o furo	die Panne
concordar	zustimmen
à beira de	am Rande von
o concerto	das Konzert
a buzina	die Hupe
procurar	suchen
o macaco	der Affe, der Wagenheber
substituir	ersetzen
a roda [-ɔ-]	das Rad
a ajuda	die Hilfe
a operação	der Vorgang, die Operation
o pneu de reserva	der Reservereifen
montar	montieren, aufs Pferd steigen
motorizado	motorisiert
esquecer-se	vergessen
o triângulo luminoso [o]	das Leuchtdreieck (in Portugal obligatorisch)
a carta de condução	der Führerschein
o documento	das Dokument
válido, a	gültig
caducar	verfallen, Gültigkeit verlieren
aflito, a	betrübt, in Verlegenheit
a multa	die Geldstrafe

desanimado, a	entmutigt
a viagem	die Reise
continuar	fortsetzen
a saída	der Ausgang
notar	bemerken, feststellen
a gasolina	das Benzin
o fim	das Ende, der Zweck
queixar-se de	sich beklagen über
distraído, a	zerstreut
acrescentar	hinzufügen
tolo, a [-o-]	närrisch
tranquilizar	beruhigen
o passeio	der Spaziergang
insosso, a [o, ɔ]	geschmacklos, schal
a estação de serviço	die Tankstelle
encher o depósito	volltanken
verificar	nachprüfen
a pressão	der Druck
seco, a [-e-]	trocken
o malandro	der Schlingel
nem sequer	nicht einmal
lembrar-se	sich erinnern
o acidente	der Unfall, der Zwischenfall
descansar	ausruhen
a areia	der Sand
o pronto-socorro [-o-]	der Notdienst, Abschleppwagen
aliviado, a	erleichtert
o posto [-o-]	die Station
a Cruz Vermelha	das Rote Kreuz
calar-se	schweigen
interromper	unterbrechen
o regresso	die Rückkehr
a asneira	die Eselei
o ás	das As

Décima sétima lição

o maluco, a	der Irre, Verrückte
doido, a	verrückt
o internado	der Insasse einer Krankenanstalt
atento, a	aufmerksam
o relógio	die Uhr
a badalada	der Glockenschlag
garantir	garantieren
o enfermeiro	der Krankenwärter
	—
delicioso, a	köstlich
a pista	die Landebahn
aterrar	landen
o quadrimotor [kw-]	das viermotorige Flugzeug
o visitante	der Besucher
despenhar-se	abstürzen
reflectir	sinnen, grübeln, nachdenken
atrasado, a	verspätet
a reunião	die Versammlung, das Treffen
meditar	überlegen, sinnieren
o alto-falante	der Lautsprecher
anunciar	ankündigen
o júbilo	der Jubel
Zurique	Zürich
precipitar-se	stürzen
a aerogare	die Halle des Flugplatzes
resumir	zusammenfassen, resümieren
o pensamento	der Gedanke
	—
a embaixada [-ʃ-]	die Botschaft
a recepção [-sɛˈsɐ̃u]	der Empfang
a cerveja	das Bier
provar	probieren, an-

Décima oitava lição

mudar-se	sich verändern, wechseln
o asno = o burro	der Esel
o cardo	die Distel
amar	lieben
vir ter	hingelangen

o uso	der (Ge)brauch	**a espada**	das Schwert
o fuso	die Spindel	**mandar à fava**	zum Teufel schicken
a roca [-ɔ-]	der Spinnrocken	**afiar**	wetzen, schärfen
o propósito	die Absicht, der Plan	**o ladrão**	der Dieb, Räuber
a obra [-ɔ-]	das Werk	**o barão**	der Baron
o sinal	das Zeichen	**consternado, a**	bestürzt
o vilão	der Schuft, gemeiner Mensch	**o rápido**	der Schnellzug

Lenda das amendoeiras do Algarve

a lenda	die Legende	**confessar**	bekennen, gestehen
a amendoeira	der Mandelbaum	**distante**	fern, entfernt
o Algarve	der Algarve (südlichste Provinz Portugals)	**inquietar-se** [-k-]	sich beunruhigen
		o temor [-o-]	die Furcht
		a plantação	die Pflanzung
os Mouros	die Mauren	**o floco** [-ɔ-]	die Flocke
moreno, a [-e-]	dunkelhäutig, schwarzbraun	**o castelo** [-ɛ-]	die Burg
		o manto	der Mantel
apaixonar-se por [-ʃ-]	sich verlieben in	**alvo, a**	weiß
		julgar	urteilen, meinen
a neve [-ɛ-]	der Schnee	**a rainha**	die Königin
airoso, a	anmutig	**jovem** [-ɔ-]	jugendlich
esbelto, a [-ɛ-]	schlank	**saltar**	springen
o ouro	das Gold	**fértil**	fruchtbar
o lábio	die Lippe	**a torre** [-o-]	der Turm
rubro, a	hochrot		—
a pérola	die Perle	**nadar**	schwimmen
moço, a [-o-]	jugendlich	**a influência**	der Einfluß
a coroa [kuˈroɐ]	die Krone, der Kranz	**o tratado**	der Vertrag
o reino	das (König)reich	**a mercearia**	das Lebensmittelgeschäft
memorável	denkwürdig		
a boda [-o-]	die Hochzeit	**a tourada**	der Stierkampf
triste	traurig	**o tabaco**	der Tabak
brilhante	glänzend	**habituar-se a**	sich gewöhnen an
a lágrima	die Träne	**o tijolo** [-o-]	der Ziegelstein
murchar	(ver)welken	**a acção**	die Handlung, Tat
o rosto [-o-]	das Antlitz	**perdoar**	verzeihen
o presente	das Geschenk	**a siderurgia**	die Stahlindustrie

Décima nona lição

o prazer	das Vergnügen, der Genuß	**melancólico, a**	melancholisch, trübsinnig
complicar	schwierig machen, komplizieren	**a parreira**	die Weinlaube
		o bago de uva	die Weinbeere
a vida	das Leben	**desprender-se de**	sich ablösen von

o cacho	die (große) Weintraube
a crista	der Kamm
vermelho, a	dunkelrot, violett
assustado, a	erschrocken
o galo	der Hahn
avisar	benachrichtigen
el-rei	der König (altertümliche Form)
o céu	der Himmel
há bocadinho	vor einem Augenblick
o pedaço	das Stück (von einer Sache)
por um triz	um Haaresbreite
o pato	die Ente
surpreendido, a	überrascht
acontecer	geschehen
o ganso	der Gänserich
o pavão	der Pfau
a raposa [-o-]	der Fuchs
a certeza	die Gewißheit
a cidade	die Stadt
desconcertado, a	verwirrt, außer Fassung
ensinar	unterrichten, zeigen
seguir alguém	jem. folgen
o subterrâneo	der unterirdische Bau, die Höhle
suceder	geschehen

Vigésima lição

topar	finden
o sítio	der Ort, die Stelle
enfunar	schwellen
desfraldar a bandeira	die Fahne flattern lassen
descobrir	entdecken
Terra Nova [-ɔ-]	Neufundland
o estreito	die Meerenge
arrojado, a	kühn
o navegador	der Seefahrer
o náufrago	der Schiffbrüchige
a nau	das Schiff (der Entdeckungszeiten)
dar perdido	verschlagen werden
Serra Leoa [-o-]	Sierra Leone
a ilha	die Insel
pisar	betreten
desterrado, a	verbannt
o combate	der Kampf
tempestuoso, a	stürmisch
demover de	abbringen von
Fernão Mendes Pinto	berühmter port. Abenteurer des 16. Jahrhunderts, dessen Werk („Peregrinação") auch in deutscher Übersetzung erschienen ist
a espingarda	das Gewehr
naufragar	Schiffbruch erleiden
piratear	sich als Seeräuber betätigen
cativo, a	gefangen
a peregrinação	die Wanderschaft, Pilgerfahrt
o mapa	die Landkarte
o Cabo da Boa Esperança	das Kap der Guten Hoffnung
recordar	erinnern an
a raça	das Volk, die Rasse
heróico, a	heldisch
salgado, a	salzig
o sal	das Salz
a lágrima	die Träne
por te cruzarmos	um dich zu befahren
rezar	beten
ficar por casar	unvermählt bleiben
valer a pena [-e-]	die Mühe lohnen
a alma	die Seele
passar além	hinausdringen über
o Bojador	Kap Bojador
o abismo	der Abgrund
espelhar	spiegeln
Fernando Pessoa	der größte port. Dichter des 20. Jahrhunderts (deutsch-port. Ausgabe bei Suhrkamp, 1962)

morar	wohnen	**a chave**	der Schlüssel
a opinião	die Meinung	**a pera** [-e-]	die Birne

Vigésima primeira lição

o pateta [ɛ]	der Dummkopf, Schafskopf	**convencido, a**	überzeugt
a viúva	die Witwe	**a melancia**	die Wassermelone
valha-me Deus	Gott steh mir bei!	**o azedume**	die Bitterkeit
habituar	gewöhnen	**impassível**	ungerührt
obrigar a	zwingen zu, nötigen zu	**agarrar em**	etwas packen
a mandriice	die Müßiggängerei	**o pau**	der Holzstock
a ideia	der Gedanke, die Idee	**esfrangalhar a cabeça**	den Kopf zerschlagen
a peça de linho	der Leinenballen	**cumprir**	erfüllen
por aí fora	immer geradeaus	**duro, a**	hart
cortar	schneiden, abbiegen	**a ameaça**	die Drohung
a direito	geradeaus	**oco, a** [o]	hohl
tanto	hier: soundsoviel	**a moeda**	das Geldstück, die Währung
seja a quem for	es sei an wen auch immer	**guardar**	verwahren
evitar	vermeiden	**o bolso** [o], **os bolsos** [o]	die Tasche
o negócio	das Geschäft	**concluir**	folgern, schließen
oferecer	anbieten, schenken	**por acaso**	zufällig
rendoso, a [o, ɔ]	einträglich	**arrecadar**	unterbringen, verstecken
ao cabo de	am Ende von	**o cântaro de barro**	der Tonkrug
a caminhada	der Marsch	**disfarçar**	verstellen
o sorriso	das Lächeln	**enganar**	betrügen
entender	verstehen, verständigen	**prestar**	taugen
o largo	der Platz	**falso, a**	falsch
a estátua	die Statue, das Standbild	**esperto, a**	geweckt, gewitzt
o benemérito	der Wohltäter	**o trapeiro**	der Lumpenhändler
a terra	das Land, die Erde, die Heimat	**o cobre** [-ɔ-]	das Kupfer
ora até que enfim	endlich	**apressado, a**	eilig
		a porcaria	die Schweinerei
		a missa	das Hochamt, die Messe

Vigésima segunda lição

a História Trágico-Marítima	die tragische Seefahrtschronik	**a muito custo**	mühevoll
o naufrágio	der Schiffbruch	**salvar**	(er)retten
juntar	vereinigen	**reproduzir**	wiedergeben
o autor	der Autor, Verfasser	**a ordem**	die Reihenfolge, d. Befehl
a relação	der Bericht	**o escravo**	der Sklave
		o crucifixo [-ks-]	das Kruzifix

erguer	aufheben (erguer-se, aufstehen)
a vanguarda	die Vorhut, Avantgarde
o andor	die Sänfte
o galeão	die Karavelle
a retaguarda[-γw-]	die Nachhut
o resto	der Rest
o arroz [-o-]	der Reis
o mato	der Urwald
o alimento	Lebensmittel
atacar	angreifen
o cafre	der Kaffer
pilhar	plündern
às punhadas	mit Faustschlägen
a bofetada	die Ohrfeige
defender-se	sich verteidigen
nu, nua	nackt
rogar	bitten
pois Deus daquilo era servido	da dies Gottes Wille sei
chorar	weinen
lançar-se	sich werfen
o chão	der Boden
a cova [-ɔ-]	die Höhle, das Grab
a cintura	die Gürtellinie, Hüftgegend
afastar-se	sich entfernen
aconselhar	beraten, raten
a ventura = a sorte	
procurar	suchen
a salvação	die Rettung
maltratado do miolo [-o-]	geistesverwirrt
buscar	suchen
a selva [-ɛ-]	der Urwald
apartar	entfernen
o espaço	der Raum
enterrar	beerdigen
	—
o discurso	die Ansprache
o apontamento	die Notiz
a telefonia	das Radio
a piscina	das Schwimmbad
apagar a luz	das Licht ausmachen
a desinência	die Endung
o mapa da cidade	der Stadtplan

Vigésima terceira lição

incerto, a	ungewiß, unsicher
a localidade	der Ort, die Örtlichkeit
o nascimento	die Geburt
educar	erziehen
precoce [-ɔ-]	frühreif, frühzeitig, vorzeitig
poderoso, a	mächtig, einflußreich
se	ob, wenn
a dúvida	der Zweifel
a valer	tüchtig
provar	beweisen
amplo, a	weit, umfassend
variado, a	mannigfaltig
o conhecimento	die Kenntnis, Bekanntschaft
brilhante	glänzend
exibir [eizi-]	zeigen, vorführen
enternecido, a	gerührt
a recordação	die Erinnerung, das Andenken
iniciar	beginnen
a carreira	die Laufbahn
impenitente	unbußfertig
o amoroso [-o-]	der Liebhaber
de regresso de	zurückgekehrt aus
embrenhar-se em	versinken in, sich stürzen in
o cortesão	der Höfling
o boémio	der Bohémien
originar	verursachen
o desterro [-e-]	die Verbannung
Ribatejo [-e-]	östl. Lissabons gelegene port. Provinz
aventar	vermuten
para tal	dazu
concorrer para	beitragen zu
a paixão	die Leidenschaft

misterioso, a	geheimnisvoll
imortalizar	unsterblich machen
o anagrama	das Anagramm, Buchstabenversetzrätsel
a hipótese	die Vermutung
divulgado, a	verbreitet
a alta estirpe	die hohe Abkunft
a infanta	die Königstochter, Infantin
lastimar	bedauern
a suposição	die Vermutung
travar-se de briga	in einen Kampf geraten
o fidalgo	der Edelmann
o paço	die königl. Residenz, der Palast
ferir	verwunden
em virtude do que	auf Grund dessen
não . . . senão	nur
a generosidade	die Großzügigkeit
manifestar	zeigen, offenbaren
nomear	ernennen
o provedor-mor	der Hauptvorsteher
o defunto	der Verstorbene
ausente	abwesend
acusar	anklagen, (Empfang) bestätigen
a prisão	das Gefängnis
autenticar	verbürgen
por então	um diese Zeit
a foz [-ɔ-]	die Mündung
os haveres	die Habe
adquirir [-k-]	erwerben
o tesouro	der Schatz
incompleto, a [-ɛ-]	unvollständig, unvollendet
a realização	die Verwirklichung
o sonho [-o-]	der Traum
comum a	gemeinsam
o escritor	der Schriftsteller
a epopeia	das Epos, Heldengedicht
os feitos	die Taten
a dívida	die Schuldsumme
a vítima	das Opfer
o infortúnio	das Unglück
arrastar a	hinreißen zu
a fortuna	das Glück, Geschick
a expensas de	auf Kosten von
mal	kaum, mühsam
refazer-se	sich erholen
a peste [-ɛ-]	die Pest
tratar de	sich kümmern um
dar à estampa	in Druck geben
o poema [ˈpwemɐ] = **a poesia**	
valer	wert sein, einbringen
a tença [e]	der Ehrensold
a pensão	die Pension
ao que parece	wie es scheint
regular	regelmäßig
a incompetência administrativa	die Unfähigkeit zum Verwalten
prudente	klug, vorsichtig
Garrett	port. Dichter und Dramatiker der Romantik
dramatizar	dramatisieren
o hospital	das Krankenhaus
juntar-se	sich anschließen
dever	schulden
a glória	der Ruhm
o épico	der epische Dichter
portentoso, a	wunderbar, unglaublich
o evocador (liter.)	der Beschwörer
o conceito	der Begriff
o sentimento	das Gefühl
a amplidão	die Weite
a experiência íntima	die innere Erfahrung
o limite	die Grenze
a peia	figürlich: die Fessel
concorrer em	zusammenkommen in
o artista	der Künstler
gentil	edel, liebenswürdig, anmutig
descontente	unzufrieden
repousar	ausruhen
eterno, a [iˈtɛrnu]	ewig
o assento etéreo [iˈtɛrju]	der Äthersitz (Himmel)

a memória	das Gedächtnis, die Erinnerung	**o remédio**	das Heilmittel, die Abhilfe
consentir-se	gestatten	**encurtar**	verkürzen
ardente	glühend	**tão-quão**	so, wie
puro, a	rein		—
merecer	verdienen	**barbear**	rasieren
a mágoa [-ɣwɐ]	das Leid	**a barba**	der Bart

Vigésima quarta lição

fatal	verhängnisvoll	**o pescoço** [-o-]	der Hals
o quintal	der Hinterhof	**saboroso, a** [o, ɔ]	geschmackvoll, hier: ausdrucksvoll
a asa	der Flügel	**a cantiga**	das Lied
o salto	der Sprung	**ferrar os dentes**	die Zähne einbohren
tremido, a	zittrig, wacklig	**acudir**	herbeieilen, beistehen
sonhar	träumen	**o alarido**	das Wehgeschrei
o lobo [-o-]	der Wolf	**o esforço** [-o-]	die Anstrengung
a goela [-ɛ-]	der Schlund	**débil**	schwach
a cancela [-ɛ-]	das Gittertor	**valente**	tapfer
gentil	liebenswürdig	**ligeiro, a**	leicht (an Gewicht)
a saudação	der Gruß	**o idiota** [-ɔ-]	der Dummkopf
incomodar	stören, belästigen	**a gritaria**	das Geschrei
tentar	versuchen	**protestar**	protestieren, Beschwerde einlegen
humilde	demütig	**comidinho** = **comido**	gegessen
a admiradora	die Bewunderin	**largar**	loslassen
o encanto	der Zauber	**o marmeleiro**	der Quittenbaum
por amor de Deus!	Um Himmels willen!	**cínico, a**	zynisch
o favor	die Gunst, Schmeichelei	**macio, a**	weich
envaidecido, a	geschmeichelt	**a intenção**	die Absicht
cerrar	schließen	**exãgerar** [iz-]	übertreiben
completo, a [-ɛ-]	vollkommen	**o facto** [-at-]	die Tatsache
imaginar	vorstellen	**o telegrama**	das Telegramm
suave	sanft	**o campo**	das Feld
aceitar	annehmen		
o conselho	der Rat		
estender	ausstrecken		

Vigésima quinta lição

o sobreiro	die Korkeiche	**a lenha**	das (Brenn)holz
a árvore	der Baum	**a sombra**	der Schatten
abundante	reichlich, üppig	**apertar** [ɐpərˈtar]	drücken, hier: brennen
a folhagem	das Blattwerk, die Belaubung	**o convite**	die Einladung
a casca	die Schale, Baumrinde	**o descanso**	die Erholung, das Ausruhen
rugoso, a	runzlig		

bondoso, a	gütig
o padre	der Pater
a cortiça	der Kork
talhar	(zurecht)schneiden
tapar	bedecken, verstopfen
a perfeição	die Vollkommenheit
o instante	der Augenblick
a rolha [-o-]	der Korken
(**o saca-rolhas** =	Korkenzieher)
extrair	herausziehen, hervorbringen
os países corticeiros	die Korkländer
a posição	die Position, Lage, Stellung
relevante	wichtig
considerar	betrachten, erwägen
constituir	darstellen
o valor	der Wert
atentar em	achtgeben auf
a aplicação	die Verwendung
a matéria-prima	der Rohstoff
a tiragem	das Ablösen der Korkrinde
particularmente	besonders
o tronco	der Stamm
o enfraquecimento	die Schwächung
espalhar-se	sich ausbreiten, verbreitet sein
o distrito	der Distrikt
exceder [iʃs-]	hinausgehen über
a tonelada	die Tonne
em bruto	im Rohzustand
em manufactura	bearbeitet
contribuir	beitragen
o operário	der Arbeiter
o disco	die Korkscheibe, Schallplatte
o aglomerado	der Preßkork
o pavimento	der Bodenbelag
a serradura	das Sägemehl
o granulado	körnig(es Papier)
para embalagem de mercadorias	zur Verpackung von Waren
a mercadoria	die Ware
despedir-se	sich verabschieden
o garrafão	die Korbflasche
a loiça	das Geschirr
pronto pagamento	Barzahlung
pagar a prestações	in Raten zahlen

Textos brasileiros

O menino rico e o menino pobre

a pedra [-ɛ-]	der Stein
à beira	am Rande
corar	erröten
a afronta	die Beleidigung
curar	pflegen
adoecer	krank werden
consertar a roupa	die Wäsche flicken
a coruja	die Eule
hospedar-se	sich gastlich niederlassen
a corte [-o-]	der Hof(staat)
a seda [-e-]	die Seide
o lustre	der Lüster, Leuchter
o tapete [-e-]	der Teppich
afogar-se	ertrinken, hier: einsinken
pasmar	erstaunen
a aia	die Amme, Kinderfrau
acalentar	Kind wiegen, beschwichtigen

chirriar	krächzen
Nossa Senhora	die Madonna
consolar	trösten
compadecido, a	mitleidig
arrasado, a	bis zum Rand gefüllt
comovido, a	gerührt

O Brasil

a área	das Gebiet
herdar	erben
os antepassados	die Vorfahren
o património	das Erbe
a superfície	die Oberfläche
a população	die Bevölkerung
escasso, a	spärlich, dünn
distribuir	verteilen
sensível	fühlbar, sensibel
a região litorânea	das Küstengebiet
o interior	das Innere
esmagador, a	erdrückend
o progresso [-ɛ-]	der Fortschritt
o aldeamento	die Dorfanlage
o centro de catequese [-kɛ-]	der Mittelpunkt des Missionsunterrichts
a feitoria	die Faktorei, Handelsniederlassung
a vila	die Ortschaft
a fundação	die Gründung, Stiftung
o centro de mineração	das Bergbauzentrum
os bandeirantes	Name für die Gruppen, die im 17. Jhdt. das Innere Brasiliens erforschten
fortificar	befestigen
o núcleo	der Kern, der Ausgangspunkt
desenvolver-se	sich entwickeln
o crescimento	das Wachstum
o contraste	der Gegensatz
assombroso, a	schwindelerregend
assumir	annehmen
populoso, a	(über)bevölkert
alinhar-se entre	gehören zu . . .

Cartas comerciais

o conteúdo	der Inhalt
confirmar	bestätigen
a guia de remessa	der Warenbegleitschein (Liefer-)
em poder de	im Besitz . . .
expedir	absenden
a velocidade	die Geschwindigkeit
dignar-se	geruhen
a abreviatura	die Abkürzung
a remessa	die Lieferung
minha ordem	mein Auftrag
dias de vista	Tage nach Sicht
dias de data	Tage dato
a saca	der große Sack
salvo erro ou omissão	Irrtum und Auslassung vorbehalten
peso bruto	Bruttogewicht
aguardar	erwarten
anterior	vorig
o casco	das Faß
o grau	der Grad, % Alkohol
a aguardente	der Branntwein, Schnaps
o vasilhame	die Gesamtheit der Fässer
o desembarque	die Entladung
a cascaria	die Gesamtheit der Fässer
o cais	der Kai
o abuso	der Mißbrauch
a casta	die Art, (Kaste)
suceder	geschehen
o montante	der Betrag
a factura [-at-]	die Rechnung

sacar sobre nós	auf unsere Rechnung setzen
a transmissão	die Übermittlung
levantar ferro [-ɛ-]	die Anker lichten
alterar	ändern
vinho generoso	Wein von guter Qualität
consignar	in Kommission geben
o risco	das Risiko
a colocação	der Absatz
honrar	(be)ehren
a quantia [kw-]	der Betrag
debitar	in Rechnung stellen
delcredere	Gewährleistung für den Eingang einer Forderung

ERKLÄRUNG DER SCHWIERIGEREN LAUTSCHRIFTZEICHEN

[a]	=	offenes a (m**a**la; f**a**ca)
[ɐ]	=	geschlossenes a (m**a**ç**ã**; cad**a**), ähnlich dem engl. **a**bout
[ɛ]	=	offenes e (qu**e**ro; v**e**la)
[e]	=	geschlossenes e (m**e**do; c**e**bo); ähnlich dem frz. e in **été**
[ə]	=	tonloses e (doent**e**, arr**e**messo) wie im frz. grand**e**, petit**e**
[ɨ]	=	tonloses e vor ʎ, ɲ, ʒ und ʃ (f**e**char, m**e**lhor)
[ɔ]	=	offenes o (c**o**va; m**o**da), ähnl. dem dtsch. **O**tter
[o]	=	geschlossenes o (m**o**cho; **o**vo), ähnl. dem frz. beau
[w]	=	halbkonsonantisches u (q**u**adro) wie in engl. **w**ell
[j]	=	halbkonsonantisches i (v**i**este, d**i**ário) wie dt. j
[ɲ]	=	ähnlich dem frz. **gn** und dem span. **ñ**: (ni**nh**o)
[ʃ]	=	schwaches sch (bi**ch**o; madei**x**a; data**s**)
[ʒ]	=	ähnlich dem frz. **g** in régiment (**j**ardim; ra**s**go)
[s]	=	stimmloses s wie im dtsch. e**ss**en (**s**ala; mo**ç**o; pa**ss**o)
[z]	=	stimmhaftes s wie in **S**ieg (re**z**a; ca**s**a)
[ß]	=	bilabialer Reibelaut (lo**b**o)
[ð]	=	dentaler Reibelaut (fa**d**o)
[ɣ]	=	velarer Reibelaut (la**g**o)
[ɫ]	=	ähnlich dem engl. fu**ll** (so**l**; fa**l**tar)
[ʎ]	=	ähnlich dem span. **ll** oder dem ital. **gli** (fi**lh**o)
[ɾ]	=	ungerolltes, durch einen kurzen Schlag der Zungenspitze gegen die oberen Zahnwurzeln gebildetes r (ca**r**o)
[ʀ]	—	stark gerolltes Zungenspitzen-r oder Gaumen-r, das ähnlich wie ch in dt. a**ch** klingt (ca**rr**o, **r**ato, hon**r**a)
[ŋ]	=	wie deutsch O**n**kel oder ju**ng**

SACHREGISTER

Primeira lição

1. Uma família, um gato, uma criada, uma mãe, um pai, um escritório.
2. A pessoa, o andar, o prédio, a porteira, o cão.
3. Uns amigos, umas senhoras, uns meses, uns anos, umas ruas, uns dias, umas pessoas.
4. Os aquários, as cozinhas, os elevadores, os livros, as maçãs, as mães, os órgãos, os irmãos, as lições, os cães, os ossos, os almoços, os olhos, os bolos, os gostos, as vozes, os fins, os álbuns, os papéis, os sóis, os barris, os lápis.
5. As casas grandes, os livros pequenos, as rendas elevadas, os gatos pretos, as canetas azuis, as lições fáceis, as línguas difíceis.
6. O livro do irmão, o gato da irmã, o elevador da casa, a porteira do prédio, as criadas das famílias, o aquário das crianças, as divisões dos prédios, o cão dos irmãos.
7. Dou o livro ao pai, à mãe, às irmãs, aos irmãos, às crianças, à criada, ao engenheiro.

Segunda lição

1. A casa de banho duma casa. As chaves duma porta. A cara dum pai. O primeiro dia dum ano.
2. Dou a chave a uma senhora. Ele dá o lápis a um amigo. Ela dá a borracha a uma amiga. Ele dá o dinheiro a um homem. Damos o dinheiro a uma mãe.
3. A casa grande, a criança pequena, as mãos limpas, a cara suja, o irmão alegre, a irmã triste, o dia aborrecido, o bom tempo, o mau tempo, o sabonete caro, a esponja barata.
5. Numa casa, num prédio, numa casa de banho, num elevador, num escritório, numa família, pela cozinha, pela casa, pela rua, pelo quarto.
6. Sim senhor, falo espanhol. (Não senhor, não falo espanhol). Sim senhor, estou contente. (Não senhor, não estou contente). Sim senhor, tenho tempo. (Não senhor, não tenho tempo.) Sim senhor, sou suiço. (Não senhor, não sou suiço.)
7. Eles levantam-se ..., lavamos ..., abrimos ..., molhais ..., limpais ..., batem ..., Ele lava-se ..., tenho ..., estou triste, és suiço, é austríaco, abres a porta, ele grita muito, lavo-me ..., ele despacha-se, entras ..., tens ..., estás alegre.
8. 1. Está, 2. é, 3. está, 4. são, 5. é, 6. é, 7. está, 8. estão.
9. Canta ..., bebem ..., lava-se ..., abres ..., batem.

A casa grande, a casa pequena; o livro grande, o livro pequeno; a sala limpa, o escritório limpo; a criança suja, os cadernos sujos; o dia alegre, a rua alegre; o dia triste, o ano triste, a irmã triste; o professor aborrecido, o aluno aborrecido, os dias aborrecidos; o bom pai, a boa mãe; o mau engenheiro, a má escola; o sabonete caro, a pasta dentífrica cara; o lápis barato, a caneta barata.

10. Estás alegre. Estamos alegres. Estão tristes. Ele é português. Somos brasileiros. São católicos. Tens tempo. Os amigos têm tempo. Ela tem uma casa. A mãe lava a cozinha. Lavamos o cão. Os irmãos lavam a mesa. Fecho a casa. Levanto-me às 8 h. Levantamo-nos à meia-noite. Ela bate à porta. Batemos à porta. A criada abre a porta. Pedro e Isabel abrem a porta. Abrimos a porta.

Terceira lição

2. A boa (má) criada, o bom (mau) pai, o bom (mau) professor, a boa (má) porteira, a boa (má) casa, o bom (mau) livro, a boa (má) aluna, as boas (más) crianças, os bons (maus) quartos.
3. As casas grandes (pequenas etc.), os quadros pretos (verdes etc.), o giz branco, os alunos estudiosos (mandriões), o café doce (amargo), o leite doce.
4. Um livro encarnado, a janela grande, o caderno verde, o café caro, as chávenas pequenas, o jornal barato, o açúcar doce, o quarto sujo, os papos secos frescos (as carcaças frescas), os alunos estudiosos.
6. 1. Vão, 2. diz, 3. sabe, 4. sabem, 5. fazes, 6. dá, 7. põem, 8. podemos.
7. Ides, dais, elas fazem, as crianças podem ..., vão, dizeis, sabemos, pomos.
9. Vou para a rua. Vamos para Lisboa. Os amigos vão para casa. Ela vai à cozinha. Não dizes a verdade. Ele diz à mãe: – Posso ir para a rua? Os pais dizem aos filhos: – Podeis ir para a rua. – Os alunos podem ir. Ponho a mesa. Pomos a mesa. Damos os cadernos ao professor. Os alunos dão os cadernos à professora. Dás o gato à porteira. Faço o meu trabalho. Fazemos o nosso trabalho. Sabes o dia. Sabemos os dias.

Quarta lição

2. As casas azuis, os rapazes felizes, os alunos mandriões, as meninas amáveis, os ardinas lisboetas, as maçãs alemãs, os homens brutais, as más línguas, os comboios portugueses, os maus alunos, as nações trabalhadoras.
3. Correm, escreve, bato, tomam, bebem.

4. O pai tem ..., nós temos ..., os Santos têm ..., hoje há ..., elas têm ..., aqui há ...

5. 1. É meu, 2. não falam, 3. aprendo a minha ..., 4. é a minha ..., 5. o teu (seu) lápis ..., 6. os meus ..., 7. a nossa casa (a minha casa), 8. a sua irmã, 9. a minha irmã.

7. (A) minha mãe vai ao mercado. Ela faz compras. Ela compra legumes e fruta para a nossa família. O seu saco está cheio. – A cozinha da nossa casa é moderna. O carro do (de) meu pai é novo. O meu amigo chama-se João. Os seus alunos são estudiosos. O teu livro é interessante?

8. Faça o favor de fechar a porta! Faça o favor de comprar o jornal! Faça o favor de decorar esta regra! Faça o favor de não gritar tão alto! Faça o favor de me mostrar o caminho!

9. Isto não é o meu caderno, mas o caderno dela. Isto não é a minha casa, é a casa dele. Isto não é o nosso cão, é o cão deles. Isto não é o teu gato, é o gato dela. Isto não é a sua casa, é a casa dela.

10. as, os, a, a, os, as.

11. O Brasil e Portugal; o Porto e Lisboa; o Algarve e Marrocos; meu pai conhece a tua irmã; minha mãe está em casa; podes responder em meu nome; as crianças fazem barulho; o meu filho faz exame.

Quinta lição

2. O Norte, o Setembro, o Tejo, o Elba, o beber, o não; o verão, o arroz, o álbum, o som, o bacalhau; a voz, a cor, a flor, a árvore, a vontade, a viagem, a estupidez; o nariz, o dente, o clima, o vale.

6. 1. Quanto, 2. quem ..., 3. quais ..., 4. qual ..., 5. o que ..., 6. onde ..., 7. quais ..., 8. onde ..., 9. qual ..., 10. ... quê, 11. quantos ..., 12. quantas ..., 13. que ..., 14. quantos ...

7. O que diz (a) sua mãe? Quem é o dono da papelaria? Quantos postais deseja o senhor (a senhora)? Quais destes postais deseja? De quem fala? De que fala? Que é do dinheiro (onde está o dinheiro)? Quantos livros possui (o senhor, a senhora)? Como se chama (o senhor, a senhora)? O quê? Não sabe isso? Onde mora (o senhor, a senhora)? O que queres dizer?

8. 1. Duns, 2. duma, 3. a uns (alguns), 4. a uma ...

9. Portuguesa, espanhola, italiana, alemã, irmã, sultana, patroa, condessa, actriz, imperatriz, avó, rainha, ladroa, Joana, judia, europeia.

10. Die Hauptstadt Spaniens ist Madrid. Das Kapital meines Freundes ist groß. Der Professor lehrt in Coimbra. Der Uhrmacher arbeitet mit

einer Lupe. Das Bad ist heiß. Das Fett ist in der Schüssel. Es ist seine Art, die Dinge zu sagen. Die neue Mode. Ich habe kein Wechselgeld. Es ist ein sehr schlechter Tausch. Das Portal hat einen Bogen. Die Truhe ist voller Geld. Der Brunnen hat viel Wasser. Auf der Straße gibt es Pfützen. Die Apfelsine ist die Frucht des Apfelsinenbaums. Das Obst ist auf dem Tisch. Der Schnitt des Kleides. Der Hofstaat des Königs.

Sexta lição

1. Vinte-e-um tostões, vinte (escudos) e trezentos, cinquenta (escudos) e novecentos, cem escudos (cem mil réis), mil duzentos e cinquenta escudos, oito mil quinhentos escudos, dez mil quatrocentos e cinquenta escudos ...

2. ... chega a sua vez, chega a nossa vez, chega a vossa vez, chega a sua vez.

6. As couves-flores; as obras-primas; as segundas-feiras; as más-línguas; os guardas-nocturnos; os pisca-piscas; os chupa-chupas; os vice-governadores.

7. Ela pensa em mim. Falamos de ti. Falo de nós (da gente). Ela fala dele. Ele fala de ti. Falamos deles. Gosto dele. Também gosto dela. Gosto deles. Penso em vocês. Ele vai comigo. Ela vai contigo. Pedro vai consigo. Eles vão connosco (com a gente). Ele vai com vocês. Vem connosco (com a gente)!

8. Dê-me dez selos de vinte-e-cinco tostões! Quanto custa este postal para a Alemanha? Esta carta vai registada. Tem peso a mais? Dê-me dois vales! Quanto custa este telegrama? Tem novos selos? Tenho uma pequena colecção de selos.

Sétima lição

3. Temos que comprar um bilhete. Tens que aprender a lição. Temos que descer. Tenho que escrever uma carta. Os carros têm que parar. Estou a escrever uma carta. A mãe está a ler a revista. O pai está a ouvir (escutar) o relato da bola. As crianças estão a dormir.

4. 1. isto; isto ..., 2. isso; isso ..., 3. aquilo; aquilo ...

5. Esta casa é do senhor Santos (pertence ao senhor S.). Este carro é do general (pertence ao general). Neste carro estão quatro pessoas. Nesta casa moram cinco famílias. Estes senhores falam o francês. Estas senhoras falam o italiano e o espanhol. O carro deste senhor é um Ford. O carro desta senhora é um Mercedes.

6. Aquele senhor é suiço. Aquela senhora é alemã. Aqueles senhores são brasileiros. Aquelas crianças são alemãs. Naquela casa mora o senhor Santos. Naquele jardim estão os meus amigos. O jardim daquela casa é grande.

7. Dá-me esse lápis! Leva esse jornal ao teu pai! Gostas destes sapatos? Gostas desta cor? O meu amigo não gosta deste modelo. Ele mora neste quarto. O proprietário desta casa está de viagem. Vês aquele monte? Dou àquele homem cinco escudos.

Oitava lição

2. 1. Almocei, 2. almoçou, 3. sairam, 4. começou, 5. começaram, 6. dormiste, 7. disse, 8. bebeste, 9. choveu, 10. consegui, 11. foram, 12. passámos, 13. disse, 14. soubemos, 15. pôs-se, 16. passámos.

3. Sim senhor, recebi-a. (Não senhor, não a recebi.) Sim senhor, disse-a. (Não senhor, não a disse) ... lavei-me (não me lavei), almocei às duas, tomei ..., fui ao cinema (teatro, concerto), para casa etc., gostei, tomei, sim senhor (não tomei, não senhor), aprendemos ...

4. Escreveu ..., comeram ..., abri ..., teve ..., esteve ..., estiveram ..., estudámos ..., tiveram ..., disse ..., pôs ..., deu ..., foram ..., fez ..., saiu ...

5. Disse ..., disseram ..., disse-te ..., dei-te ..., deu-me ..., deram-nos ..., fiz ..., fez ..., fizemos ..., fui ..., foste ..., fomos ..., foram ..., pude ..., soube ..., pudemos ..., pôs ..., puseram ..., pus-me ..., soube ..., soube ...

6. Paulo e o seu amigo Pedro foram ao cinema. Entraram na bicha em frente da bilheteira e compraram dois bilhetes. Eles mostraram os bilhetes ao empregado. Este conduziu-os aos seus lugares. O pano subiu. Paulo e Pedro viram as actualidades e um filme policial. Depois foram para a rua. Paulo comprou um gelado. Foi um bom filme, disse Pedro.

Nona lição

1. Eu estava ..., eu estudava ..., eu aprendia ..., eu era ..., eu tinha ..., eu não tinha ... ele estudava ..., partia ..., ele bebia ..., ele falava ..., ele sabia ..., ele respondia ..., ele era ...
... iam ..., faziam ..., trabalhavam ...

2. Estava ..., havia ..., atiravam ..., apanhava ..., devorava ..., corriam ..., abriam ..., catavam ..., tinha ...

3. Tínhamos muito tempo. Comprávamos jornais. Estavam cheios de boas notícias. Eles falavam dos pais. Eu estava contente. Eu tomava um café.

4. Estava ..., era ..., dizia ... que se sentia ..., ia ..., faziam ..., saía ..., bebia ..., tomavam conta ...

6. 1. Tinha ... 2. estava ..., quando ouvi ... 3. havia ..., 4. tivemos ..., 5. estávamos ..., quando ... entrou. 6. fomos ... 7. disse-me que tinha ... 8. passámos ... 9. tive ... 10. ajudava ... 11. fazia 12. consegui ... 13. comiam ... 14. gostaste ... 15. fez ... 16. entrei ..., ele estava ... 17. Era ... vivia ...

7. Eu estava a trabalhar no meu quarto, quando o meu amigo entrou. Vocês dormiram bem? Sim senhor, dormimos muito bem. Anteontem fazia muito vento. Ontem choveu. Ontem fomos ao cinema. A plateia estava quase vazia. O filme foi estupendo (magnífico).

Décima lição

1. Entregou-me ..., falaste-lhe ..., banhavam-se ..., ambos se levantavam ..., três alunos se foram embora, sentaram-se ..., todos o sabem, os conhece, ... te fica, ... lhe deste, ... te deu ..., ... o mostrará, nos deste, ... não me conhece, ... lhes falaste ..., já lhe dei ..., por isso nos deu ..., ... me escreva, ... que nos traga ...

2. Convidá-lo, atrapalhá-la, puxá-los, vê-lo, batê-las, comê-los, sacudi-la, trá-lo, di-lo, cantamo-las, fechá-la, ei-lo, dizem-no, compram-na, vendem-nos, têm-no, deu-mo, entregou-ma, mostrou-to, mostraram-no-lo.

3. Sim, pegou nela. Sim, quer falar consigo. Sim, janto com vocês.

5. Ele manda cortar o cabelo. Ele manda cortá-lo. Ele quer ver o amigo. Ele quer vê-lo. Diz o que sabes! Di-lo! Passamos os dias na praia. Passamo-los na praia. Os alunos devolvem os cadernos. Eles devolvem-nos. O pai deita as cartas na caixa do correio. Ele deita-as ... Os pais compram os sapatos. Eles compram-nos. Os condutores vendem os bilhetes. Eles vendem-nos. Ele disse-mo. Ela dá-to. Quero falar consigo.

6. Sim, entreguei-o. Não, não o entreguei. Sim, comprámo-los. Não, não os comprámos. Sim, visitei-a. Não, não a visitei. Sim, conheço-os. Não, não os conheço. Sim, conheço-as. Não, não as conheço. Sim, meu pai comprou-ma. Não, meu pai não ma comprou. Sim, o meu tio ofereceu-mos. Não, o meu tio não mos ofereceu. Sim, o carteiro entregou-mas. Não, o carteiro não mas entregou.

7. Já lhe contaste a história? Sim, contei-lha. Já me devolveste os selos? Não, não tos devolvi. Já vos mostrou o carro? Não, não no-lo mostrou.

Já vos mostrou a cidade? Sim, mostrou-no-la. Já lhes mostraste as máquinas fotográficas? Sim, mostrei-lhas.

8. ... vende-lhe ..., empresta-lhes ..., compram-nos ..., vende-os ... ... não lhe vende ..., não lhes empresta ..., não os compram ..., não os vende ...

9. ... deu-mo ..., ... devolveu-lhos ..., ... entregam-mos ..., ... ofereceu-lho ...

10. Compramo-los, ... fê-lo ..., ... dizem-na ..., ... acreditar nela, vende-os ..., ... vendem-nos.

12. Transporto a mesa. Transporto-a. Transportamos as cadeiras. Transportamo-las. Os homens transportam os móveis. Os homens transportam-nos.

Décima primeira lição

2. Cantado, apagado, aprendido, perdido, penteado, exigido, descido, querido, acorrido, oferecido, conseguido.

4. Ele tem trabalhado muito. Os meus pais têm estado doentes. Tens bebido muito. Pedro e Isabel têm pasado bem. O prédio tem dado (tem rendido) muito dinheiro.

5. Mais caro, o mais caro; mais feliz, o mais feliz; mais amável, o mais amável; melhor, o melhor; menos, o menos; mais, o mais; maior, o maior; pior, o pior; menor, o menor; superior, o superior; inferior, o inferior.

6. Altíssimo, feíssimo, belíssimo, interessantíssimo, facílimo, amabilíssimo, libérrimo, dificílimo, felicíssimo, larguíssimo, saníssimo.

7. A casa mais bela; a carne mais cara; o dia mais feliz; o empregado mais amável; o amigo mais velho; a mesa mais barata. O melhor amigo; o pior inimigo; a maior cidade.

8. O meu irmão é tão estudioso como inteligente. Ele fala o português melhor do que eu. Este aluno lê pior do que os demais. Estes sapatos são caros; são os mais caros de toda a loja. Minha mãe é mais pequena do que meu pai. O meu primo é o pior aluno da turma. Os carros franceses são mais elegantes do que os alemães, mas os alemães são mais sólidos. Este romance é menos interessante do que aquele (aqueloutro). Ele é inferior ao outro. A cozinha francesa é superior à portuguesa. Gostamos tanto de ir ao cinema como vocês. Este grupo não trabalha tão bem como o outro. Não temos tanto dinheiro como vocês. Não tens tanto tempo como eu. Pedro é mais novo do que João. João é mais pequeno (mais baixo) do que Pedro.

10. Excelentíssimos Senhores: Agradeço-lhes muito a sua carta do dia 20 de Julho. Poderiam reservar um quarto para casal e um para uma pessoa só no seu hotel? Tem que ser calmo, se possível com vista. Já comprámos os bilhetes na agência de viagens e queremos chegar no dia 5 de Agosto. Ficaremos 15 dias no seu hotel. Sem outro assunto, subscrevo-me atentamente ...

Décima segunda lição

2. Hei-de aprender o português. Ele há-de estudar a gramática. Eles hão-de chegar com certeza. Hei-de escrever uma carta. Havemos-de partir.
3. ... estará ..., levantar-me-ei ..., tomarei ..., sairei. Darei ..., comprarei ..., encontrarei ..., conversarei ..., combinarei ..., voltarei ...; levantar-nos-emos, tomaremos, sairemos, daremos, compraremos, encontraremos, conversaremos, combinaremos, voltaremos ...
5. Ficarei, sim senhor. (Não ficarei, não senhor). Fumarei um cigarro etc. Sim senhor, ficarei cá. (Não senhor, farei uma viagem). Passarei as minhas férias na praia etc. Sim senhor, iremos ... Iremos ao ... Sim senhor, viremos ... Sim senhor, sairemos ... Sim senhor, irei ...
6. Estaremos ..., haverá ..., estará ..., iremos ..., estarão ...
7. Vamos almoçar ..., vão ter ..., vai ser ..., vamos dar ..., vou tomar ..., vão acompanhar-nos ..., vai chamar ...
8. ... que ..., ... com quem ..., ... que ..., ... com a qual ..., ... que ..., ... para os quais ..., ... que ..., ... com as quais ...
9. ... quem ..., ... que ..., ... que ..., ... quem ..., ... que ...
10. Cujo ..., cujos ..., cuja ..., cujos ..., cujas ...

Décima terceira lição

2. Brincaram ..., passáramos ..., lavara-me ..., comprara ..., partiram ..., fora-se ..., tivéramos ...
3. Tinha comprado ..., tinha tido ..., tinha mandado ..., tinha escrito ..., tínhamos sido ..., tinham saido ..., tinham saido ..., tinha publicado ..., tinham marcado ..., tinhas perdido.
4. Ele perdera (tinha perdido) a sua caneta. A família festejara (tinha festejado) o aniversário da avó. Jantáramos (tínhamos jantado). Trabalharas (tinhas trabalhado) muito tempo. Eu dormira (tinha dormido) muito tempo. Eles passaram (tinham passado) as férias na serra. Perdéramos (tínhamos perdido) o autocarro. Ela não me escrevera (tinha escrito) durante muito tempo.

6. ... aprendas ..., ... falem ..., ... tome ..., ... jante ..., ... estejam ..., ... abras ..., ... bebamos ..., ... fumem ...

7. Desejo-te que sejas feliz e que tenhas muito dinheiro. Ele quer que eu visite a sua casa. Espero que ele me pague a refeição. Desejamos que volteis amanhã. Ela não permite que o seu filho se deite tarde. O pai não permite que o seu filho compre um livro tão caro.

8. Ele estude ..., eles tenham chegado ..., tu pagues ..., seja ..., tu me escutes ..., ele venha ..., nós paguemos ...

9. O avô faz hoje 80 anos. Há uma grande festa na sua casa. Toda a família assiste. Primeiro vêm os 15 netos e cantam uma bela canção. Depois vêm os tios e tias e trazem flores e charutos. Depois vem um primo do avô e recita uma poesia. A filha do avô está com a sua sogra na cozinha e prepara o almoço. Um sobrinho do avô dança com uma tia-avó. É uma festa maravilhosa!

Décima quarta lição

1. Fala alto!, falai alto!, fale alto!, não fales tão devagar!, não falem tão depressa!, não fale tão devagar!

3. Eu compraria (comprava) os sapatos, mas não tenho dinheiro. Eu gostaria (gostava) de beber cerveja. Gostaríamos (gostávamos) de fazer uma excursão. Eles gostariam (gostavam) de comprar um carro novo.

4. Ele terá recebido a carta? Ele teria 40 anos. O cão terá sede? A população será pobre? Onde terão deixado os casacos? A rapariga terá ficado em casa? O senhor (a senhora) terá pago a renda? *Aber: Hatte er wohl den Brief erhalten?* Ele teria recebido a carta ...? *Ob der Hund durstig war?* O cão teria sede? etc.

5. Inteligentemente, diligentemente, brilhantemente, amàvelmente, terrìvelmente, maravilhosamente, extraordinàriamente, bem, profundamente, sossegadamente.

6. Daqui a pouco ..., devagar ..., eis ..., às escuras ..., de bom grado ..., em geral ..., entretanto ..., por enquanto ..., de vez em quando ..., de facto ..., em vão ..., a miúdo ..., de repente ..., apenas ..., só (apenas) ..., certamente ..., à vontade.

7. Animadamente, alegremente, magnìficamente, bem ..., ràpidamente, plenamente, miseràvelmente, mal, estupendamente.

8. Hoje, o senhor Santos está doente. Amanhã chamará o médico. Anteontem esteve ainda no Porto, ontem sentiu-se mal. Agora tem uma gripe. Nunca tinha grandes doenças. Sempre estava de boa saúde. Levantava-se cedo, depois ia para o escritório; mais tarde vinha almoçar em casa

(ia almoçar a casa). Entretanto, a sua mulher fazia compras. Neste momento, toda a casa está em desordem. O senhor Santos é muito piegas, mas espera sair da cama o mais cedo possível.

Décima quinta lição

1. Tivesse ..., estivéssemos ..., houvesse ..., trabalhasse ..., estudassem ..., compreendesse ..., escrevesses ..., conhecéssemos ...
2. ... valeria ..., se ficasse ...; aprenderíamos ..., se tivéssemos ...; se eu fosse ..., viveria ...; se não chovesse ..., poderíamos ...; estaríamos ..., se os transistores não fizessem ...; estaria ..., se as rendas das casas fossem ...
3. Talvez possas ...; talvez ele tenha ...; ... que tu aprendas ...; oxalá eles sejam ...
4. Eu sairia de casa, se o tempo fosse melhor. Ele trabalharia melhor, se lhe pagassem melhor. Iríamos à praia, se o tempo não fosse tão curto. Se eu estivesse realmente doente, chamaria o médico. Se tivéssemos mais dinheiro, faríamos uma viagem.
5. Comprem ..., tenhas ..., goste ..., haja ..., possa ...
9. Onde está o teu amigo? Donde vem? Aonde vai? Ele mora ao pé de mim. Moramos longe da cidade. Moras em frente da escola. Cá dentro está calor, lá fora está frio. Estamos perto da tua casa. Vamos para trás! Aqui chove, ali há sol.
10. O décimo aniversário, o quinquagésimo aniversário, o octogésimo aniversário, o milésimo habitante, o milionésimo turista. Dois livros, duas casas. São oito e tal. Ele tem trinta e tal anos. Ganhas o duplo. Ela paga o triplo. Eles ganham dez vezes mais. Uma dúzia de ovos. Uma centena de pessoas. Umas centenas de pessoas. Mil pessoas (um milhar de pessoas). Um par de galinhas.

Décima sexta lição

1. Mal ..., tantas ..., menos ..., apenas ..., vinho demais ..., quase ..., em total ..., pelo menos ..., algo ..., bastante ..., não ajuda nada ..., quantos ..., primeiro ..., sucessivamente ..., realmente ..., sem dúvida ..., possìvelmente ..., provàvelmente ...
2. Ele não me mostrou nunca o jardim zoológico. Ela não fotografou nunca. Não falámos nunca com ele. Eles não pagaram nunca.
3. De maneira nenhuma (alguma); certamente; pelo contrário; talvez; melhor; pior; daqui; dali; além da pasta ...

Décima sétima lição

2. Se houver ...; se ele tiver ...; quando eu tiver lido ...; quando estivermos ...; quiser; for; houver ...; quando eles estiverem ...; quando tiver ...; quando eles chegarem ...

3. Podes ficar em casa, se quiseres. Se houver tempo, podemos visitar o museu. Quando voltarmos para casa, mostrar-te-ei (vou mostrar-te) o livro. Emprestar-te-ei (vou emprestar-te) dinheiro, se for preciso. Daremos o passeio, quando (se) tivermos bom tempo.

4. Esperei (aber natürlich auch: esperava) que me devolvesse o dinheiro. Ela não permitiu (*auch:* permitia) que o marido bebesse tanto vinho. Eles preferiram (preferiam) que jantássemos fora de casa. Era possível que tivessem pressa. Foi (era) bom que estudasse a gramática. A polícia exigiu (exigia) que todos os carros tivessem uma matrícula.

5. Empreste-me dinheiro, se for possível! Talvez tenha razão. É pena que você (o senhor, a senhora) não tenha chegado (viesse). Se você chegar (vier) esta tarde, mostrar-lhe-ei (mostro-lhe) os quadros. *Aber:* se viesse ... mostrava-lhe (mostrar-lhe-ia). Não permito que o rapaz saia de casa. Espero que tenhas passado boas férias. Eu esperava que tivesses sido mais inteligente. Podes comprar os bilhetes, se quiseres. Dá-me os selos, para que possa pôr a carta na caixa (no marco).

Décima oitava lição

1. Sem (com) ..., com (sem) ...; para (a) ...; contra a corrente; de comboio a Paris; sob ...; perante; pela janela; entre os nossos amigos ...; excepto Pedro; segundo (conforme) ficou combinado; durante as aulas; salvo erro.

2. Dentro de ...; apesar da chuva; perto do (ao lado do, em frente do) município; antes de deitar-me; perto da nossa casa; por causa da doença; através de toda a cidade; em volta (ao redor) do município; por baixo da ponte; em vez de manteiga; longe da praia; em cima do monte; depois de ter comprado; fora do país.

3. Entre o escritório do senhor Santos e a sua casa fica a sua garagem. Até lá ele tem um caminho de cinco minutos. Desde 5 anos ele leva o seu carro até lá. Ele está perante um problema. Ele queria ir para o Porto, mas depois de alguns dias renunciou. É contra a vontade do seu chefe.

4. Excepto ...; salvo ...; conforme ...; durante ...; mediante ...

5. Ele mora ao pé de mim. Ele mora acima de nós. Junto da nossa casa há uma igreja. Abaixo de nós mora uma família com 6 filhos. Dentro de 10 dias eles chegarão. Por causa desta carta ela não me cumprimenta.

Fora da cidade as rendas são mais baratas. Moramos longe da cidade. Moramos perto da aldeia. Ao longo do caminho havia muitas flores. Em lugar do dinheiro ele deu-me um cheque. Além do postal eu escrevi ainda uma carta. Em vez do meu amigo comprei eu a revista. À nossa volta havia muito barulho. Por baixo de nós via-se muita gente. Depois das férias começa o trabalho. Diante de nós esperavam muitos autocarros. A propósito da sua carta falei com o senhor Matos. A respeito da sua viagem comprei-lhe este livro. Apesar da chuva o ar era agradável. Queria falar contigo, a respeito da tua viagem. Através de toda a cidade corria este boato. Mercê da tua ajuda apanhei o emprego. Em virtude da sua inteligência ele apanhou o emprego.

Décima nona lição

1. À ...; ao ...; aos ...; a ...; aos ...; à ...; ao ...; aos ...; à ...; à ...; a ...
2. Às ...; ao ...; à ...; ao ...; ao ...
3. Assistimos a uma tourada. O meu amigo gostou da festa. Ele faltou à sua promessa. Vou pedir licença aos meus pais. Prometemo-lo aos nossos amigos. Renuncio a esta visita. Ele não respondeu às nossas perguntas. Tens que resistir a esta tentação. Ele estava pronto (prestes, disposto) a sair connosco. O tabaco é prejudicial à saúde. Este exercício é útil aos (para os) alunos. Meu pai é acessível a novos projectos. O quarto cheira a flores. A criada passa a ferro a camisa. Aos domingos vamos ao campo. O teu fato é igual ao meu. Ela está sempre pronta a ajudar. Ele convida-nos a passar alguns dias em sua casa. Aprendemos a nadar. Ele continua a gastar muito dinheiro. Apressamo-nos a terminar o trabalho. Tens que habituar-te ao novo clima. O senhor Santos estimula o filho a coleccionar selos. Resolvemo-nos (decidimo-nos) a partir.
4. De dia (durante o dia) dorme, de noite (durante a noite) trabalha. Na primavera voltam os turistas. Esta parede é feita (construida) de tijolos. Os seus pais estão de boa saúde. Admiro-me do teu êxito. Alegramo-nos desta (com esta) notícia. Ele enamorou-se da rapariga. Ele goza as suas férias em Portugal. Ela gosta do teu carro. Deixo de fumar. Preciso da tua ajuda. Eles lembram-se de nós. O senhor Santos desiste de telefonar. Sou austríaco de nascimento. Eles previnem-nos do perigo.
5. Em o vendo (vendo-o), ficarás entusiasmado. O concerto é no dia 5 de Abril. Confio na tua ajuda. Cremos em Deus. Avalia-se a fortuna dele em 1000 contos. Penso muitas vezes (a miúdo) no meu tempo de estudante. Vamos meditar neste assunto. O moço pega na mala. O vento aumenta em força.

6. Amanhã seguiremos (vamos seguir) para Francoforte. O assassino fugiu para o Brasil. Para o ano voltarei. Vamos traduzir o trecho para alemão. Devemos ser gentis (amáveis) para com os animais.

7. Ele luta pela sua família. Vou rezar pela tua saúde. O hóspede chama pela criada. O turista pergunta pelo caminho. A família vela pelo seu bem-estar. Cinco vezes por semana temos aulas de matemática. Ele comprou a casa por 140.000 marcos.

8. ... para médico; ... da sua acção; pela janela (da janela); a este homem; à nossa proposta; na janela; pela paz ...; aos filhos; triunfou dos seus inimigos; nas suas palavras; por; para França; de chuva; à nossa amizade; cuida dos filhos; para com os estrangeiros.

Vigésima lição

1. Durante algum tempo; eu próprio ...; pouca ...; cada um ...; ... alguma (nenhuma); um certo número ...; ambos os ...; ... nenhuma (alguma); alguém ...; demais ...; a gente ...; ninguém ...; toda a ...; tudo ...; mesma; outros (restantes) ...; certo ...; outra que tal; ... ainda cedo demais ...

2. Até os (os próprios) comboios estavam atulhados. Quantos dias perdidos! Recebi algumas cartas. Ele não tem vergonha nenhuma (alguma). Ambos os pés estavam feridos. Qualquer estudante pode entrar no cine-clube. Felicito-te de todo o coração. Tudo isto era muito aborrecido. Tudo fica na mesma. Cada um deve pagar 5 escudos. Os outros não pagam nada. Tu trabalhas demais. A casa custou 50.000 marcos e tal. É meio-dia e tal. Tens pouca sorte. Tanta maçada por (para) nada! Não me disseste nada. Não digas nada a ninguém! A gente tem também os seus problemas.

Vigésima primeira lição

2. É pena não termos chegado ...; é preciso pagarmos ...; é possível as visitas virem ...; não me admiro de eles terem chegado ...; era bom comprarmos ...; depois de termos festejado ...

3. Se não encontrares ...; se não tiver tempo ...; ... se nos pagarem o jantar; se estiver muito frio ...; se não houver maçãs ...; ... se Deus quiser.

4. Ao entrarmos na sala, a sopa já estava na mesa. Mostre-nos o seu carro para sabermos do que se trata! Ficamos na cidade até chegarem os nossos amigos. Antes de partirmos, tens que pagar a conta. A fazeres (se fizeres) tanto barulho, queixar-se-ão os vizinhos. Devemos reflectir, antes de comprarmos. Ao chegarmos ao Porto, o barco já partira.

5. Escreveres ...; comprarmos ...; mandaram ...; viajarmos ...; verem ...; saires ...; esquecermos ...; serem ...; barafustares ...

Vigésima segunda lição

1. Saindo do escritório, foi ter com os seus amigos. Escutando o discurso ...; falando-me da sua viagem, ela disse-me ...; em voltando a casa, ...; estando a chover ...; saindo de casa ...; acendendo um charuto, pôs-se a escrever ...; em trabalhando, não ..., (estando a trabalhar, não ...).

2. Portugal tem de importar muitos produtos industriais, sendo a Alemanha um dos seus fornecedores principais. Portugal possui muitas praias maravilhosas, sendo as do Algarve as mais favorecidas pelo clima. Pensando em sua mãe, começou a chorar. Saindo de casa, encontrou logo o homem do gás. Passando a ferro os fatos, a criada cantava fados. Aproveitando a ocasião, pediu um aumento do ordenado.

3. Aceitado, aceite; acendido, aceso; prendido, preso; absorvido, absorto; elegido, eleito; imprimido, impresso; expulsado, expulso; rompido, roto; entregado, entregue.

4. O professor tem dado sempre 30 aulas por semana. Os alunos têm tido 3 aulas de português por semana. As crianças têm brincado na rua. As ruas estão bem marcadas no mapa da cidade. Os ladrões foram presos. Estas frases são correctas. Os pais estão muito entristecidos. As crianças estão muito irrequietas. Os candeeiros estão acesos.

6. Entregámos os passaportes ao porteiro do hotel. Os passaportes foram entregues ao porteiro ... A tipografia tem imprimido todos os prospectos importantes. Os prospectos foram impressos numa (por uma) tipografia. A polícia tem prendido (continuou a prender) ladrões de carros nas últimas semanas. Os ladrões de carros foram presos pela polícia. A criada tem acendido (acendeu) a luz. A luz foi acesa pela criada.

Vigésima terceira lição

1. Fiques; prejudique ...; fiquem ...; paguei ...; paguemos ...; investigue ...; começaste ...; comecei-o; comecem ...; conhece ...; conheço-o ...; conheça ...; conheçamos ...; fujo ...; dirijo ...; dirijam ...

2. Barbeio-me ...; barbear-me ...; penteia-se ...; penteamo-nos ...; não receio nada; receamos ...; não receies nada!; odeio ...; odeiam-nos; odear ...; lisonjeia-me.

3. Não me sirva tanto café! Sirva-se! Divirta-se bem! Vista-se ràpidamente! Repita-me esta frase! Não minta! Durma bem! Ouça-me! Peça laranjada Schweppes! Não perca o seu comboio! Sinto muito.

Vigésima quarta lição

1. ... se chover muito. Quando vires a barba ...; ... para que ...; ... a não ser que o chamem ...; já que (posto que) estamos ...; logo que partiste ...; ... para que (a fim de que) possamos ...; ela exagerou os factos de tal modo, que ...; embora tenhas ...; ... para conversarmos; ... de modo que (de maneira que) não pôde ...; mal tínhamos entrado ..., quando se apagou a luz.
2. Antes de partires, temos ainda que comprar lembranças. Apenas tinha desaparecido, veio um telegrama para ele. Ele aprendeu tão diligentemente (com tanta aplicação), que pôde exprimir-se, dentro de seis meses, na nova língua. Embora tenha chovido muito, os campos precisam ainda de mais chuva. Desde que não te escrevi, passaram 6 semanas. Enquanto (que) as crianças brincam, não nos incomoda ninguém. Já que não nos vimos há muito tempo, não nos falta matéria para a conversa. Visto que (uma vez que) estamos cá, podemos também visitar o teu tio. Ela não escreveu, de modo que não virá. Ele queria apenas dormir. Eles são não-sòmente inteligentes, mas também trabalhadores. Apanhamos o (vamos de) eléctrico, caso o autocarro estiver cheio. Nem um nem outro soube responder-me.
3. No entanto ...; porém ...; ela não dormia senão ...; não somos apenas ..., mas também ...; quer queiram, quer não; ou ... ou ...; nem livros nem viagens ...; a não ser que ...; enquanto ...; desde que ...; mal ...; conforme ...; embora ...; ao passo que ...

Vigésima quinta lição

1. ... estávamos ...; ... estava ...; ... partirão (partem) ...; ... tenham passado ...; ... vocês tivessem passado ...; ... se tiveres tempo ...; ... estiver bom tempo.
3. Verifique os seus conhecimentos: Couberam ...; couberem ...; coubesse ...; crêem ...; Creia-me!; desse ...; daríamos ...; der ...; darmos ...; disséramos (tínhamos dito) ...; dirão ...; disseres ...; disserem ...; façamos ...; fizéssemos ...; fazermos ...; fizerem ...; fiz ...; fez ...
4. Embora soubesse tudo isto, ...; quando terminou a festa ...; quando sairam de Portugal ...; já que as distâncias são grandes ...; quando

passámos ...; e levaram as comidas e bebidas consigo. Já que conheces ...; quando saimos para a rua ...; se pagar ...

Textos brasileiros

O menino rico e o menino pobre

1. Verifique os seus conhecimentos: Ides ...; fôramos (tínhamos ido) ...; vai-te ...; não se vá ...; fôssemos ...; lia ...; leu-me ...; lesse ...; leia ...; lerem ...; pude ...; pôde ...; pode ...; pudéssemos ...; puderem ...; poderem ...; punha ...; pus ...; pôs ...; prouve ...; queria ...; quiséramos ...; quiseres ...; riu-se ...; rindo-se ...

2. O rapaz não quer que os outros se riam dele. Eu quisera falar contigo. Se puserem as flores em cima da mesa, o quarto ficará mais bonito. Ele pôs uma moeda na caixa. Púnhamos tudo na mesa. Ele não pôde vir. Ele não pode vir. Se pudesses ajudar-me! Leia-me a carta! Já foste à cidade? E se fôssemos ao cinema? Se fores para a França, manda-me selos!

O Brasil

1. Traz-me ...; traga-me ...; trouxe ...; eu trarei ...; trouxesse ...; trazerem ...; vêem ...; vêm ...; vejam ...; venham ...; víamos ...; vínhamos ...; vissem ...; ... viessem ...; vi ...; vim ...; viu ...; veio ...; vieram ...; viram ...; verá ...; virá ...; vir ...; vier ...

2. Não me fere (ofende) com as suas palavras. Meço a distância até a tua casa. Ouço barulho. Ouça! Peço desculpa. Pedimos desculpa. Não me peça mais nada. Não perca o seu tempo comigo! Não perca os seus atacadores! Perco-me em pensamentos. Visto-me devagar. Quero que me sirva uma cerveja. Seguimos o caminho. Sigo-te.